한국인의 자아정체 형성과 변화

한국인의 자아정체 형성과 변화

펴낸곳 서울대학교출판문화원
펴낸이 이장무
지은이 이순형

초판 1쇄 인쇄 2010년 3월 25일
초판 1쇄 발행 2010년 3월 30일
출판등록 제15-3호

주소 서울 관악구 관악로 599 우편번호 151-742
대표전화 02-880-5252 **팩스** 02-888-4148
마케팅홍보부(주문상담) 02-889-4424, 02-880-7995
이메일 snubook@snu.ac.kr
홈페이지 www.snupress.com
영문홈페이지 eng.snupress.com

ISBN 978-89-521-1041-1 93330

이 연구는 2005년 서울대학교 한국학연구원의 지원으로 수행되었음.

한국인의 자아정체 형성과 변화

이순형 지음

서울대학교출판문화원

Formation and Change of Self-identity in Korea

Soon-Hyung Yi

Seoul National University Press

머리말

산모퉁이를 돌아 논가 외딴 우물을 홀로 찾아가선
가만히 들여다봅니다.

우물 속에는 달이 밝고 구름이 흐르고 하늘이
펼치고 파아란 바람이 불고 가을이 있습니다.

그리고 한 사나이가 있습니다.
어쩐지 그 사나이가 미워져 돌아갑니다.

돌아가다 생각하니 그 사나이가 가엾어집니다.
도로 가 들여다보니 사나이는 그대로 있습니다.

다시 그 사나이가 미워져 돌아갑니다.
돌아가다 생각하니 그 사나이가 그리워집니다.

우물 속에는 달이 밝고 구름이 흐르고
하늘이 펼치고 파아란 바람이 불고 가을이 있고
추억처럼 사나이가 있습니다.

어릴 적 읽은 윤동주의 「자화상」에는 자기 연민과 자기 애착에 갈등하는 사람의 마음이 그려졌다. 수십 년 동안 자화상은 여전히 나의 마음 속에 남아서 '사람'의 본모습에 관심을 두도록 했다. 정체 연구에 필자가 집중적 관심을 두게 된 것은 윤동주의 자화상을 통해 경험한 시심(詩心) 어린 사나이의 번민과 갈등의 모습을 간직한 결과이자, 석사 지도교수이신 서봉연 선생님의 영향이다. 서봉연 선생님은 독일에서 공부하시면서 마샤의 연구를 접하고, 독일 청소년들과 한국 청소년들의 자아정체가 어떻게 발달하며 차이를 드러내는지를 연구하셨다. 그 모습을 지켜보면서 필자도 자아정체에 꾸준한 관심을 두어왔다.

'나' 자신에 대한 질문은 소크라테스의 시대부터 오늘날까지 끊임없이 제기되어온 인간 존재의 기본 물음이고 현존에 대한 인식이다. 철학적 논제인 자아정체는 1960년대 에릭슨에 의해 본격적으로 연구가 시작된 이래 현재에 이르기까지 세계 여러 나라의 학자들에 의해 연구되어왔다. 자아정체는 인지적 특성과 아울러 정서적 전념성을 포함한다. 아동, 청소년의 자기정체성은 자신의 개별 특성에 대한 고유하고 항상적이고 지속적인 인식을 의미한다. 자기정체에 해당되는 개인의 속성은 성, 연령, 직업, 인종, 가족, 국가, 민족 등이 있으며, 이들 속성을 포괄하기 위해 자아정체의 다면모형이 제기되었다. 다면모형을 통해 자아정체가 다면적으로 구성되었다는 고유한 특성과 아울러 각 측면마다 인지적 특성과 사회문화적 특성이 모두 포함되어 있다는 점이 강조되었다.

이러한 자아정체는 각 집단의 문화 경험을 통해 형성과 변화에 영향을 받는다. 특별히 자아정체 형성과 변화 과정에 21세기 특성인 정보화와 세계화가 큰 영향을 미치고 있다. 인류는 정보사회에 들어서면서 초고속정보망의 소통경로를 통해 물밀듯이 쏟아지는 각종 정보 속에서 존재한다. 정보화는 인종, 성장문화와 언어의 개별성을 넘어서는 세계화를 재촉하고 있다. 세계화의 추세 속에서 어린 시기를 보내는 아동, 청소년들이 세계인으로서의 자기정체성을 획득하는지, 또한 민족이나 국가에 대한 자기정체성을 획득하는지가 의문이다.

한편 아동, 청소년의 자기정체 연구는 사회적응과 성취와의 관련성을 지적했다. 구체적으로 자아정체성이 형성된 사람은 사회적 적응을 잘 하고 학업 성취도 잘 할 수 있는 반면에 자아정체성이 혼미한 사람은 사회 부적응을 경험하고 성취를 도모하기 어렵다. 자아정체의 위상과 전반적 적응과 성취의 효과가 입증되었다.

자아정체성을 형성하는 데에는 체험이 중요한 영향을 미치는 것으로 알려지고 있다. 체험의 내용은 세대에 따라 다를 수 있는데 지난 반세기 동안 급격한 변화를 경험한 한국사회에서 세대 간 체험은 매우 다르다. 기성세대가 조국 근대화의 사명을 부여받았다고 느끼면서 성장한, 집단주의적 가치를 강조한 세대라면, 최근 젊은 세대는 그 무엇보다도 자기의 성취와 행복을 중시하면서 자기중심 사고와 개인주의 가치를 강조한 세대다. 두 세대는 조국, 민족, 가족에 대한 개념화와 몰입 수준이 다르다. 기성세대가 조국, 민족, 가족을 중시하고 그것을 위해 희생할 각오가 있다면, 젊은 세대는 자신을 위해 살아야 할 뿐 타인이나 어떤 집단을 위해 희생할 수 없다고 생각한다. 기성세대와 젊은 세대와의 의식 사이에는 서로 건너지 못할 이념, 사고의 강(江)이 놓여 있다고 할 정도로 급속한 사회변화만큼 세대 간 의식 차이도 크다.

개인의 생애 체험만큼이나 세대 간 사회풍토나 환경의 변화에 따른 경험내용의 차이도 아동, 청소년의 정체성에 영향을 미칠 것이다. 역사발전 단계 속에서 정보사회는 인류의 피할 수 없는 운명처럼 여겨지고 있으며, 특히 우리가 속해 있는 정보사회는 아동, 청소년들의 정체성을 혼란스럽게 할 수 있다. 개인은 인터넷의 초고속정보망을 타고 떠도는 정보를 받아들이면서 세계화를 실감하게 된다. 또한 엄청나게 쏟아지는 정보와 지식 속에서 개인은 스스로가 어떤 존재인가에 대해 확신하기 어렵다. 하물며 인지능력의 발달과정 중에 있는 아동, 청소년들은 자기에 대한 명확한 인식이 부족하여 자기 존재에 대해 의아할 수 있다. 지난 삼십여 년 전 기계인간 '아톰'에서 시작된 아동, 청소년의 기계적 정체성은 최근 '스타워즈', '아바타'에 와서 더 확장되었을 것이다.

인터넷이라는 가상공간에서 정체 왜곡과 위장이 빈발할 수 있다. 의도적으로 성별, 연령, 직업, 혼인 여부와 가족관계를 감추거나 속여 정체를 위장하는 것이다. 아동, 청소년들이 정체를 위장하는 것은 소통 상대에 대한 진지성이 없이 스스로 가상세계에서 가상적 인격체로서 기능하기를 소망하여 만들어낸 사이버 인격이다. 따라서 실공간(實空間)과 가상공간(假想空間)에서 나타나는 성정체성과 연령정체성, 직업정체성 등을 밝히고 정체위장 또는 다중정체 현상과 다중인격의 문제를 진단해야 할 필요가 있었다.

그동안 사이버 공간과 가상자아의 문제는 간헐적으로 거론되었으나 이 책에서 처음으로 사이버 인격과 실제 인격 등 다중인격이 적응문제를 유발한다는 사실을 밝혔다. 가상공간과 실제공간에서 정체 위장이 일어나고 있으며 이러한 현상과 개인의 삶의 만족 및 적응과의 관계를 처음으로 밝혔다. 현대를 살아가는 한국인의 자아정체의 여러 측면과 기능, 그리고 삶의 만족과 적응의 문제가 고스란히 경험적 자료를 통해서 드러났다.

우물 속의 자기를 측은지심으로 바라보던 한국인들이 이제는 인터넷을 통해 자기 모습을 드러내고 있다. 산천(山川)은 의구한데 사람의 모습은 간 데 없다. 시대의 흔적을 자료 속에서 찾아내 나름대로 해석해보았으나, 이론의 단계에 미치지 못한 아쉬움이 남아 있다.

그동안 자료 수집과 통계 분석에 도움을 준 서울대학교 아동학 연구실 대학원생들에게 감사하고 이 책을 출판해준 서울대학교출판문화원에도 감사한다. 그리고 이 책의 표지그림으로 「자화상」 그림을 사용하도록 허락한 장욱진 미술문화재단에 깊이 감사한다.

2010년 정월 설산(雪山) 관악에서

이순형

차 례

표 차례

그림 차례

1장

들어가는 말

1. 연구의 필요성과 목적

인간은 역사 이래로 자기 존재에 대한 질문을 지속해 왔다. 자기 존재에 대한 사유는 본질적으로 정체의식이며 인지적 결정체이므로, 자기정체의식은 철학적 명제이자 사회인지적 명제로서 아동, 청소년의 사회인지 발달연구 주제가 되어왔다. 자아정체 연구는 역사적 관점, 사회문화적 관점, 발달적 관점의 3가지 관점에서 연구되어 왔다(Kroger, 2004). 역사적 관점에서 자아정체가 미국의 이민사에 의해서 사회적 관심의 대상이 되어 온 것처럼 특정 사회의 역사적 상대성에 따라 자아정체는 관심의 대상이 된다(Erikson, 1956, 1968).

자아정체는 사회문화적 개념체로서 사회문화적 맥락에서 개인의 사회적응에 관여한다는 점에서 사회집단의 특성에 좌우된다. 한 사회의 이념정향이나 문화가 개인의 자아정체에 영향을 준다(Cote & Levine, 1983; Triandis, 1995). 자아정체를 사회문화적으로 접근하고 조명하는 학자들은 자아정체가 역사・문화・관습・제도・언어와 사유체계 등에 의해 형성되고 영향을 받는 특정 사회의 문화적 산물이라고 주장한다. 정체성이 역사적 상대성을 지닌다고 한 에릭슨

(Erikson, 1974)의 말은 동시에 정체성의 사회성을 강조한 것이다. 미국 내에서 19세기 말에 정체성 연구에 관심을 둔 것은 이민자들의 새로운 세대가 조국에서 멀리 떨어져 이주한 후 형성되었기 때문(Kroger, 2004)이다. 이민자가 아닌 미국인에게 정체성이란 특별한 의미를 지니지 않았지만 이민자에게 정체성은 존재의 의미를 규정하고 사회문화적 적응을 결정짓는 중요한 요인이 되었다.

이민자들처럼 개인의 정체의식이 형성되는 데 사회문화의 발달적 맥락이 큰 영향을 준다는 사실은 여러 학자들이 지적했다. 특히 트리안디스(Triandis, 1995)는 사회가 개인에게 기회를 개방적으로 제공하는 느슨한 사회(loose society)인지, 제한해서 제공하는 조밀한 사회(tight society)인지에 따라 영향을 받을 뿐 아니라, 집단을 강조하는 집합주의 사회인지, 개인의 자유의지를 강조하는 개인주의 사회인지에 따라서도 영향을 받는다고 주장했다. 집합주의 사회에서 성장하는 청소년은 현재 서구 개인주의 사회에서 성장하는 청소년에 비해 선택과 결정이 제한된 범위 내에서 정체성을 규정할 수밖에 없다(Cote & Levine, 1983).

자아정체를 발달적 관점에서 접근하는 학자들은 자아정체가 본래 인지적 산물임을 강조한다. 정체의식은 동일성, 고유성, 지속성과 항상성의 네 가지 인지 특성을 토대로 구성되었으며, 자기나 성(性), 가족, 민족이나 국가에 대한 정체의식도 동일성, 고유성, 지속성과 항상성을 토대로 형성되고 발달했다. 그런데 정체의식은 객관적 인지 특성 이외에 수용적 특성을 지니고 있다. 즉 인간이 자신의 존재와 그 정체를 인정한다는 것은 자아정체의 인지적 특성을 앎과 동시에 그를 수용해야 한다. 자아수용은 현재의 자기 상태를 인정하고 받아들이는 결정을 의미한다. 이 점에서 자아정체는 인지적 결과물이면서도 결행(commitment)을 포함한 개념물이다.

1960년대 시작된 자아정체 연구(Dignan, 1965; Erikson, 1968; Fong, 1968)에서 현재의 연구까지 청소년기의 자아정체가 중요한 것은 자아정체가 청소년의 삶의 방식을 형성하는 데 영향을 주고 그의 적응에 깊이 관여하기 때문이다. 자아정체는 한 개인이 자신이 속한 모든 집단의 구성원으로서 가지는 정체의 총체라고 할 수 있다. 이에 자아정체의 다면모형(이순형, 2002)이 제기되었다. 자아정체가 다면적으로 구성되는 것도 고유한 특성이지만 각각의 측면마다 인지적 특성이 정체 형성의 바탕을 이루는 것이라는 점이 강조된다.

자아정체에 대한 발달이론적 연구가 본격적으로 시도된 것은 생애주기의 발달특성을 지닌 발달과업으로 청소년기 자아정체성 획득과업을 제시한 에릭슨의 연구(Erikson, 1959, 1968) 이후다. 에릭슨은 자아정체성이 본질적으로 다른 부분들의 유연한 통일체로서 어느 한 발달시기에 완성되는 것이 아니라 전 생애를 두고 끊임없이 변화하는 역동적 구조로서 기능한다고 주장한다. 그는 출생 후부터 자아의 8단계 발달 모델을 제시하고 각 단계별 발달의 성취와 그에 따른 특성을 제시했다. 그 후 마샤는 에릭슨 이론의 틀 속에서 자아정체성의 지위와 그에 따른 적응의 양상을 연구했다(Marcia, 1966, 1967, 1980, 2002). 마샤의 초기 연구에서는 남자 대학생 86명에게 반구조적 면접을 실시하여 그들의 자아정체성을 조사한 결과를 직업 선택, 종교적 신념, 정치철학이라는 3개의 핵심영역으로 분석했으며, 여자를 대상으로 할 때는 가족과 직업 간의 갈등, 성적 표현에 대한 신념의 2개 영역을 추가해 분석했다. 마샤의 반구조적 면접방법은 이후에도 다른 연구자들이 계속 사용해 왔으며 그 연구 틀의 핵심영역에 성 역할 태도, 직업적 관심, 친구 및 데이트 상대와의 관계, 배우자의 역할, 부모의 역할, 가족과 직업목표 간의 우선순위, 민족정체성 등이 보충영역으로 함께 사용되어 가족정체를 구성하기도 했다.

마샤는 에릭슨의 정체감 형성 이론에서 두 가지 차원, 즉 자기 위기(危機)와 결행을 중요한 요소로 보고 이 두 차원의 조합을 통해서 자아정체감을 4개의 범주로 세분했다. 위기란 살아가는 과정에서 직업선택이나 진로결정, 가치관 문제로 심각하게 고민하고 갈등하며 방황하면서 자기 탐색을 해야 하는 경우를 의미한다. 자기 탐색 과정은 누구에게나 있겠지만 이 과정을 중요한 자기정체 형성 과정으로 본 데에는 독일 특유의 사회문화전통이 배경이 되고 있다. 독일에는 전통적으로 방랑자(에트랑제)를 너그럽게 수용하고 청소년의 방랑을 허용하는 사회 분위기가 있었다는 점을 고려하면 에릭슨과 마샤의 이론적 틀의 구성 배경을 쉽게 이해할 수 있다.[1]

마샤가 구분한 자아정체의 4범주(Marcia, 1994b)는 정체 정립, 정체 혼란, 정체 상실과 정체 유예의 네 지위다. 한국 청소년을 대상으로 자아정체성을 연구해 독일 청소년의 자아정체성과 비교한 서봉연의 연구(1975)도 이 지위분석방법을 사용했다. 마샤의 정체성 지위 구분방법은 개념적 틀은 우수하지만, 이 연구가 유럽의 정신분석적 전통에서 연구된 것이어서 그 연구방법이나 지위가 표준화되지 않았을 뿐 아니라 역동적이며 유동적 특성을 가지고 있는 정체성의 지위 각각에 속하는 개인의 심리적 상태가 명확하지 않다. 게다가 조사시간이 오래 걸리고 조사자의 주관에 따라 판정이 달라지는 한계가 있다. 따라서 개인의 정체 지위를 진단하는 데 시간이 적게 걸리고 그 내용을 명확한 용어로 기술할 수 있는 진단방법이 필요했다. 특별히 대규모 표본을 연구하려면 개인의 정체를 마샤의 방법으로 유형화한 후에 명확한 용어로 기술된 구조화된 설문으로 정체성을 판정하여 각 유형별로 보다 구체적인 자료를 수집하는 시도가 필요하다.

자기의식은 생애 초기에 출현할 것으로 예상되는데 실제로 언제 어떤 모습으로 출현하는지는 알려진 바 없다. 단지 생애 초기인 영유아기에 자기재인(self recognition)을 알아보기 위해 루즈를 콧등에 바른 채 거울에 비친 자기모습을 알아보는지, 사진 속의 자기모습을 알아보는지를 확인하였는데 이러한 실험은 초보적 자기개념을 보여준다. 자기개념이란 자아정체와 마찬가지로 개념적으로 모호하며 그 측정방법도 제각각이다. 영유아기는 언어표현 능력이 부족해 더 이상 자기개념을 입증할 방법이 없기 때문일 것이다. 따라서 언어를 제외한 그림그리기 등 다른 방법으로 자기표현이 가능하도록 한다면 영유아기 자기개념의 출현을 확인할 수 있을 것이다. 영유아기 자기 출현 이후 아동, 청소년기에 자기개념이 어떻게 구성되고 발달하는지, 그러한 자기개념의 형성이 성년기 이후에도 일관성 있게 유지되는지를 지속적으로 확인할 필요가 있다.

1 괴테의 『시와 진실』에서 젊은 괴테가 독일 전역을 떠돌면서 스스로 자신의 삶의 방향을 찾아가는 과정을 그린 것으로 그의 경험을 담은 책이다. 독일에서는 대학 진학 전에 에트랑제로 방랑하면서 자신의 정체와 삶의 방향을 찾는 전통이 있고 부모나 사회가 그것을 허용하는 분위기가 지속되어 왔다.

자기개념과 마찬가지로 자아정체도 어떠한 요소로 구성되며 어떻게 발달되는가는 연구자들의 관심사다. 자아정체를 구성하는 인지적 기초가 무엇이며 그를 바탕으로 한 자아정체가 성 · 가족 · 민족 · 국가 등에 대한 정체의식으로 확장될 때에도 그 인지적 기초가 여전히 작동하는지, 그리고 연령 증가에 따라서 어떻게 발달하고 변화되는지도 규명할 필요가 있다.

자아정체는 성정체, 가족정체, 민족정체, 국가정체를 포함하는 다면적 구성체다. 한 개인이 자연적으로 태어날 때 이미 속해 있는 범주집단, 즉 가족, 직장, 학교, 민족, 국가 등의 소속원으로서 지니는 정체가 포함되어 있다. 각 범주집단의 구성원으로서 소속감을 느끼고, 애착을 느끼며, 친밀한 관계망을 가지며, 그 범주집단의 역할을 인지하고 기대할 수 있다. 따라서 사람은 누구나 개인의 정체를 구성하는 하위요소인 인종(민족), 국적, 성(性), 연령, 직업, 혼인상태 및 가족관계 등에 대한 정체를 지니고 있는데, 이러한 하위 정체가 각각 어떤 양상으로 구성되어 있는지는 의문이다. 이처럼 개인 내 여러 개의 하위 정체가 어떠한 특성을 지니는지도 의문이다. 또한 개인은 이상자아, 현실자아, 규범자아 등 동시에 여러 개의 자아정체를 가질 수 있으며, 자신의 자유의지에 의한 자아 기능 수행과 동시에 소속 집단에서 요구되는 자아 기능을 수행한다. 이 과정에서 개인은 각각의 자아정체가 이상적 상태를 꿈꾸거나 현실적 상태를 벗어나기 어렵다는 점에서 복잡하고도 미묘한 자아의 불일치를 느낄 수 있다. 게다가 주위집단의 역할기대에 의한 당위자아가 현실자아 상태와 다르다는 점에서도 불일치를 느낄 수 있다.

그 외에 실자아는 가상자아와 정체 불일치를 경험할 수 있다. 최근 우리사회가 정보사회로 진입하면서 이제까지의 삼차원적 현상에 가상공간(cyber space)이라는 독립된 장(場)이 생겼다. 개인은 인터넷을 통해 가상공간에 무한정 진입하게 되면서 새로운 자아, 즉 가상자아를 형성할 수 있다. 가상자아는 사이버 세계에서 형성된 실체가 없는 개념물로서 익명성과 고속성이 유지되는 가상공간에서 '투명인간'처럼 자아 변신과 위장을 할 수 있다. 또한 가상현실에 드나들면서 여러 개의 인격체, 즉 다중자아를 형성하고, 익명의 세계에서 평소 억압된 욕구와 본능을 노출시키기도 한다.

가상자아는 실체는 없지만 시공간을 뛰어넘어 기능하므로 기능성이 뛰어나며 동시에 전 세계적으로 기능할 수 있다. 가상자아는 그 기능성이 현실자아처럼 시공간적으로 제한되지 않고 그 활동의 자유도가 높을 뿐 아니라 자아기능의 파급력과 영향력이 크다. 따라서 한 개인내 가상자아와 실자아 간에 괴리가 발생할 수 있으므로 가상자아와 실자아 사이에 자아 불일치를 경험할 수 있다.

실제 현실에서 보이는 자신의 정체가, 가상공간에서도 그대로 나타나는지는 의문이다. 가상정체(cyber identity)와 실제정체가 동일하다면 문제가 있을 수 없으나, 동일하지 않다면, 개인의 인종·국적·성·연령·직업·혼인 등의 정체가 위장되는 정도에 차이가 있을 수 있다. 실제로 사이버공간에서는 연령은 물론이고 성(性), 혼인 여부, 직업의 위장이 행해지는 것으로 밝혀졌다(이순형, 2002; 이순형·이경화, 2000). 이러한 정체 위장 속에서 가상정체와 실제정체 사이의 불일치가 어떠한 문제를 가져올지 의문이다. 자아불일치는 부정적 정서를 유발하고 사회적 부적응을 유발할 가능성이 제기되어 왔다(이순형, 2002; Harter, 1999). 이상자아, 당위자아와 현실자아 간의 불일치, 가상자아와 실자아 간의 불일치 등 자아불일치는 인지적 불일치뿐 아니라 심리적 갈등을 통해 장기적으로 부정적 정서를 유발할 수 있다. 때로 심리적 불안과 신경과민 등 부정적 정서가 내포된 불면증, 광장공포증, 우울증 등과 관련될지 모른다. 따라서 부정적 정서와 삶의 만족감 사이에 관련성을 제시할 필요가 있다. 사회적 부적응과 일탈을 보이는 개인 중에 때로 자신을 타인과 같이 인지하는 상태나 자신인지 타인인지 구분이 안 되는 경우 등은 자아정체성의 상실이나 혼란상태를 나타낼 수 있다. 이러한 상태를 명확하게 설문화하여 개인의 정체성을 조사하면 그 자료는 개인의 사회심리적 적응과 관련해 논의될 수 있을 것이다.

또한 가상공간에서 자기정체를 감추는 것이 가능할 때, 어느 부분을 감추고 어느 부분으로 정체를 드러내는가는 의문이다. 특히 익명성이 보장되는 가상세계에서 인간이 자신의 존재를 감추고자 하는 '투명인간'에 대한 욕구가 충족될 수 있는 조건에서 어떻게 자기정체를 외적으로 표현하는가는 연구과제가 아닐

수 없다. 현재 1,000만 명이 넘는 네티즌이 웹를 서 어떻게 자기정체를 드러내고 어떠한 정체로 기능하는지 그 의문에도 불구하고 현재인간 가상공간에서 자기정체성을 어떻게 드러내는가에 대한 실태조사가 시도된 바 없어 재를을 제대로 파악하지 못하고 있는 실정이다. 국내는 물론 아직 외국에서도 가상공간에서의 자아의 위장에 대한 경험연구의문에으며, 자기정체 중에서도 성・직업・혼인・가족・민족・국의문등 정체 요소들이 가상공간에서 어떻게 기능하고 때로 위장되는지에 대해 경험적으로 밝혀진 사례의문거의 없다. 따라서 가상공간에서 네티즌의 자기정체성의 지위를 자아의 구성 측면별로 조사하고, 그들이 가상공간에서 자신의 자아를 어떻게 변화시키는지를 조사할 필요가 있다.

이러한 연구의 필요성에 따라서 이 연구는 가상공간에서 네티즌의 자기정체성의 특성과 자아 지위를 자아의 하위 정체별로 조사하고, 그들이 가상공간에서 자신의 자아 기능을 어떻게 변화시키는지를 조사하려고 한다. 정체성의 판단이 장시간 면접을 통해서 이루어지는 어려움을 고려하여 구체적이고 명확한 자기 진술 문항을 주고 응답한 자료를 수집하여 그 분석 결과를 제시하려고 한다. 가상공간에서 네티즌의 정체성을 조사하는 탐색연구는 정체성의 인지적 특성 논의를 가능하게 할 뿐 아니라 현실세계와 사이버세계에서의 정체 괴리로 유발된 개인의 부정적 정서와 삶의 불만족 간의 관련성을 밝히는 데 도움이 될 것이다.

2. 자아정체 이론의 논쟁점

1) 자아정체를 보는 관점

자아에 대한 논의는 고대 플라톤에서 비롯되었으며 칸트, 홉스, 흄, 로크, 루소, 롤즈에 이르기까지 인간 존재의 근본문제로 지속되어 왔다(Alfred, 1991). 자아는 본질상 항상적 존재로 유지되며, 개인마다 고유한 특성을 지니고 있으며, 시간이 지나면서도 지속적으로 유지되는 개념체다. 자아의 항상성, 고유성과 지속성에 대한 자기인식과 그의 발달적 변화에 대해서 논의가 있어 왔다. 자기인식에 대한 심리적 과정으로 볼 때 자아정체는 타인에 의한 자기 반영과 독립적 자기인식을 의미하는데, 전자는 쿨리(Cooley, 1992)에 의해 제기되었던 사회적 자아에 관한 논의다. 후자는 주로 심리학자들에 의해서 논의되어 온 주관적 자기 인식의 내용을 담고 있다.

주관적 자기 인식이 고정된 것인가 아니면 변화되는 것인가는 중요한 논의 주제였다. 정신역동성을 주장하는 정신분석학파 학자들은 자기인식의 역동성과 그 변화를 전제한다. 프로이드 이론에서 영향을 받은 에릭슨(Erikson, 1959)은 시간의 경과에 따라서 변화하는 자기인식이 단계적으로 발달한다고 보았다. 즉 인간이 자기정체에 대한 탐구, 즉 자아정체성은 시간의 변화에 관계없이 자신에 대해 인지하는 것으로 자기 존재의 고유감을 의미한다(서봉연, 1988; Erikson, 1968). 자기정체성이 항상적 존재로서 기능하면서도 구성요소별로 다양성을 가지고 있다는 점에서 연구자 간에 논의가 계속되고 있다.

주관적 자기 인식은 자아정체다. 자아정체성에 대한 논의는 두 가지 관점으로 나뉠 수 있다. 개인의 자아를 별개의 여러 종류로 간주하는 관점과, 자아를 다면구성체로 보는 관점이다. 우선 전자의 관점에 속하는 로랜드(Roland, 1988)는 자아를 개인 자아, 가족 자아와 직업 자아 등으로 간주한다. 개인 자아는 문화에 상관없이 기능하는 보편적 자아로, 가족자아는 한국이나 일본처럼 독특한 가족제도와 관련되어서 대인간 친밀감과 관련된 자아로 본다. 자아는 자기인식의 문제지만 그 역시 문화적 영향을 받기 때문에 인도인의 영적 자아와 같은 독특한 자아로 보기도 한다(Roland, 1988). 그런가 하면 자아를 여러 측면으로 구성된 다면적 개념체(이순형, 2002)로 보기도 한다. 개인의 자아는 자아 자체 이외에도 가족관계의 맥락에서 본 가족자아, 직업자아, 민족(인종)자아, 국가자아 등으로 구성된다. 각각의 자아는 일관성 있는 자기정체를 가지고 있으나 그 자아를 구성하는 세부 요소별로는 각각 차이를 드러낼 수 있다. 즉 가족자아에서 보이는 애착과 충성심이 직업자아에서 보이지 않을 수 있으며, 직업자아에서 보이는 책임감이 국가자아에서 보이지 않을 수 있는 등 다면적 모델에서 상세한 내용에는 차이가 있을 것이다.

2) 자아정체와 사회문화적 영향

자아정체는 사회문화적으로 영향을 받는가? 자아정체가 사회문화적 요소들에 의해서 차이를 드러낸 연구들이 적지 않았다. 자아를 구성하는 인지적 특성인 항상성, 고유성, 지속성 외에 존중성, 동일성, 충실성과 수용성이 사회계층, 국적, 문화, 관습과 같은 사회문화적 요인에 따라 차이가 있을 것으로 가정했다. 실제 조사연구에서 자아정체의 각 요소가 모두 국적에 따라 차이가 있었다(이순형, 1992). 공산주의 사회와 자본주의 사회의 통합이라는 급격한 사회적 변화에 따른 이념의 변화와 경제적 변화는 동서독 청소년의 자아정체에 영향을 주는 것으로 밝혀졌다(김혜온 · 서봉연 · 이순형, 1999).

또한 사회계층도 자아정체에 영향을 주는 것으로 알려졌다. 중류층 아동과 청소년의 자아정체가 높은 반면에 하류층 가정 청소년의 자아정체가 상대적으로 낮았다. 그리고 자아 불일치의 정도도 사회계층에 따라 달랐다(이영미 · 이순형, 1992). 사회계층의 영향은 가족의 의사소통 차이로 인한 것이라는 설명이 가능하다. 문화의 영향에 따라 부모 자녀간 의사소통에도 차이가 나타났다. 재미교포 청소년이 한국의 청소년보다 부모와 더 개방적으로 의사소통하며, 한국의 청소년은 재미교포 청소년보다 상대적으로 부모와 제한적 의사소통을 하고 있다고 응답했다. 그리고 의사소통 영역에 있어 건강 문제나 생활 방식 등 일상적인 주제의 의사소통을 많이 하는 재미교포 청소년에 비해, 한국 청소년은 진로나 친구 문제 등 특정 주제에서 높은 응답을 보였다. 의사소통 개방성은 가족 응집성 및 적응성과 유의한 관련이 있는 것으로 나타났다. 부모 자녀간에 개방적인 의사소통이 이루어질수록 실제로 지각한 가족 응집성 및 적응성과 이상적으로 생각한 가족 응집성 및 적응성이 높다(길애진 · 이순형, 1999). 가족의 응집성이 청소년의 자존감과 상관이 높은 사실(Cooper, Holman, Braithwaite, 1983; Demo,

Small, Savin-Williams, 1987)을 볼 때 가족의 응집성과 적응성 등 가족 특성 역시 청소년의 자아정체, 민족정체와 국가정체에 영향을 미칠 것이다.

국가, 가족 환경 등 외부 환경체계의 영향 이외에 개인의 사적 체험도 정체에 영향을 미치는 것으로 알려져 있다. 최근 가상공간에서 혼자 다양한 체험을 하면서 그 체험의 빈도, 시간이나 내용이 청소년의 자아정체에 영향을 미칠 것으로 예상되고 있다. 가상공간에서 머무는 시간이 많은 경우에 가상자아가 형성되면서 실공간에서와 다른 경험을 할 수 있다. 특히 자기 변신이 가능하고 다양한 자아가 기능할 수 있는 가상공간에서 스스로 체험하고 상호작용한 내용에 따라서 자기에 대한 주관적 인식이 달라지므로, 실공간에서의 실자아와 다른 가상정체를 형성할 수 있다. 실제로는 고등학교에 다니는 남학생이 가상공간에서는 30대 여자 회사원으로 자아정체를 규정하고 위장한 가상정체로 기능하면서 가상공간 속에서 그 연령대 남자들과 교류할 수 있다. 위장정체의 기능이 오랫동안 반복되면서 스스로 실자아와 가상자아 사이에 정체의 불일치를 경험할 수 있다. 따라서 가상자아의 형성과 사회문화 환경인 가상공간 환경의 영향을 밝혀야 할 필요가 있다.

3) 자아정체의 지위별 특성

자아정체를 연구하는 학자들의 논란점의 하나는 자아정체의 지위별 특성과 관련된 것이다. 에릭슨(1959)이 자아발달의 8단계 모델을 제시한 이래 마샤(Marcia, 1966)가 발표한 청소년의 정체성 지위 모델은 많은 연구를 통해 검증되었다(Marcia, Waterman, Matteson, Archer, & Orlofsky, 1993). 마샤의 자아정체 지위 모델은 에릭슨의 지위에 속한 개인의 특성을 정체 위기 경험과 결행의 관점에서 제시하는 경험적 모델이다(Marcia, 1994b, 1969). 마샤는 정체의 네 수준을 정체 정립(identity achievement), 정체 혼란(identity moratorium), 정체 상실(identity foreclosure), 정체 유예(identity diffusion)로 설정하였다(Marcia, Waterman, Matteson, Archer, & Orlofsky, 1993). 정체정립자는 어떤 한 가지 직업이나 사상에 대해 비교적 강한 개인 과업을 달성함으로써 자신의 정체성 위기를 해결한 사람이다. 정체 단계에서 정체정립자는 스스로 자신의 정체성을 탐색해 가는 사람으로 직업, 이념, 혼인 등에 대한 명확한 자기 인식을 가지고 있다. 면접 과정에서 이들은 명확하고 견고한 자기 견해를 피력하는 특성이 있다.

정체유예자는 어떤 확고한 과업을 달성한 상태는 아니지만 안정된 정체성을 찾는 과정에서 여러 가지 가치·흥미·사상 및 경험을 적극적으로 탐구하지 않는 사람이다. 정체유예자들은 정체를 탐색하는 과정을 전혀 거치지 않는다. 이 과정에 오래 머무는 사람은 없지만 정체 발달의 한 과정으로 거치며, 면접시에 때로 강렬하게 어떤 생각에 사로잡혀서 면접자를 붙잡고 생생하고 길게 이야기하는 경우가 왕왕 있다. 그러나 아직 어떤 명확한 정체성의 정립에 도달하지 못하고 있다.

정체상실자는 탐색과정이 없이 그저 사회의 관습대로 정체성을 획득한 사람이다. 이들은 목적지향적이고 때로 부모처럼 권위 있는 타자의 의견을 그대로 수용하는 모습을 보인다. 정체상실자는 어떻게 문제들을 가장 잘 조화시킬 것인가에 대해 결정하는 정체성 위기를 경험하지 않고 부모들의 목표, 가치, 생활방식을 그대로 택하여 앞일을 실행해 나가는 사람들이다.

정체혼란자는 삶의 목표와 가치를 탐색하려는 시도를 보이지 않거나, 그것에 대해 생각해 보았으나 어떤 확고한 미래지향적인 행동을 하지 못하는 사람이다. 정체혼란자는 피상적 탐색자로서 확실한 정체의 상태에 도달하지 않은 사람으로, 면접자와 이들과의 면접은 매우 짧게 끝난다. 마샤는 자아정체 혼란 상태의 개인은 스트레스 상황에서 가장 견디기 힘들고, 도덕적으로 가장 낮은 수준에 머무는 경향이 있다고 보고했다.

정체 지위에 따라 가족관계의 특성이 다른 경향이 있다. 정체상실자 집단의 가족관계가 행복한 것으로 기술되는 반면에, 정체혼란자들의 가족관계는 음울한 것으로 기술되는 경향이 있다. 정체는 대상관계 속에서 구체화될 수도 있다. 때로 한 명의 이성상대에 집중하기보다는 여러 상대를 거치는 플레이걸이나 플레이보이가 자아정체의 혼란집단에 속한다(Marcia, 1994a)고 알려져 있다.

그렇다면 청소년기 자아정체의 지위별 분포와 그들의 인적 특성은 어떠한가? 정체 지위별 경험자료로 미국 중학생 조사연구(Sprinthal & Collins, 1995)에 따르면, 미국 중학교 학생의 정체 정립은 5.2%, 정체 유예는 11.7%, 정체 상실이 36.6%, 정체 혼란이 46.4%이며, 고등학교 고학년 학생의 정체 정립은 21.3%, 정체 유예는 13.5%, 정체 상실이 36.0%, 정체 혼란이 29.2%이고, 대학교 고학년생의 정체 정립은 39.7%, 정체 유예는 15.5%, 정체 상실이 31.3%, 정체 혼란이 13.5%이다. 학년이 높을수록 정체정립형의 비율이 점차 증가하고 정체혼란형의 비율이 감소하는 경향이 있다. 정체유예형이나 정체상실형의 비율은 별로 변화가 없다. 정체 지위별로 특정 행동이 나타나기도 한다. 정체 지위별 음주행동 차이를 살펴본 연구에서 정체유예자의 경우 음주 문제가 심각하였다(신행우, 2004).

이제까지 정체 지위별 분류기준은 마샤의 것이 인정되고 있으나, 분류기준에 문제가 있다. 마샤의 정체성 구분은 자신의 정체성 탐색 과정에 의해 구분된다. 즉 목적과 방향성을 분명히 가지고 있는 개인은 탐색 과정에 따라서 정체정립자가 되기도 하고 상실자가 되기도 한다. 실제로 이 구분방법은 오랜 시간 면접을 통해 이루어지는 주관적 판단에 따라서 판정되는 한계를 가지고 있다. 연구자의 주관적 자료 수집과 분석의 어려움으로 마샤의 모델이 개인의 정체성과 사회적 적응을 논할 때 가장 빈번하게 인용되면서도 평가의 어려움으로 근래에 자주 사용되지 않고 있다. 이러한 마샤의 자료 수집의 문제를 보완하려면 자료 수집의 객관성과 명료성을 증가시킬 수 있어야 한다. 따라서 명확한 용어로 기술된 설문으로 정체성을 판정할 필요가 있다. 자신을 타인과 같이 느끼는 것, 자신인지 아닌지 구분이 잘 안 되는 것 등은 자아정체성의 상실이나 혼미상태를 표출하는 것이기도 하다. 각 유형별 특성을 구체화하여 새로운 설문을 구성하는 방법으로 정체성을 측정할 수 있을 것이다. 정체성 조사는 개인의 사회심리적 적응과 관련해 논의될 자료를 제공할 수 있어야 한다. 한 사례로 자아정체와 관련해 정신분석학에 입각해 개인의 자아정체성과 심리적 상태와 적응을 진단(Graafsma, Bosma, Grotevant, & Delevita, 1994)하려는 연구들의 형태를 참조할 수 있을 것이다.

3. 자아정체의 하위정체 특성

자아정체는 개인의 존재 위치에 따라서 여러 하위정체를 포함한다. 그 하위정체로 성정체, 가족정체, 직업정체, 국가정체, 민족정체, 종교정체 등 다양한 정체가 있다. 우선 성정체를 보면, 개인은 태어나면서 성이 결정되고 성장하면서 성정체를 형성해 간다. 신생아에게는 성정체 의식이 없으나 유아기에는 성정체 의식이 형성되기 시작한다. 유아기 여아가 머리핀을 꽂으려 한다든가, 치마를 입으려는 것을 보면 성정체가 형성된 것을 알 수 있다. 또한 유아는 성장하면서 점차 사회적으로 기대되는 성정체를 형성하면서 스스로 기존에 형성했던 성정체를 변화시켜 나간다. 연구자들은 유아의 성정체를 확인해 보기 위해서 성이 외모나 주변 환경이 변화되면 변화될 수 있는 것인지를 묻는 조사실험을 실시했다. 그 결과 이미 유아기에도 외모의 변화에도 불구하고 성이 변화될 수 없는 것임을 알고 있었다(황혜신 · 이순형, 1990). 성이 지속적이고 항상적인 특성을 지니고 있음을 아는 것이다. 그런데 최근 트랜스젠더의 출현으로 성이 지속적이고 항상적 개념체가 아니라는 것이 아동이나 청소년에게 알려지면서 과연 성항상성 개념이 무너지고 성정체가 변화될 것인가 하는 의문이 제기된다.

자아정체의 또 다른 하위 범주로 가족정체가 있다. 개인이 속한 가족에 대한 정체성을 의미하는데 대부분 생애 초기부터 가족정체가 형성되어 있다고 한다. 가족정체는 성정체와 마찬가지로 지속성, 항상성, 동일성 등의 인지적 특성과 더불어 애착과 수용성 등이 포함되는 개념체다. 가족정체는 자신이 속한 구성원들에 대한 소속감, 애착심, 수용성 등이 주요한 특성이 될 수 있다.

가족정체는 개인마다 속한 가족형태가 다름에도 불구하고 동일할 것인지, 아니면 개인의 가족생활 경험에 따라서 차이가 있을 것인지가 의문이다. 피아제(Piaget, 1969)가 말하는 형식적 조작기에 들어선 청소년기라면 소속된 가족의 구조나 유형이 어떻든 동일한 가족정체를 구성하고 있을지 모르나, 체험하지 않고서는 개념을 형상화하기 어려운 구체적 조작기에 있는 유아나 아동의 경우에는 체험과 동일한 가족 개념을 형성하고 있을지 모른다. 특히 가족정체는 가족에 대한 소속감, 애착심과 수용감만이 아니라 가족에 대한 의무감과 책임감 등이 포함되어 복잡한 개념체로 형성될 가능성이 있다.

자아정체의 하위정체 중 국가정체와 민족정체가 있다. 성정체나 가족정체를 형성하는 것이 아동기 이후 청소년기의 발달과업임과 동시에 국가정체나 민족정체를 형성하고 발달시키는 것이 역시 이 시기의 중요한 발달과업이다. 그뿐 아니라 자아정체가 개인의 생활상의 적응과 관련되는 것이라면 민족정체도 개인의 생활상의 적응과 관련될 것임을 예상할 수 있다. 실제로 미국의 소수인종 청소년이 인종 정체를 연구했을 때 백인 청소년 대부분이 인종(민족)정체감을 잘 형성한 데 비해서 소수인종 청소년은 대부분 두 종류에 해당되었다고 한다. 하나는 인종정체감을 획득한 집단과 다른 하나는 정체 유예상태에 빠진 집단이다. 이들 소수인종 청소년의 민족정체는 그들의 자존감 형성과 유의한 관련성이 있었다(Phinney, 1988)고 한다.

민족정체 연구는 자아정체를 확장시킨 선행연구틀(서봉연, 1975, 1979)과 역사, 정치학자들의 민족과 민족주의에 기초하여 이끌어낸 개념틀(이순형, 1991; 1992)을 접목하여 구성되었다. 교포 청소년의 경우 민족의 이주 역사와 현 생활 여건이 달라 민족정체가 달리 형성되었을 수 있다. 특정 지역에 국한하여 교포 청소년을 연구대상으로 선정한 것은 연구대상의 편기 현상으로 인한 왜곡된 일반화로 이어질 수 있기 때문에 이순형(1994)은 아시아권 자본주의 국가와 사회주의 국가에 거주하는 재외교포 청소년을 고루 선정하여 조사했다. 전자에 한국과 일본에 거주하는 청소년을, 후자에 러시아와 연변 청소년을 대상으로 하였다. 이들의 민족정체감을 조사하여 몇 가지 결과를 보고했다. 청소년의 민족정체감은 다면적 개념으로서 민족의 하위 특성을 나타내는 영역별 인지 차원과 사회문화 차원으로 구성될 수 있다. 인지 차원은 정체성의 고유성, 동일성, 지속성 외에 수용성, 존중성과 충실성으로 구성된다. 통계 분석 결과에 따르면 6개의 인지 특성 간 관련성이 깊다. 민족정체감의 사회문화적 차원은 역사, 규범, 동포애, 상징, 혈연, 언어와 국적에 대한 지각으로 세분된다. 이들 7개 영역 간에도 상관성이 높다. 이처럼 민족정체감을 구성하는 인지 및 사회문화 영역 사이에는 밀접한 관계가 밝혀졌다.

그런데 청소년의 민족정체성은 인구배경 변수에 따라서 달랐다. 특히 국적과 출생지 등의 사회문화적 환경에 따라서 청소년의 민족정체에 대한 의식이 달랐다. 이 중에도 국적이 가장 영향력이 큰 변수로 작용하는데 국가의 이주역사와 생활환경에 따라서 청소년이 형성한 민족정체가 다르다는 사실이 밝혀졌다. 사회주의권 청소년이 자본주의권 청소년보다 민족정체의 인지적 특성인 민족에 대한 고유성, 동일성, 지속성, 수용성, 존중성과 충실성을 더 깊이 형성했다. 그뿐 아니라 민족의 역사, 언어, 규범, 국적에의 집착, 동포애와 민족적 상징에 대해서 애착이 더 강했다. 이러한 결과가 어떠한 이유에서인지 확실하지 않으나, 사회주의 이념이 집단을 강조하는 특성을 지니는데 이러한 사회분위기가 조국과 과거에 대해 인식을 돈독하게 하는 데에 도움이 되는 듯하다. 역으로 개인주의에 입각한 자본주의적 이념과 그러한 사회분위기가 개인으로 하여금 더 빨리, 더 높이 성취하도록 암암리에 압력을 행사하는 듯하다. 현 자본주의 사회가 경쟁을 통해 개인이 성취하는 데 바쁘기 때문에, 조국의 의미가 덜 중요하게 떠오르는 것은 조국이 현실세계와 멀리 인식됨을 의미한다. 그런데 혈연의식에는 청소년의 국적에 따른 차이가 없었다. 이는 선행조사(이순형, 1992)와 일치한다.

민족정체성에 대한 선행조사 연구결과는 두 가지 점에서 주목할 만하다. 하나는 민족정체성뿐 아니라 자아정체성도 모두 거주하는 생활문화 환경에 따라서 다르게 형성된다는 점이다. 반세기 전에 다른 국가에 이주해서 살아온 교포들의 자녀인 이들은 이국에 살게 된 청소년으로 그 땅의 문화와 전통에 영향을 받기 마련이다. 한민족의 민족구성원으로서 정체성을 형성하고 조국에 대해 깊은 애착을 가지고 있다 하더라도, 그들이 개념화한 민족정체성이 다를 뿐 아니라 심지어 자아정체성도 다르다는 사실을 의미한다. 이 때문에 개인의 적응문제가 제기될 수 있다. 민족정체성은 심리적 고립뿐 아니라 적응과 관련된다(Rodriguez & Bernstein, 1995)는 연구가 이를 입증하기도 한다. 남미계 대학생의 심리적 고립과 대학생활의 적응에 그들의 인종(민족)정체성이 중재변수로 밝혀졌다. 중국, 한국, 일본 청소년의 이념이 다르므로(이순형, 1999) 그들의 자아정체 내지는 민족정체의 차이를 가정할 수 있다. 그 외에 종교적 정체성은 민족정체성을 향상시키거나 오히려 장애가 되기도 했다(Sunaina, 1996).

또한 청소년의 민족정체감은 청소년의 연령에 따라서 다르다. 이는 선행연구(이순형, 1992)에도 보고된 바다. 17세 미만인 집단과 그 이상인 청소년 집단 사이에 민족정체감이 달리 형성되어 있는데, 어느 한 과제의 하위 영역에만 나타나는 현상이 아니라 모든 과제에 일관되게 나타나는 점을 보면, 17세 전후가 민족정체감 형성의 전환기인 듯하다. 이는 인지 발달의 특성으로 시기를 구분짓는 피아제의 발달시기와는 일치하지 않는다. 정보처리론적 연속성 발달이론으로 설명되어야 할지가 의문이다.

청소년의 민족정체에 부모가 영향을 미친다(이춘재, 1994; Phinney & Nakayama, 1991). 피니(Phinney)와 그 동료(1991)는 민족정체 형성에 부모의 영향을 강조했는데 그 이유는 가족의 기대가 문화적 경험에 동기를 부여해서 개인의 민족(인종)정체성을 형성하는 데 일익을 담당했다(Sunaina, 1996)는 것이다. 그 외에 부모와의 의사소통에 따라 가족의 응집성과 적응성에 차이가 있고(길애진 · 이순형, 1999), 그러한 가족변수가 성역할 인지에도 영향을 미칠 수 있다. 성 역할 중에서도 이상적 성 역할 수행은 문화적 차이를 심층적으로 경험하므로(Sunaina, 1996), 성 역할 인지가 성정체를 형성하고 성정체가 민족정체와 관련이 있을 것이다.

이상에서 보듯 민족정체는 이제까지 국내외에서 여러 연구자들이 연구했지만 국가정체에 관심을 둔 연구자는 별로 없다. 국가는 출생이든 망명이든 으레 국적과 함께 결정되고 별다른 의식이 없이 수용하는 것으로 가정하고 있기 때문이다. 그러나 민족과 마찬가지로 국가도 정체의 대상이다. 국가에 대한 정체인식에는 민족과 마찬가지로 영토, 혈연의식, 역사, 문화, 관습, 언어, 제도 등에 대한 앎과 수용이 동반되어야 한다. 이제껏 선행연구자가 없더라도 분명히 국가정체는 연구되어야 할 주제임과 동시에 규명되어야 할 연구대상이다. 민족정체가 가지고 있는 인지적 토대를 국가정체도 공통적으로 가지고 있는지, 각 요소에 대한 인식도 공유하는지는 밝혀야 할 내용이다.

4. 자아정체와 이념정향

자아정체와 관련해 논의되는 것은 개인의 자아정체가 이념정향과 관련되어 있지 않은가 하는 점이다. 자아정체가 개인이 가진 개념체이므로 개인의 철학, 가치관과 관련되어 형성된 이념정향과 관계가 없지 않을 것이다. 자녀가 있는 한국남자는 집합주의 성향이 강하고 자녀 양육에도 집합주의적 양육가치를 강조한다(이순형, 1996). 청소년의 집합주의, 물질주의, 가족주의와 개인주의가 삶의 만족과 관계(이순형 · 이영미, 1997)가 있으며, 한국, 중국, 일본, 동양 3국의 청소년의 삶의 만족에도 집합주의가 영향을 미친다(이순형, 1999).

한국인의 이념정향 속에 집합주의와 가족주의가 큰 영향을 미치고 있으며, 특히 집합주의가 가장 강력한 이념정향이라는 점(이순형, 2005)은 잘 알려져 있다. 그런데 집합주의와 개인주의가 논리적으로 상반된 이념정향인데도 경험 자료의 분석에서는 병렬의 이념정향으로 밝혀진다. 그 이유가 무엇인지 논의된 적이 드물지만 한국인의 전통적 사유체계 속에 유교적 집합주의가 있다면 서구문물의 유입과 개방 후 민주주의 체제로 출발하여 반백 년이 지나는 동안 수입된 개인주의가 집합주의를 밀어내지 못하고 나란히 자리잡고 있음을 의미한다고 볼 수 있다. 이 문제는 앞으로 더 많은 연구와 논의를 거쳐야 할 부분이나 어떻든 이념정향이 개인의 자아정체와 어떠한 연관성을 지니고 있는지 밝힐 필요가 있다.

5. 가상공간의 특성과 자아정체의 변화

앞에서 자아정체에 영향을 미치는 사회문화 환경의 하나로 가상공간의 영향을 지적했다. 최근 가상공간은 실공간과 마찬가지로 청소년의 삶의 공간으로 자리 잡고 있다. 가상공간은 장소와 물질에 기반을 둔 현실세계와는 달리 컴퓨터조직망 속에 존재하는 공간으로 정의된다(김성국, 1997). 가상공간은 기존 삼차원적 공간과는 다른 새로운 공간으로 본질적 차이가 있다. 가상공간은 초고속성, 탈지역성의 특성을 지닌다. 가상공간의 이러한 특성 때문에 개인은 가상공간 속에서 정보원을 확장하고 인간관계를 확장하며 가상경험을 확장하는 등 여러 가지 대인관계의 변화를 경험할 수 있다.

가상공간에서 경험하는 대인관계의 변화가 구체적으로 무엇인지를 보면, 첫째, 가상공간의 초고속성 특성과 대인관계의 확장을 들 수 있다. 일상생활에서 개인이 지각하고 사고하고 문제를 처리하는 속도는 가상공간에서의 정보처리 속도와 비견할 수 없다. 광케이블 등 통신장비의 개선으로 정보처리 속도는 더욱 증가되어 신체가 그 속도감에 익숙해지기가 어려울 정도다. 이러한 초고속성은 가상공간에서 개인의 출입과 퇴진을 매우 신속하게 할 수 있다. 따라서 가상공간 속에서의 여러 가지 행위의 양상이 달라질 수 있다. 한 예로 말이 끝나자마자 그 현장에서 사라진다는 것은 대면적 의사소통에서는 있을 수 없는 일이지만 가상공간에서는 가능한 일이다. 상대란 메시지로만 확인되기 때문에 메시지를 읽고 의미를 파악할 때에는 이미 상대의 실체는 가상공간 내에서 탈출했을 수 있다.

가상공간에서는 동호회와 같은 집단구성원들과 동시 만남이 가능하다. 동시에 많은 사람들이 출입하고 개인은 그들과 짧은 시간 안에 많은 접속을 할 수 있으므로 대인관계를 무제한으로 확대할 수 있다. 대인관계의 확대는 한편으로는 많은 인격과의 만남이라는 장점이 있지만, 가상적 세계에서 피상적 만남은

피상적 관계의 한계를 가질 수 있다.

둘째, 가상공간의 탈공간성, 확장성과 동질성 특성을 들 수 있다. 가상공간에서는 물리적 공간이 문제가 되지 않으니 지역의 물리적 원근 거리감도 의미가 없다. 가상공간에서는 대륙, 국가와 지역이 아무런 장벽이 되지 않기 때문이다. 거리를 뛰어넘는 것은 걷다가 자동차를 타는 것과 같이 개인에게는 존재의 삼차원적 제한성을 극복하는 것으로 개인에게 능력감을 증폭시키고 존재의 확대감을 느끼게 한다. 즉 개인은 제한된 실제 시공간에서 벗어나 가상공간 속에서 자유롭게 자기존재를 확장시킬 수 있다. 대륙과 해양 등 물리적 거리가 문제가 되지 않기 때문에 가상공간에서는 개인들이 현시대를 살아가는 동질적 존재로서 인지하고 별다른 이질감을 가지지 않을 수 있다. 외모, 국적, 국가의 이해관계, 이념의 차이 등은 문제가 되지 않는다. 유사한 관심사를 통해서 정보를 교환하면서 네티즌 간의 동질성을 확인할 수 있기 때문이다. 실공간에서 대인간 관계 형성에 미숙하여 부적응을 경험한 경우나 내성적 성격으로 폐쇄된 생활을 하던 사람들에게 가상공간은 하나의 탈출구로 기능할 수 있다.

셋째, 가상공간의 익명성과 가상성 특성을 들 수 있다. 가상공간에서 개인의 실체는 메시지로만 상대에게 존재한다. 가상공간이 익명의 공간이므로 개인에 관한 모든 정보가 숨겨진 익명성(匿名性)은 곧 가상성(仮想性)으로 이어질 수 있다. 가상공간에서 개인은 자신에게 주어진 제한성을 뛰어넘기 위해 익명성을 이용한다. 즉 외모, 연령, 성별, 국적 등은 물론이고 과거 경력, 직업, 혼인관계 등 자신에 대한 모든 사실을 감출 수 있는 익명의 존재가 된다. 때로 익명성은 개인의 위축된 자아를 확장시킬 수 있으나, 때로 존재 확인이 없는 커뮤니케이션으로 왜곡되고 천박한 자기 제시가 가능하다. 즉 기계를 앞에 둔 비인간적 교류로서 왜곡되고 과장된 표현과 상스러운 표현이 가능하다(김유정, 1998).

익명성은 가상공간에서 자기정체성을 위장하고 다른 인격체로 활동할 수 있게 한다. 자기를 위장하여 다른 인격체가 되면서 쾌감을 느낄 수 있으나, 반복적으로 자기 위장이 지속되면서 그 위장이 자기기만으로 작용하여 자기정체성의 혼란을 겪을 수 있다. 그 외에도 상대에게 위장된 정체로 거짓 메시지를 전

달하거나, 억압된 정서가 언어적 · 정서적 공격으로 표출되어 무차별적으로 여러 사람에게 심리적 상해를 입힐 수 있다. 가상세계에서 언어폭력, 성폭력 등이 정체의 위장으로 빈번하게 촉발될 수 있기 때문이다(이순형 · 이경화, 2000).

가상공간은 탈공간적이고 초고속의 특성이 있으며, 개인의 활동에 익명성을 보장받으므로 위축된 자아를 해방시키고 자아를 확장하는 순기능적 역할을 할 수 있다. 신체적 외모로 위축된 자아, 열등감으로 위축된 자아가 확장감을 느낄 수 있다. 또한 가상공간의 익명성은 개인의 다중적 자아를 기능할 수 있게 한다. 온라인상에서 개인은 스스로 이성(異性)이 될 수 있고 이중적(二重的) 성정체를 가질 수 있다. 다중자아(多重自我)를 가질 수도 있기 때문에 실험삼아 다른 자기가 되다가 실자아와 가상자아 간의 혼란에 빠질 수 있다. 가상세계는 실제세계와 다르지만 어쩌면 개인이 지각한 세계에서는 실제세계보다도 더 현실적 세계를 구현한다는 측면에서 초현실성(hyper reality)을 추구한다고 지각할 수 있다. 게다가 사이버 세계는 편집성을 가지므로 스스로의 능력감을 더욱 확장할 수 있어서 현실세계를 멀리하고 가상세계에서 더욱더 자기상을 명확히 구현할 수도 있다. 이러한 이유로 자아정체성을 이중으로 형성하거나 다중정체성을 형성하는 경우도 있을 수 있고, 정체성 혼란에 빠지거나 아예 자신이 누구인가를 인식하지 못하는 정체 상실에 처할 수도 있다(Marcia, Waterman, Matteson, Archer, & Orlofsky, 1993). 자아정체 혼란 상태의 개인이 자아정체 상실자보다도 더 심각한 부적응 문제가 있을 것을 시사한다. 자아정체 혼란자는 수치심으로 사회적 관계를 회피하는 등 사회적 부적응을 경험하지만 자아정체 상실의 경우는 오히려 행복하고 자기만족감이 높을 수 있으며 새로운 경험을 하지 않으려 한다(Stephen, Fraiser, & Marcia, 1992). 이들은 대체로 권위주의적 가치에 집착하는 경향이 있다(Marcia, 1966).

위에서 고찰한 논의점과 연구의 필요성에 따라서 이 연구의 틀을 구성할 것이다. 이 연구에서는 아동, 청소년과 일반 성인기 자기개념의 구성요소와 차이, 그 외에 자기신뢰감과 자기만족감의 관련성을 밝히고자 한다. 그리고 자아정체의 하위정체인 성정체, 가족정체, 민족정체와 국가정체의 인지적 개념체로서의 지각과 수용 양상, 그리고 정체의식과 이념정향인 가족주의, 물질주의와 정신주의, 집합주의와 개인주의의 관련성을 밝히는 것이다. 그 외에 자아 간의 불일치 양상, 즉 이상자아와 현실자아, 당위자아와 현실자아 간 불일치, 그리고 가상자아와 실자아 간 불일치 양상과 그 집단 특성을 밝히는 것이다. 마지막으로 개인의 부정적 정서와 삶의 만족의 양상과 그와 관련된 변수를 밝히려 한다. 결국 자기개념, 정체의식, 자아정체의 불일치에 이념정향의 관계를 밝히는 것이다. 이 연구과제는 그림 1-1과 같이 요약할 수 있다.

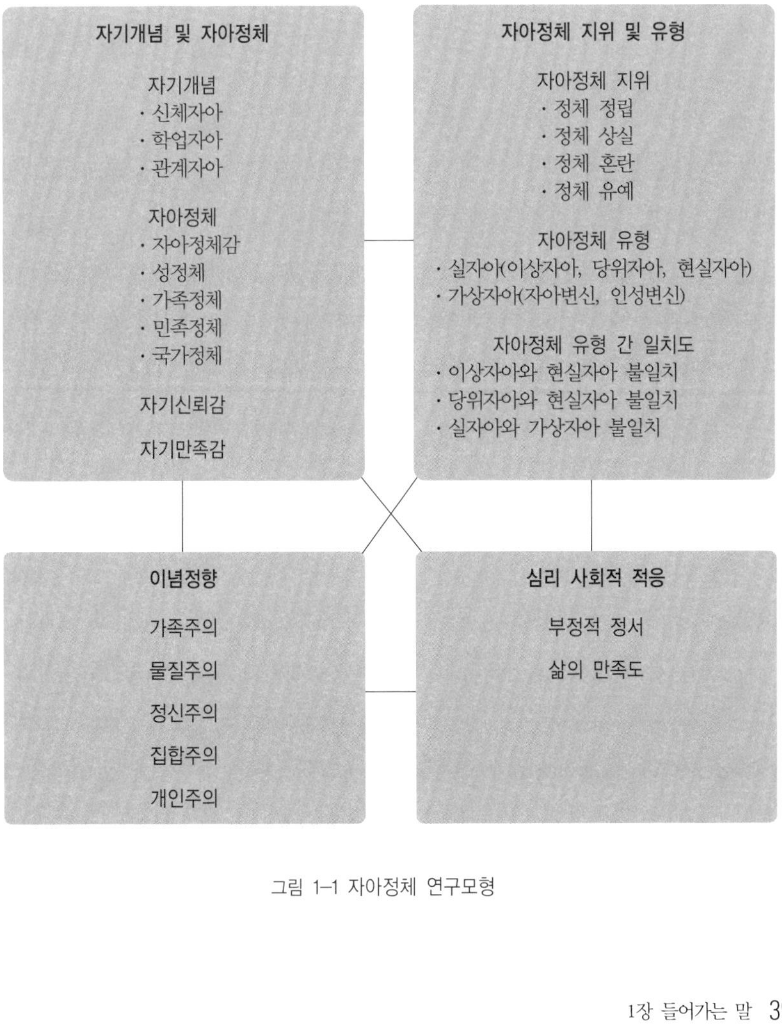

그림 1-1 자아정체 연구모형

6. 연구문제

이 연구의 문제는 <그림 1-1>의 연구모형의 틀을 구체화한 것으로 아래와 같다.

연구문제 1. 아동기, 청소년기, 성년기의 자기개념과 정체의식, 이념정향의 양상은 어떠한가? 그리고 자기개념, 정체의식, 이념정향 간의 관계는 유의한가?

1-1. 실공간에서 아동기, 청소년기의 자기개념과 정체의식, 이념정향의 양상은 어떠한가?

1-2. 가상공간에서 청소년기, 성년기 자기개념과 정체의식, 이념정향의 양상은 어떠한가?

1-3. 실공간에서 조사한 아동 및 청소년의 자기개념과 정체의식, 이념정향 양상과 인터넷에서 조사한 청소년기와 성년기 네티즌 조사결과는 일치하는가?

연구문제 2. 자아정체의 지위와 유형 및 자아불일치 양상은 어떠한가?

2-1. 온라인에서 자아 변신과 정체 위장은 어떠한가?

2-2. 자아정체의 지위와 유형의 분포는 어떠하며, 정체 지위와 유형별로 자아와 이념정향은 차이가 있는가?

2-2. 실자아의 하위 유형 간 불일치는 어떠하며 어떤 특성을 보이는가? 그리고 가상자아와 실자아의 불일치는 어떠하며 어떤 특성을 보이는가?

연구문제 3. 네티즌의 부정적 정서와 삶의 만족감과 자아정체, 이념정향 간의 관계는 유의한가?

연구문제 1을 해결하기 위해 초, 중, 고등학생과 네티즌 대상 조사 결과를 바탕으로 하여, 3장에서는 자기개념, 4장에서는 정체의식, 5장에서는 이념정향을 살펴보며 또한 자기개념, 정체의식과 이념정향 간의 관계를 분석하고자 한다. 연구문제 2와 관련하여 6장에서는 실자아와 대비되는 개념으로 인터넷 사용과 가상자아에 대해 살펴보며, 7장에서는 자아정체의 지위와 유형별 분석을 실시하고자 한다. 또한 연구문제 3과 관련하여 8장에서는 자아와 심리사회 적응의 관계를 파악하기 위해 자아불일치와 부정적 정서, 삶의 만족감을 알아보고, 이들 간의 관계를 분석하고자 한다.

7. 용어의 정의

이 연구에 사용되는 여러 용어를 정의한다.

1) 자기개념

자기개념(self concept)은 개인이 자기 자신에 대해서 통합적으로 가지고 있는 개념이다. 자기개념이란 말 그대로 자기 자신에 대해서 가지고 있는 생각 또는 개념으로 자기 자신에 대한 개인의 주관적인 지각, 인지 및 평가를 반영하는 인지적 관념을 의미한다. 이러한 자기개념이란 개인의 기본적인 특성, 독특한 속성 및 전형적인 행동에 대한 신념의 집합체로, 신체적 자기개념, 사회적 자기개념, 정서적 자기개념과 지적인 자기개념이 있다.

자기개념은 세 가지 특성을 지닌다. 첫째, 자기개념은 외부세계와 분리된 독립적 개체라는 의식을 포함한다. 즉, 자기개념은 '나(self)'와 '나 아닌 것(non-self)'을 구분한다. 둘째, 자기개념은 시간적으로 지속되는 일관성 있는 동일한 개체라는 의식을 포함한다. 자신이 시간의 흐름과 경험의 누적으로 변화하지만 과거, 현재, 미래를 통하여 동일한 존재라는 느낌을 가진다. 셋째, 자기개념은 다양한 과거 경험을 조직적으로 축적하는 하나의 기억체계로서, 다면적인 구조를 가지고 있다. 자기개념은 신체, 정신, 사회 등의 여러 경험적 자기의 하위 영역으로 구성되어 있다. 또한 이는 기술적 차원과 평가적 차원을 모두 가지고 있다.

이 연구에서는 자기개념을 다면개념체로 간주해 개인의 신체자아, 직무자아(학업자아), 관계자아로 하위정체 범주를 구성한다.

2) 자아정체(성)

자아정체나 자아정체성(ego identity)은 자신에 관해서 통합된 관념을 가지고 있느냐에 대한 개념이다. 자아정체감이 형성되었다는 것은 자기의 성격, 취향, 가치관, 능력, 관심, 인간관, 세계관, 미래관 등에 대해 비교적 명료하게 이해하고 있으며, 그 이해가 지속성과 통합성이 있는 상태를 말한다. 이것은 개인의 이상과 행동 및 사회적 역할을 통합하는 자아의 기능에 의해서 이루어진 결과다(두산백과사전). 이 연구에서는 자아정체성을 이상자아, 현실자아, 당위자아의 요소로 구성되는 것으로 정의한다.

3) 성정체

자아정체의 하위 정체인 성정체(gender identity)는 개인이 남성으로서 또는 여성으로서 느끼는 정체로 자신의 성이 시간의 경과에도 변하지 않고 항상 유지되고 지속될 것으로 인지하고 수용하는 것을 의미한다. 이 연구에서는 성정체를 개인의 성에 대한 항상성과 지속성 인지와 성수용성으로 구성한다.

4) 국가정체

자아정체의 하위 정체인 국가정체(national identity)는 개인이 국가에 소속감을 느끼고, 국토라는 제한된 공간성을 느끼며, 살아가는 사람들과의 인적관련성을 느끼는 것으로 정의했다. 또한 개인은 군복무와 세금 납부 등 의무감을 느끼며, 충성심을 느낀다. 그 외에 자신이 소속된 국가에 대해 자부심을 가지거나 수치심을 가질 수 있다. 이 연구에서는 국가정체를 국가소속감, 영토개념, 인적관련성, 봉사심, 자부심, 전통관습, 병역이나 세금 납부 등 국민의 의무감으로 구성한다.

5) 민족정체

자아정체의 하위 정체인 민족정체(ethnic identity)는 개인이 민족이나 인종에 소속감을 느끼는 것이다. 개인은 민족에 소속감, 모국어 애착, 역사인식, 혈연의식과 지속기대감을 느끼고 민족의 역사의식을 가진다. 이 연구에서는 민족정체를 개인이 자신이 속한 인종이나 민족에 소속감, 모국어 애착, 역사인식, 혈연의식과 지속기대감을 느끼는 것으로 정의한다.

6) 가족정체

자아정체의 하위 정체인 가족정체(familial identity)는 개인이 자신의 가족에 대해서 소속감과 정서적 유대를 느끼는 것이다. 이 연구에서는 가족정체를 개인이 가족에서 느끼는 소속감, 인정감, 애착감, 친밀감, 성취기대, 지원신뢰, 역할수행과 행복감 등으로 구성한다.

7) 자아유형

자아유형은 현실 속의 실자아(real self)와 가상공간 속의 가상자아(cyber self)가 있다. 전자는 실체가 있다고 하나 후자는 사이버스페이스(cyber space)에서 기능하는 자아로 실체가 없다. 실체가 없음에도 자아정체를 가지며, 여러 가지 자아전환을 할 수 있다. 처음에는 가상자아가 임시적인 허상으로 느끼나 반복된 시행 후에는 실자아와 마찬가지로 느낀다.

실자아의 자아 유형은 이상자아, 당위자아와 현실자아가 있다. 이상자아(ideal self)는 개인이 이상적으로 그리는 자아상을 의미하는 것으로 정의한다. 당위자아(normative self)는 개인의 역할에 따라서 주변에서 기대하는 자아상을 의미하는 것으로 정의한다. 현실자아(real self)는 개인이 실제 상황에서 가지고 있는 자아상을 의미한다. 현실자아는 실재하는 자아를 말하지만 엄밀하게 현실자아도 타인의 눈에 비친 자아상일 수 있다.

8) 자아정체 지위

자아정체 지위는 마샤(Marcia, 1966, 1967, 1994b)가 정의한 대로 정체 정립(identity achievement), 정체 유예(identity diffusion), 정체 혼란(identity moratorium)과 정체 상실(identity foreclosure) 중에서 위기 경험이나 결행이 없는 정체 유예를 제외하고 나뉜다. 자아정체 지위의 세 수준을 살펴보면, 정체 정립은 개인의 정체가 형성되어 안정된 상태를, 정체 혼란은 위기 속에서 스스로 자신의 정체가 아직 정립되지 못하고 혼란 상태에 있는 것을, 정체 상실은 아직 자신의 정체를 형성해야 한다는 의식이 없는 상태로 정의한다.

9) 자아불일치

자아불일치(ego disparity)는 개인이 가지고 있는 자아들이 일치하지 않은 것을 의미하며, 일반적으로 당위자아와 현실자아, 이상자아와 현실자아 간의 불일치를 의미한다. 이 연구에서는 자아불일치를 실자아의 당위자아와 현실자아, 이상자아와 현실자아 간 불일치를 의미하며, 가상자아와 실자아 간의 불일치도 포함하는 것으로 구성한다.

개인의 자아불일치는 그 정도가 크면 심리적 갈등을 유발하고, 심인성 증상을 유발하며, 장기적으로 부적응 양상으로 이어질 가능성이 크다.

2장

연구방법

인생의 각 생애주기에 따른 자아정체의 양상을 알아보기 위하여 대상을 크게 아동·청소년과 성인·노년층으로 구분하여 조사를 실시하였다. 아동, 청소년의 자아와 관련하여 초, 중, 고등학생을 대상으로 일선 학교에서 대면 설문조사(조사1)를, 일반 성인의 자아와 관련해서는 네티즌을 대상으로 온라인 설문조사(조사2)를 진행하였다.

1. 연구대상

1) 연구대상(조사1)

초, 중, 고등학생 대상 조사에서 연구대상은 초, 중, 고등학교 학생 640명이며, 이들의 일반적인 특성은 <표 2-1>에 제시되어 있다. 초등학교에서 고등학교까지의 전 학년에 걸쳐서 2년의 간격을 두고 조사를 실시하여, 연령에 따른 자아정체의 전반적인 양상을 살펴볼 수 있도록 하였다. 그러나 초등학교 1, 2학년은 발달특성상 읽기가 미숙하며 설문조사에 익숙하지 않기 때문에 조사대

〈표 2-1〉 초, 중, 고등학생 응답자의 일반적 특성

구분		전체(n=640)		구분		전체(n=640)	
		인원수	비율(%)			인원수	비율(%)
성별	남	310	48.4	학년	초등3	117	18.3
					초등5	109	17.0
					중 1	138	21.6
	여	330	51.6		중 3	132	20.6
					고 2	144	22.5
부모와 동거 여부	부모와 동거	577	90.2	형제 수	외동	65	10.2
	부와 동거	17	2.7		2명	443	69.2
	모와 동거	28	4.4		3명	106	16.6
	부모 없음	5	0.8		4명 이상	10	1.6
	무응답	13	2.0		무응답	16	2.5
출생 순위	첫째	302	47.2	주관적 사회 계층	상류층	42	6.6
					중상층	137	21.4
	둘째	280	43.8		중류층	402	62.8
	셋째 이상	41	6.4		중하층	45	7.0
					하류층	2	0.3
	무응답	17	2.7		무응답	12	1.9
부 직업	노동직	28	4.4	모 직업	노동직	38	5.9
	기술직	46	7.2		기술직	40	6.3
	자영업	162	25.3		자영업	90	14.1
	사무직	195	30.5		사무직	89	13.9
	전문기술직	52	8.1		전문기술직	8	1.3
	관리직	35	5.5		관리직	10	1.6
	전문직	22	3.4		전문직	34	5.3
	무직	12	1.9		주부	240	37.5
	기타	43	6.7		기타	45	7.0
	무응답	45	7.0		무응답	46	7.2
부 학력	초졸	10	1.6	모 학력	초졸	11	1.7
	중졸	23	3.6		중졸	40	6.3
	고졸	229	35.8		고졸	310	48.4
	대졸	243	38.0		대졸	167	26.1
	대학원 이상	44	6.9		대학원 이상	25	3.9
	무응답	91	14.2		무응답	87	13.6

상에서 배제하였고, 초등학교 3학년부터 조사대상에 포함하였다.

학년을 살펴보면, 초등학교 3학년 18.3%, 5학년 17.0%, 중학교 1학년 21.6, 3학년 20.6%와 고등학교 2학년 22.5%이며, 성별로 살펴보면 남학생이 48.4%, 여학생이 51.6%로 비슷한 비율로 구성되었다. 부모와 동거하는 경우는 90.2%, 한부모와 동거하는 경우는 7.1%, 부모가 없는 경우는 0.8%이다. 형제 수를 보면 외동이 10.2%, 두 형제자매가 69.2%, 세 형제자매가 16.6%이며, 출생순위로는 첫째가 47.2%, 둘째가 43.8%, 그리고 셋째 이상이 6.4%다. 아동, 청소년이 응답한 주관적인 사회계층을 살펴보면, 상류층 6.6%, 중상층 21.4%, 중류층 62.8%, 중하층 7.0%이고, 하류층이 0.3%다.

2) 연구대상(조사2)

이 연구에서는 가상공간에서 만나는 인터넷 이용자의 정체성을 제시하기 위하여 인터넷을 이용하는 네티즌을 연구대상으로 포함하였다. 바람직한 연구방법으로 지역, 연령, 성별 등을 고려하여 무선표집을 시행하여야 하나, 현실공간에서와 달리 인터넷상에서는 연구자가 표집에 통제를 가할 수 없으므로 무선표집을 하는 것이 사실상 불가능하였다. 이러한 한계를 보완하고, 모집단의 대표성을 구하기 위해서 표본 수를 최소한 1,000명 이상으로 정하고, 전국 규모의 인터넷 조사기관 폴에버(Pollever)에 의뢰하여 2007년 4월 첫주 5일 동안 온라인으로 모두 2,069명의 네티즌을 조사했으며, 조사 항목이 한 문항이라도 무응답인 자료를 제외하고 나머지 1,089명의 자료를 수집하였다. 조사대상의 일반적 특성은 <표 2-2>에 제시되어 있다.

네티즌의 성별을 살펴보면 남자가 60.4%, 여자가 39.6%다. 결혼 여부를 살펴보면 미혼이 57.4%, 기혼이 42.6%다. 연령별 분포는 10대 3.8%, 20대 33.9%, 30대 37.5%, 40대 17.7%, 50세 이상이 7.2%이다. 네티즌이 지각하는 주관적인 사회계층을 살펴보면, 상류층 0.1%, 중상층 8.2%, 중류층 56.9%, 중하층 31.1%이고 하류층이 3.7%다.

〈표 2-2〉 네티즌 응답자의 일반적 특성

구분		전체(n=1,089)		구분		전체(n=1,089)	
		인원수	비율(%)			인원수	비율(%)
성별	남	658	60.4	결혼 여부	미혼	625	57.4
	여	431	39.6		기혼	463	42.6
연령	10대	41	3.8	교육 수준	초졸	7	0.6
	20대	369	33.9		중졸	22	2.0
	30대	408	37.5		고졸	322	29.6
	40대	193	17.7		대졸	674	61.9
	50세 이상	78	7.2		대학원 이상	64	5.9
직업	자영업	90	8.3	주관적 사회 계층			
	서비스/생산	141	12.9		상류층	1	0.1
	기능/숙련공	34	3.1				
	일반작업직	23	2.1				
	사무/기술직	373	34.3		중상층	89	8.2
	경영직	32	2.9				
	전문직	34	3.1				
	고급기술직	28	2.6		중류층	620	56.9
	영업	8	0.7				
	주부	91	8.4				
	학생	152	14.0		중하층	339	31.1
	농업/어업/임업	4	0.4				
	무직	60	5.5		하류층	40	3.7
	기타	19	1.7				

2. 연구도구

조사 1과 조사 2에서 실시된 초, 중, 고등학생, 네티즌 조사의 설문 문항은 대부분 동일하다. 그러나 아동과 청소년이 주 대상이 된 초, 중, 고등학생과 일반

성인이 주 대상이 된 네티즌의 연령별 발달특성을 고려하여, 네티즌 대상 조사(조사2)에서는 초, 중, 고등학생 대상 조사(조사1)의 문항을 토대로 하여 몇 가지 문항을 수정, 첨가하였다. 이 연구에서 사용된 설문지는 자기개념, 자기신뢰감, 자기만족감, 정체의식, 이념정향, 자아유형, 자아지위, 자아불일치, 인터넷 사용, 부정적 정서, 삶의 만족감에 관한 문항으로 구성되었다. 이외에 연령, 성별, 결혼 여부, 자녀수, 주거상태, 본인의 직종(職種), 부친의 직종, 학력, 주관적 사회계층 등 인구배경에 대한 문항이 조사되었다.

이어서 자기개념, 자기신뢰감, 자기만족감, 정체의식, 이념정향, 인터넷 사용, 자아유형, 자아지위, 자아불일치, 부정적 정서, 삶의 만족감의 각 범주에 대하여 하위항목에 해당하는 자세한 내용을 <표 2-3>에 제시하였다.

1) 자기개념, 자기신뢰감과 자기만족감

자기개념은 세 영역으로 초, 중, 고등학생의 경우 신체자아, 학업자아, 관계자아로 구성되며 네티즌의 경우 학업자아는 직무자아로 대체되었다. 신체자아, 학업자아, 관계자아는 각각 5문항으로 구성되었다. 자기신뢰감은 자기이해, 유능감과 성실성의 내용을 포함한 자기신뢰감 4문항으로 구성되었으며, 자기만족감에 관한 2문항이 포함되었다.

신체자아는 마쉬와 리차드((Marsh & Richard, 1994)가 개발한 신체기술검사(Physical Self-Description Questionaire, PSDQ)를 한국 아동에 맞게 수정・보완한 신체적 자아개념 질문지(오지은, 2007) 중에서 5문항을 사용하였다. 그 외에 자기개념의 하위변수인 학업(직무)자아, 관계자아와 자기신뢰감, 자기만족감은 연구자가 기존 연구를 참고하여 이 연구의 목적에 맞는 문항을 구성하였으며, 문항구성의 타당도를 검증하기 위해서 아동학 전문가 5인의 검증을 받아서 모두 일치한다고 응답한 문항만을 선정했다.

조사도구의 신뢰도를 측정한 결과, 초, 중, 고등학생 대상 조사의 경우 자기개념을 묻는 신뢰도 지수(α)는 학업자아 문항 0.616, 신체자아 문항 0.724,

〈표 2-3〉 설문 문항의 하위범주와 내용 구성

<table>
<tr><th rowspan="2" colspan="2">구분</th><th rowspan="2">항목</th><th rowspan="2">내용</th><th colspan="2">문항 수</th><th rowspan="2">비고</th></tr>
<tr><th>조사1</th><th>조사2</th></tr>
<tr><td rowspan="3" colspan="2">자기개념</td><td>신체자아</td><td>운동, 외모, 몸매에 대한 자기개념</td><td>5</td><td>5</td><td></td></tr>
<tr><td>학업(직무)자아</td><td>학업(직무)에 대한 자기개념</td><td>5</td><td>5</td><td></td></tr>
<tr><td>관계자아</td><td>친구, 동료관계에 대한 자기개념</td><td>5</td><td>5</td><td></td></tr>
<tr><td colspan="2">자기신뢰감</td><td></td><td>자기이해, 유능감, 성실성</td><td>4</td><td>4</td><td></td></tr>
<tr><td colspan="2">자기만족감</td><td></td><td>자기만족감</td><td>2</td><td>2</td><td></td></tr>
<tr><td rowspan="7">정체 의식</td><td rowspan="4">자아 정체</td><td>총체자아</td><td>총체적 자아정체성</td><td>1</td><td>1</td><td></td></tr>
<tr><td>자아정체감</td><td>자아동일성, 자아항상성, 자아지속성, 자아고유성</td><td>4</td><td>4</td><td></td></tr>
<tr><td>자기수용</td><td>외모에 대한 자기수용, 자기 평가</td><td>2</td><td>2</td><td></td></tr>
<tr><td>성정체</td><td>성항상성, 성수용성, 성지속성*</td><td>2</td><td>3</td><td>1문항 추가</td></tr>
<tr><td>가족 정체</td><td></td><td>인정감, 애착감, 친밀감, 성취기대, 지원신뢰, 소속감, 역할 수행, 행복</td><td>8</td><td>8</td><td></td></tr>
<tr><td>민족 정체</td><td></td><td>민족, 모국어, 역사, 혈연에 대한 정체성</td><td>10</td><td>10</td><td></td></tr>
<tr><td>국가 정체</td><td></td><td>소속감, 영토개념, 인적관련성, 봉사심, 자부심, 전통관습, 의무감</td><td>12</td><td>12</td><td></td></tr>
<tr><td rowspan="5" colspan="2">이념정향</td><td>가족주의</td><td>가족과 관련한 이념정향</td><td>6</td><td>6</td><td></td></tr>
<tr><td>물질주의</td><td>물질과 관련한 이념정향</td><td>7</td><td>7</td><td></td></tr>
<tr><td>정신주의</td><td>정신과 관련한 이념정향</td><td>5</td><td>5</td><td></td></tr>
<tr><td>집합주의</td><td>집합과 관련한 이념정향</td><td>5</td><td>5</td><td></td></tr>
<tr><td>개인주의</td><td>개인과 관련한 이념정향</td><td>5</td><td>5</td><td></td></tr>
<tr><td colspan="2">인터넷 사용</td><td></td><td>인터넷 접속, 온라인에서 자아 변신, 온라인에서 인성 변화, 가상공간과 현실공간 연계*, 인터넷 중독, 자기 평가</td><td>22</td><td>23</td><td>1문항 추가</td></tr>
<tr><td colspan="2">자아유형</td><td></td><td>이상자아, 당위자아, 현실자아</td><td>1</td><td>1</td><td></td></tr>
<tr><td colspan="2">자아지위</td><td></td><td>정체 정립, 정체 혼란, 정체 상실</td><td>1</td><td>1</td><td></td></tr>
<tr><td colspan="2">자아불일치</td><td></td><td>이상자아-현실자아 불일치
당위자아-현실자아 불일치</td><td>2</td><td>2</td><td></td></tr>
<tr><td colspan="2">부정적 정서</td><td></td><td>심리불안*, 현기증*, 우울*, 광장공포*, 타인혐오*, 비현실감*, 불면증*</td><td>0</td><td>7</td><td>7문항 추가</td></tr>
<tr><td colspan="2">삶의 만족감</td><td></td><td>자신*, 동료*, 이성친구(배우자)*, 직업*, 가족*, 전반적 삶*에 대한 만족감</td><td>0</td><td>6</td><td>6문항 추가</td></tr>
<tr><td colspan="2">인구배경</td><td></td><td>연령, 성별, 가족사항, (부모)직업, (부모)학력, 사회경제 수준</td><td>9</td><td>9</td><td></td></tr>
<tr><td colspan="4">계</td><td>115</td><td>131</td><td></td></tr>
</table>

* 네티즌 대상 조사(조사 2)에 첨가된 문항 내용임.

〈표 2-4〉 자기개념, 자기신뢰감, 자기만족감 문항 구성

구분		문항내용	문항수	신뢰도(α)	
				조사1	조사2
자기개념	신체 자아	나는 운동을 잘 한다. 내 얼굴은 다른 사람들이 좋아하는 인상이다. 내 몸매가 실망스럽다.† 운동이라면 누구보다 빨리 뛸 수 있다. 운동장에서 뛰어노는 일이 무엇보다 즐겁다.	5	0.724	0.695
	학업 자아*	나는 공부를 열심히 한다. 나는 학교 성적에 실망이다.† 나는 학교생활을 잘하는 편이다. 나는 학교생활이 즐겁다. 나는 어려운 과목의 수업 시간이 싫다.†	5	0.616	해당 없음
	직무 자아**	나는 맡은 일을 열심히 한다. 나의 직무 업적이 실망스럽다.† 나는 사회생활을 잘하는 편이다. 나는 동료들과 일을 협동하여 해내지 못한다.† 나는 어려운 과업을 맡고 싶지 않다.†	5	해당 없음	0.685
	관계 자아	나는 내 또래 (동료나) 친구들 사이에 인기가 있다. (동료나) 친구들은 내 의견을 따르곤 한다. 나는 원하면 친구를 사귈 수 있다. (동료들과) 친구들은 나와 함께 있는 것을 좋아한다. 여럿이 노는 것보다 혼자 노는 것이 좋다.	5	0.710	0.768
자기신뢰감		나는 내 결심대로 밀고 나간다. 나는 무슨 일이든 최선을 다한다. 내 문제는 내가 해결한다. 나는 나 자신을 알고 있다.	4	0.723	0.810
자기만족감		나는 나 자신이 마음에 들지 않는다.† 나는 나에게 만족한다.	2	0.703	0.697

* 1차 조사(초, 중, 고등학생 대상)에서만 측정

** 2차 조사(네티즌 대상)에서만 측정

† 표시는 역부호화 문항

관계자아 문항 0.710이었다. 자기신뢰감 조사도구의 신뢰도는 0.723이었으며, 자기만족감 문항의 신뢰도는 0.703이었다. 네티즌 대상 조사의 경우 신뢰도는 신체자아 문항 0.695, 직무자아 문항 0.685, 관계자아 문항 0.768이었다. 자기신뢰감 조사도구의 신뢰도는 0.810이었으며, 자기만족감의 신뢰도는 0.697이었다.

2) 자아정체, 가족정체, 민족정체와 국가정체

(1) 자아정체

자아정체의 하위변수는 자아정체감, 성정체, 자기수용이며, 이 중 자아정체감은 자아동일성, 자아항상성, 자아고유성, 자아지속성을 묻는 문항 4개로 구성되었다. 자기수용은 외모에 대한 자기수용과 자기평가에 관한 내용을 담고 있으며, 2문항으로 구성되었다. 성정체는 초, 중, 고등학생 대상 조사에서는 성항상성과 성수용성을 묻는 문항으로 구성되었으나, 네티즌 대상 조사에서는 성정체의 지속성을 나타내는 문항이 첨가되었다. 자아정체 척도는 이순형(1992; 1994)의 연구에서 사용되었던 문항을 사용했고, 성정체는 이영미 · 이순형(1992)의 척도에서 일부 문항을 선정하여 사용하였다. 타당도와 신뢰도는 이미 선행연구에서 검증되었다.

초, 중, 고등학생 대상 조사에서 자아정체감과 자기수용, 성정체를 모두 합한 자아정체의 신뢰도 지수(α)는 0.574이었으며, 성지속성을 첨가한 네티즌 대상 조사에 사용된 자아정체의 신뢰도는 0.730이었다.

(2) 가족정체, 민족정체, 국가정체

가족정체는 인정감, 애착감, 친밀감, 성취기대, 지원신뢰, 소속감, 역할수행, 행복을 묻는 8문항으로 구성되었다. 민족정체는 소속감, 모국어 애착, 역사인식, 혈연의식과 지속기대감을 내용으로 한 총 10개 문항으로 구성되어 있다. 국가

〈표 2-5〉 자아정체 문항 구성

구분		문항내용	문항수	신뢰도(α) 조사1	신뢰도(α) 조사2
총체자아		나는 좋은 사람이다.	1	0.574	0.730
자아 정체감	자아동일성	나는 내가 아닌 다른 사람이 되고 싶다.†	1		
	자아항상성	지금 나는 어렸을 때의 나다.	1		
	자아지속성	나는 성인이 되어 더 이상 학생이 아니라고 해도 나 자신이다.	1		
	자아고유성	나는 사람들과 같지 않은 나 자신이다.	1		
자기수용		내 모습이 잘 생기지 않아도 나는 내 모습을 좋아한다. 나는 나에 만족한다.	2		
성정체	성 항상성	트랜스젠더가 되는 것은 자연의 섭리를 깨뜨리는 것이다.	1		
	성수용성	나는 현재 내가 여자(남자)인 것이 좋다.	1		
	성지속성	나는 어려서와 마찬가지로 현재 남자(여자)다.*	1		

* 네티즌 대상 조사(조사 2)에 첨가된 문항임
† 표시는 역부호화 문항

정체는 국가소속감, 영토개념, 인적관련성, 봉사심, 자부심, 전통관습, 병역이나 세금 납부 등 국민의 의무감을 나타낸 총 12개 문항으로 구성되었다. 가족정체 척도는 연구자가 기존 연구를 참고하여 이 연구의 목적에 맞는 문항을 구성하였으며, 문항구성의 타당도를 아동학 전문가 5인의 검증을 받아서 모두 일치한다고 응답한 문항만을 선정했다. 민족정체는 선행연구(이순형, 1991; 1992)에서 사용된 문항을 사용하였다. 그리고 국가정체는 민족정체의 내용과 구성원리에 부합되도록 문항을 구성해 사용하였으며, 안면타당도는 아동학 전문가 5인이 일치한 문항만을 선정하는 방법으로 안면타당도를 검증했다.

초, 중, 고등학생 대상 조사에서 가족정체 문항의 신뢰도 지수(α)는 0.651이었으며, 네티즌 대상 조사에서는 0.740이었다. 민족정체의 문항 신뢰도 지수(α)는 초, 중, 고등학생 대상 조사에서 0.838이었으나, 네티즌 대상 조사에서는

〈표 2-6〉 가족정체, 민족정체, 국가정체 문항 구성

구분		문항	문항수	신뢰도(α)	
				조사1	조사2
가족정체	인정감	나를 착한 사람으로 인정하는 것은 우리 부모님뿐이다.	1	0.651	0.740
	애착감	나를 진심으로 아끼는 사람은 우리 가족뿐이다.	1		
	친밀감	아무리 가까운 사람이 있어도 가족만큼 가까운 사람은 없다.	1		
	성취 기대	나는 부모님의 기대에 부응하기 위해서 열심히 노력한다. 나는 가족의 일원으로서 가족의 기대에 부응하기 위해 열심히 일한다.	1		
	지원 신뢰	내가 어려운 일을 당하면 우리 가족이 누구보다 먼저 나를 도울 것이다.	1		
	소속감	내가 우리 가족의 한 사람임을 잊은 적이 없다.	1		
	역할 수행	나는 우리 가족을 위해 할 역할이 무엇인지 알고 그렇게 한다.	1		
	행복	나의 가족은 행복하다.	1		
민족정체	소속감	나는 한민족이다. 북한과 미국이 축구시합을 하면 북한을 응원할 것이다.	2	0.838	0.381
	모국어 애착	나의 모국어는 한국어이다. 세계화 시대에 우리가 영어를 모국어로 정해도 상관없다.†	2		
	역사 인식	우리 조상은 단군이다. 역사는 후손에게 반드시 가르쳐야 한다. 이미 중국지역인 만주지역의 역사를 보존하려고 애쓸 것 없다.†	3		
	혈연 의식	외국인과 결혼하는 것을 가능한 한 금지해야 한다. 우리는 단일민족이므로 누구에게나 같은 조상의 피가 흐른다.	2		
	지속 기대	민족을 늘 앞세우는 것은 시대에 뒤떨어진 생각이다.†	1		

〈표 2-6〉 계속

구분		문항	문항 수	신뢰도(α) 조사1	신뢰도(α) 조사2
국가 정체	소속감	한국과 북한이 축구경기를 하면 나는 한국을 응원한다. 나는 누가 뭐래도 한국 사람이다. 내 아이를 낳으면 부르기 쉬운 외국이름을 붙일 것이다.†	3	0.826	0.715
	영토 개념	나는 앞으로 한국 땅에서 살 것이다. 내가 돈을 벌면 먼저 외국의 경치 좋은 곳에 집을 마련할 것이다.†	2		
	인적 관련성	나는 꼭 한국인과 결혼할 것이다. 외국여자와 결혼해 자녀를 출산했으면 그 아이들은 어머니 나라의 국민이다.†	2		
	봉사심	유학 가 공부하고 나서 한국에 취직자리가 생겨도 월급 많이 주는 다른 나라에서 근무하는 것은 당연하다.†	1		
	자부심	내가 한국 사람이라는 것이 부끄럽다.†	1		
	전통 관습	내가 매일 주로 먹는 음식은 밥이 아닌 빵, 피자와 같은 양식이다.†	1		
	의무감	남자는 국가를 지키기 위해 군대에 가야 한다. 모든 사람들은 국가를 위해 세금을 내야 한다.	2		

† 표시는 역부호화 문항

0.381로 다소 낮게 나타났다. 초, 중, 고등학생 대상 조사에서 국가정체 문항의 신뢰도는 0.826이며, 네티즌 대상 조사에 사용된 측정도구의 신뢰도는 0.715였다.

3) 이념정향

이념정향은 가족주의, 물질주의, 정신주의, 집합주의, 개인주의로 구성되었다. 가족주의는 6개 문항, 물질주의는 7개 문항, 정신주의는 5개 문항, 집합주의는 5개 문항, 개인주의는 6개 문항으로 모두 29개 문항이다. 집합주의와 개인주의 척도는 트리안디스와 그의 동료들(Triandis, 1995; Triandis, McCusker, & Hui, 1990)의 32문항 척도를 수정 보완한 척도(이순형, 1996; 이순형 · 이영미, 1997; 이순형,

2005)를, 가족주의 가치는 선행연구(이순형, 1996; 이순형 · 이영미, 1997; 이순형, 2005)에서 사용되었던 척도를, 그리고 물질주의 척도는 이기춘 외(2001)의 척도를 사용한 선행연구(이순형, 2005)에서 사용되었던 것을 사용하였다. 정신주의 척도는 이 연구에서 처음 구성한 것으로 문항구성의 타당도를 아동학 전문가 5인의 검증을 받아서 모두 일치한다고 응답한 문항만을 선정했다.

측정도구의 신뢰도를 조사한 결과, 초, 중, 고등학생 대상 조사에서 문항의 신뢰도 지수(α)는 가족주의 0.584, 물질주의 0.726, 정신주의 0.069, 집합주의 0.286, 개인주의 0.478이었다. 네티즌 대상 조사에서 문항의 신뢰도 지수는 가족주의 0.679, 물질주의 0.788, 정신주의 0.195, 집합주의 0.473, 개인주의 0.665로 나타났다.

물질주의 문항의 신뢰도는 0.726과 0.788로 상당히 높은 수준이나, 물질주의에 대응하는 정신주의 척도의 신뢰도는 0.069와 0.195로서 문항 간 신뢰성이 매우 낮다. 이는 정신주의는 이 연구에서 처음 도입한 개념으로서 그 문항의 신뢰성이 깊이 검증되지 못한 것으로 볼 수 있다. 집합주의 척도의 신뢰도는 0.286, 0.473으로 비교적 의미가 있으나, 이에 대응하는 개인주의의 신뢰도 지수는 0.478, 0.665로 높은 수준이다. 이는 우리사회에 집합주의 경향성이 점차 약화되면서 기존에 집합주의를 측정했던 도구가 재검토될 필요가 있음을 시사한다.

4) 가상자아와 인터넷 사용

가상자아의 양상을 파악하기 위해 인터넷 사용과 관련한 문항은 인터넷 접속, 온라인에서의 자아 변신, 온라인에서의 인성 변화, 가상공간과 현실공간의 연계, 인터넷 중독, 인터넷 사용 후 자기 평가 등으로 구성되어 있다. 초, 중, 고등학생 대상 조사에서는 22문항을 사용하였으며, 네티즌 대상 조사에서는 이와 거의 동일한 문항을 사용하였으나 일반 성인을 주 대상으로 한 조사임을 감안하여, 온라인과 오프라인의 연계성과 관련하여 '채팅으로 만난 이성상대와

〈표 2-7〉 이념정향 문항 구성

<table>
<tr><th rowspan="2">구분</th><th rowspan="2">문항내용</th><th rowspan="2">문항수</th><th colspan="2">신뢰도(α)</th></tr>
<tr><th>조사1</th><th>조사2</th></tr>
<tr><td>가족주의</td><td>부모님이 허락하지 않는다면 내가 즐기는 일이라도 하지 않는다.
내가 힘든 공부를 하는 것은 부모님을 즐겁게 해 드리고 싶어서다.
어느 집이든 아들이 없어 대가 끊기는 것은 가족의 불행이다.
친척이 어려운 상황에 있을 때 내 능력껏 돕는다.
나는 어른이 되어 부모님을 모시고 한 집이나 한 동네에서 살 것이다.
내 결혼상대는 부모님의 기대에 맞는 사람이어야 한다.</td><td>6</td><td>0.584</td><td>0.679</td></tr>
<tr><td>물질주의</td><td>사람들이 열심히 일하는 것은 돈을 벌기 위해서이다.
돈으로 안 되는 일이 없다고 해도 과언이 아니다.
사람들은 집이나 자동차의 크기로 그 사람을 평가한다.
가난한 사람이 행복한 경우는 드물다.
사람들이 마음고생을 할 때는 주로 돈이 없어서 그렇다.
사람들은 부자와 결혼하고 싶어 한다.
고맙거나 미안하게 느낀다면 물질로 그 마음을 표현하는 것은 당연하다.</td><td>7</td><td>0.726</td><td>0.788</td></tr>
<tr><td>정신주의</td><td>부자는 순수한 사랑을 얻기 어렵다.
가난한 사람은 욕심 때문에 부끄러운 일을 저지른다.†
높은 지위에 오르려는 야심을 버려야 진실한 사람이다.
다른 사람이 잘못했더라도 내게도 그에 대한 책임이 있다.
친구와의 우정을 지키기 위해서 자신을 희생할 필요가 없다.</td><td>5</td><td>0.069</td><td>0.195</td></tr>
<tr><td>집합주의</td><td>나는 내가 속한 집단을 위해서 희생해야 한다.
부모는 개인적 즐거움을 찾기에 앞서 책임을 다하도록 아이를 가르쳐야 한다.
나는 혼자서 일하기보다는 여러 사람들과 함께 일한다.
나는 다른 사람들과 생각이 다를 때 내 의견을 말하지 않는다.
내가 하고 싶지 않은 일도 동료나 친구를 위해 기꺼이 한다.</td><td>5</td><td>0.286</td><td>0.473</td></tr>
<tr><td>개인주의</td><td>누구나 자신만을 우선 생각한다.
모든 사람들은 다른 사람보다 자기 자신을 먼저 생각한다.
남을 위해서 자신의 이익을 희생한다는 것은 거짓(가식)이다.
내가 행복하게 사는 것이 무엇보다도 중요하다.
사람은 다른 사람과 독립적으로 자신의 삶을 살아간다.
누가 뭐라고 해도 하고 싶은 대로 살아간다.</td><td>6</td><td>0.478</td><td>0.665</td></tr>
</table>

† 표시는 역부호화 문항

〈표 2-8〉 가상자아와 인터넷 사용 문항 구성

<table>
<tr><th colspan="2" rowspan="2">구분</th><th rowspan="2">문항내용</th><th rowspan="2">문항수</th><th colspan="2">신뢰도(α)</th></tr>
<tr><th>조사1</th><th>조사2</th></tr>
<tr><td rowspan="3">인터넷 접속</td><td>인터넷 사용 여부</td><td>나는 하루에 인터넷에 여러 번 접속한다.</td><td>1</td><td></td><td></td></tr>
<tr><td>인터넷 사용시간</td><td>하루에 인터넷을 하며 보내는 시간은 평균(분) 정도다.</td><td>1</td><td></td><td></td></tr>
<tr><td>인터넷 활동 종류</td><td>인터넷에서 나는 주로 채팅을 한다.
인터넷에서 나는 주로 정보를 수집한다.
인터넷에서 나는 주로 게임을 한다.
인터넷에서 주로 쇼핑을 한다.</td><td>4</td><td></td><td></td></tr>
<tr><td rowspan="5">온라인에서 자아 변신</td><td>인격 변신</td><td>인터넷에 들어가면 나는 전혀 다른 사람이 된다.
인터넷에서 내가 평소와 다른 사람이 되었다고 느낀다.</td><td rowspan="4">5</td><td rowspan="4">0.533</td><td rowspan="4">0.926</td></tr>
<tr><td>성 변신</td><td>인터넷에 들어가면 나는 성별(여자/남자)이 다른 사람이 된다.</td></tr>
<tr><td>연령 변신</td><td>인터넷에 들어가면 나는 나이가 다른 사람이 된다.</td></tr>
<tr><td>직업 변신</td><td>인터넷의 채팅 중에 나는 직업이 다른 사람이 된다.</td></tr>
<tr><td>변신 후 느낌</td><td>인터넷에서의 내가 실제 나와 다른 사람이 되었다고 느낄 때 어떠했습니까?
1) 무섭다. 2) 자유롭다. 3) 신기하다.
4) 별다른 느낌이 없다. 5) 그런 적 없다.</td><td>1</td><td></td><td></td></tr>
<tr><td colspan="2">온라인에서 인성 변화</td><td>인터넷에 들어가면 나는 평소와 달리 과격해진다.
인터넷에 들어가면 나는 평소와 달리 야해진다.
인터넷에 들어가면 나는 평소와 달리 누군가를 비난한다.
인터넷에서 상대가 나를 모른다고 생각할 때 신이 난다.</td><td>4</td><td>0.173</td><td>0.897</td></tr>
<tr><td colspan="2">가상공간과 현실공간의 연계</td><td>나는 실제 이성(여자/남자)보다는 인터넷의 캐릭터가 (성적으로*) 매력 있다고 느낀다.
온라인으로 처음 알게 된 사람을 실제로 만난 적이 있다.
채팅으로 만난 이성상대와 실제로 만나 성관계를 가진 적이 있다.*</td><td>2
(3)</td><td></td><td></td></tr>
</table>

〈표 2-8〉 계속

구분		문항내용	문항 수	신뢰도(α)	
				조사1	조사2
인터넷 중독		나는 인터넷을 즐기는 나를 보면서 인터넷 중독이라고 생각한다.	1		
인터넷 사용 후 자기 평가	무력감	인터넷에서 나와서 실제 나를 보면 내가 초라해진다.	3		
	자기 혐오감	인터넷에서 나와서 실제 거울 속의 나를 보면 내가 싫어진다.			
	안도감	인터넷에서 나와서 실제 나를 보면서 마음이 놓인다.			

* 네티즌 대상 조사(조사 2)에 첨가된 문항임

실제로 만나 성관계를 가진 적이 있다'는 문항을 첨가하여 총 23문항이 사용되었다. 가상자아와 인터넷 사용에 관한 문항은 선행연구(이순형 · 이경화, 2000; 이순형, 2002)에서 사용된 문항을 사용하였다.

초, 중, 고등학생 대상 조사에 사용된 온라인에서의 자아 변신을 측정하는 5개 문항의 신뢰도 지수(α)는 0.533이며, 온라인에서 인성 변화에 대한 4개 문항의 신뢰도는 0.173으로 비교적 낮은 수준에 머물렀으나, 네티즌 대상 조사에서 사용된 측정도구의 신뢰도의 경우 온라인에서의 자아 변신에 대한 문항이 0.926, 온라인에서의 인성 변화를 측정한 문항이 0.897로 높은 편이었다.

5) 자아지위, 자아유형과 자아불일치

자아지위, 자아유형과 자아불일치에 관련한 구체적인 설문 문항은 <표 2-9>에 제시되어 있다. 자아정체의 지위는 정체 정립, 정체 혼란, 정체 상실로 구분했다. 마샤(Marcia)의 구분에 따르면 정체 유예의 범주가 있지만, 실제로 정체유예자의 비율은 매우 낮음에도 불구하고 '아직 잘 모르겠다'는 응답으로 유예를 허용할 경우에 응답자 대부분 그 범주를 선택할 여지가 있기 때문에 이를 제외

〈표 2-9〉 자아유형, 자아지위와 자아불일치 문항 구성

구분		문항내용	문항수
자아 지위	정체 정립	나는 현재 어떤 사람인지, 무엇을 해야 하는지를 잘 알고 있다.	1 (선택)
	정체 혼란	나는 현재 어떤 사람인지, 무엇을 해야 하는지를 알 수 없어서 혼란스럽다.	
	정체 상실	이렇게 살든 저렇게 살든 내게는 중요하지 않다.	
자아 유형	이상자아	나는 내가 되고 싶어서 꿈꾸던 사람이다.	1 (선택)
	당위자아	나는 현재 주위사람들이 기대하는 그런 사람이 아니다.	
	현실자아	나는 현재 있는 그대로의 나 자신일 뿐이다.	
자아 불일치	이상자아-현실자아 불일치	나는 현재 내가 이상으로 꿈꾸고 생각하던 모습과 다르다.	1
	당위자아-현실자아 불일치	나는 현재 학생으로서 주위사람들이 기대하는 모습 그대로다.	1

하였다. 자아유형은 이상자아, 당위자아, 현실자아의 세 가지 유형 중 하나에 속하는 것으로, 이상자아는 스스로 기대하던 자신의 모습이며, 당위자아는 사회적 역할로 기대되는 역할이며, 현실자아는 현재 자신의 모습을 나타낸 문항으로 구성되었다. 문항 구성은 이영미 · 이순형(1992)의 척도를 사용하였다.

조사 자료를 통해서 응답한 초, 중, 고등학생과 네티즌의 이상자아형, 당위자아형과 현실자아형의 비율을 파악하여, 자아유형의 분포를 밝힐 수 있다. 응답자를 각 자아지위별로 구분해 자아정체 정립자, 자아정체 혼란자와 자아정체 상실자의 비율을 추정할 수 있다. 또한 실자아의 유형별로 이상자아와 현실자아 간의 자아불일치 및 당위자아와 현실자아 사이의 불일치 정도를 파악할 수 있다.

6) 부정적 정서와 삶의 만족감

사회적 적응의 주요한 측면인 부정적 정서와 삶에 대한 만족감을 네티즌 대상 조사에서 실시하였다. 부정적 정서는 1943년에 발표된 미네소타 다면인성 검

〈표 2-10〉 부정적 정서와 삶의 만족감 문항 구성

구분	문항내용	문항수	신뢰도(α)
부정적 정서	신경이 예민하고 마음의 안정이 안 된다.* 어지럽거나 현기증이 난다.* 기분이 울적하다.* 넓은 장소나 거리에 나가면 두렵다.* 다른 사람들이 나를 싫어하거나 나에게 불친절하다고 느낀다.* 낯익은 것들도 생소하거나 비현실적으로 느낀다.* 잠이 오지 않는다.*	7	0.869
삶의 만족감	나는 내 자신에 만족한다.* 나는 내 친구관계나 동료관계에 만족한다.* 나는 이성친구(배우자)에 만족한다.* 나는 직업생활에 만족한다.* 나는 부모나 친척 등 가족관계에 만족한다.* 나는 전반적으로 내 인생에 만족한다.*	6	0.876

* 네티즌 대상 조사(조사 2)에 첨가된 문항임.

사(Minnesota Multiple Personality; MMPI)의 영역을 참고하여 연구 목적에 맞는 문항을 구성하였으며, 아동학 전문가 5인의 안면타당도 검증을 받았다. 삶의 만족감은 이순형(1999)의 생활만족척도의 일부를 사용하여 영역별 생활만족과 총체적 생활만족을 구분한 선행연구(이순형, 2005)의 척도에서 연구의 목적에 맞는 일부 문항을 사용하였다. 부정적 정서를 조사한 척도의 신뢰도(α)는 0.869이며, 삶의 만족감을 조사한 척도의 신뢰도(α)는 0.876으로 높은 편이다.

3. 연구절차

조사 1은 초, 중, 고등학생 대상 학교현장에서의 조사로서 초, 중, 고등학생을 대상으로 실시되었다. 서울 관악구 중류층 지역에 위치한 초등학교 1개교, 공립 중학교 1개교와 고등학교 1개교를 임의 선정하였다. 그리고 초등학교 3학년, 5학년의 각 2개 학급, 중학교 1학년과 3학년 각 2개 학급과 고등학교 2학년 2개 학급을 무선 선정하여, 2007년 2-3월 중에 서울대학교 아동가족학 대학원생들이 각 교실을 방문하여 집단설문 조사를 실시하였다. 설문조사 시간은 약 30분 정도 소요되었다.

조사 2는 네티즌을 대상으로 온라인 조사기관 폴에버(Pollever)에 의뢰하여 인터넷을 통해 4월 첫 주 5일 동안 자료를 수집했다. 설문조사 시간은 약 30분 정도였다.

4. 자료의 분석

초, 중, 고등학생 대상 조사 수집된 설문은 모두 657부였으나 성의 없는 응답지와 무응답이 많은 응답지 17부를 버리고 총 640부를 최종 분석에 사용하였다. 네티즌 대상 조사 설문은 2,069부 중에서 한 문항이라도 무응답인 경우 980부를 제외하여 모두 1,089부를 분석에 사용하였다. 자료 분석은 SPSS 12.0 버전을 사용하여 빈도, 차이검증, 상관관계, 변량분석과 회귀분석 등의 통계방법으로 이루어졌다.

3장

자기개념의 구성

생애를 통해 자기개념은 변화되고 발달해간다. 이 장에서는 생애 주기 중에서 초기인 유아기와 말기인 중, 노년기를 제외하고 아동기, 청소년기와 성년기에 자기개념의 발달을 살펴보려고 한다. 자기개념(self concept)은 신체자아, 학업(직무)자아, 관계자아로 구성된다. 아동기, 청소년기와 성년기에 해당되는 초등학생과, 중, 고등학생과 성인기인 네티즌의 자기개념의 발달 변화와 더불어 자기신뢰감과 자기만족감의 현황을 살펴본다.

1. 자기개념

아동기, 청소년기에 해당되는 초, 중, 고등학생 응답자 640명의 자기개념을 전체 평균점수 분포로 살펴볼 때 신체자아는 15.75점으로 중앙값 15점을 넘고, 학업자아는 16.22점, 관계자아는 17.48로 중앙값 15점을 훨씬 넘는 값이다. 초, 중, 고등학교 학생들이 응답한 자기개념은 중앙값을 근접해 상회하며, 하위 범

〈표 3-1〉 초, 중, 고등학생의 자기개념 응답 빈도

구분	문항	N	평균	표준편차	최솟값	최댓값
신체자아	나는 운동을 잘 한다.	640	3.39	1.219	1	5
	내 얼굴은 다른 사람들이 좋아하는 인상이다.	639	2.97	1.037	1	5
	내 몸매가 마음에 들지 않는다.	638	3.08	1.323	1	5
	나는 운동이라면 누구보다 잘 할 수 있다.	639	3.00	1.286	1	5
	나는 운동장에서 뛰어노는 일이 무엇보다도 즐겁다.	640	3.49	1.287	1	5
	합 계	636	15.75	4.260	6	25
학업자아	나는 공부를 열심히 한다.	639	3.09	1.096	1	5
	나의 학교 성적이 실망스럽다.	637	3.28	1.273	1	5
	나는 학교생활을 잘 하는 편이다.	638	3.74	.977	1	5
	나는 학교생활이 즐겁다.	637	4.01	1.089	1	5
	나는 어려운 과목의 수업시간이 싫다.	639	3.33	1.328	1	5
	합 계	633	16.22	3.672	6	25
관계자아	나는 내 또래 친구들 사이에서 인기가 있다.	640	3.02	1.001	1	5
	친구들은 나의 의견을 잘 따른다.	639	3.14	.988	1	5
	나는 원하면 친구를 사귈 수 있다.	635	3.62	1.107	1	5
	친구들은 나와 함께 있는 것을 좋아한다.	638	3.54	.963	1	5
	나는 여럿이 노는 것보다 혼자 노는 것이 좋다.	637	1.84	1.165	1	5
	합 계	631	17.48	3.633	5	25

주별로 일관된 점수 분포를 보여준다. 한마디로 우리 사회의 초, 중, 고등학생들은 보통 수준이기는 하지만 일관성 있고 긍정적이고 건강한 자기개념을 소유하고 있다고 할 수 있다.

성인기 네티즌 응답자 1,089명의 자기개념은 전체 평균점수 분포로 볼 때 신체자아는 14.95로 중앙값 15점에 다소 못 미치지만 근접하고, 직무자아는 16.86으로 중앙값 15점을 넘는다. 관계자아는 16.59점으로 중앙값 15점을 넘는 값이다. 네티즌들의 자기개념은 초, 중, 고등학교 학생들이 응답한 것과 대부분 동일한 양상을 나타냈다. 즉 아동, 청소년이나 성인인 네티즌들은 보

〈표 3-2〉 네티즌의 자기개념 응답 빈도

구분	문항	N	평균	표준편차	최솟값	최댓값
신체자아	나는 운동을 잘 한다.	1,089	2.97	0.98	1	5
	내 얼굴은 다른 사람들이 좋아하는 인상이다.	1,089	3.44	0.85	1	5
	내 몸매가 마음에 들지 않는다.	1,089	3.46	0.97	1	5
	나는 운동이라면 누구보다 잘 할 수 있다.	1,089	2.83	0.99	1	5
	나는 뛰고 몸을 움직이며 노는 일이 무엇보다도 즐겁다.	1,089	3.18	0.96	1	5
	합 계	1,089	14.95	3.19	5	25
직무자아	나는 맡은 일을 열심히 한다.	1,089	3.87	0.83	1	5
	나는 직무 업적이 실망스럽다.	1,089	2.90	0.95	1	5
	나는 사회생활을 잘 하는 편이다.	1,089	3.44	0.88	1	5
	나는 동료들과 일을 협동하여 해내지 못한다.	1,089	2.49	0.93	1	5
	나는 어려운 과업을 맡고 싶지 않다.	1,089	3.06	0.98	1	5
	합 계	1,089	16.86	3.04	5	25
관계자아	나는 내 또래 동료나 친구들 사이에서 인기가 있다.	1,089	3.27	0.80	1	5
	동료나 친구들은 나의 의견을 잘 따른다.	1,089	3.41	0.77	1	5
	나는 원하면 친구를 사귈 수 있다.	1,089	3.47	0.84	1	5
	동료들과 친구들은 나와 함께 있는 것을 좋아한다.	1,089	3.44	0.77	1	5
	나는 여럿이 노는 것보다 혼자 노는 것이 좋다.	1,089	2.99	0.97	1	5
	합 계	1,089	16.59	3.00	5	25

통 수준이기는 하지만 일관성 있고 긍정적이고 건강한 자기개념을 소유하고 있다.

자기개념은 여러 하위범주로 구성될 수 있으나 이 연구에서는 신체에 관련된 자아, 학업(일)과 관련된 자아, 사회적 관계에 관련된 자아로 하위범주를 구성했다. 자기개념의 하위범주별로 초등학교 시기와 중, 고등학교 시기에 자기개념의 성별에 따른 차이가 있는지는 의문이다. 아동, 청소년의 자기개념을 학년 및 성별에 따라 분석한 결과에 따르면 학년 변수의 주 효과가 유의하나 ($F=20.00$, $df=4$, $p<.001$), 자기개념의 성별 변수의 주 효과는 유의하지 않으며,

〈표 3-3〉 초, 중, 고등학생의 학년과 성별에 따른 자기개념 변량분석

범주	변동원	자승합	자유도	평균자승	F
총 자기개념	학년	5,914.842	4	1,478.710	20.00***
	성별	.145	1	.145	.00
	학년×성별	1,035.271	4	258.818	3.50**
	오차	45,174.601	611	73.936	

** p<.01, *** p<.001

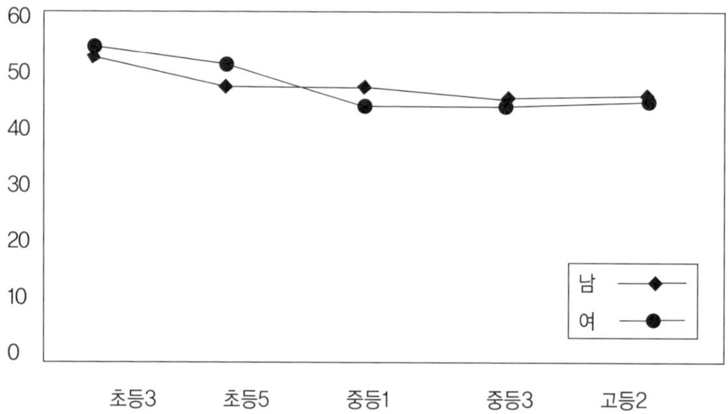

〈그림 3-1〉 초, 중, 고등학생의 학년과 성별에 따른 자기개념의 상호작용 효과

〈표 3-4〉 네티즌의 연령과 성별에 따른 자기개념 변량분석

범주	변동원	자승합	자유도	평균자승	F
총 자기개념	연령	1,563.376	4	390.844	7.36***
	성별	176.300	1	176.300	3.32
	연령×성별	78.717	4	19.679	.37
	오차	57,316.632	1079	53.122	

*** p<.001

학년과 성별의 상호작용 효과(F=3.50, df=4, p<.01)가 유의한 것으로 나타났다. 아동과 청소년의 자기개념은 학년이 높을수록 낮게 나타났다. 성별에 따라서는 자기개념의 차이가 크지 않다. 학년과 성별의 상호작용 효과는 단지 초등학교 5학년에서만 의미 있게 나타났다. 5학년 여학생은 남학생보다 자기개념이 더 높다. 초등학교 여학생들의 자기개념은 남학생들의 것보다 높다가, 중학교와 고등학교에서는 남학생들의 자기개념보다 낮아진다. 학년별 점수 차이는 대부분 통계적으로 무의미하지만 5학년에서만 의미 있다.

네티즌의 자기개념에 대하여 연령대와 성별에 따른 변량분석을 실시한 결과에 따르면 연령에 따라 네티즌의 자기개념은 유의한 차이(F=7.36, df=4, p<.001)가 있다. 10대의 자기개념 점수가 다른 연령대에 비해 유의하게 낮으나 20대, 30대, 40대와 50대 이후의 자기개념 점수에서는 의미 있는 차이가 없다. 네티즌의 자기개념에 성별에 따른 차이는 나타나지 않았다.

1) 신체자아

초, 중, 고등학생의 신체자아에 대한 조사결과는 학년별 차이(F=22.75, df=4, p<.001)가 의미 있게 나타났다. 초등학교 3학년이 자신의 신체에 대해서 가장 긍정적 자아를 형성하고 있으며, 그 다음으로 초등학교 5학년이 자신의 신체에 대해서 보다 긍정적인 생각을 하고 있다. 이와 달리 중학교 1학년, 3학년은 중간값 15점에 다소 미치지 못하는 점수로 미약한 신체자아를 형성한다. 그리고 고등학교 2학년의 신체자아는 보통 수준에서 안정되어 있다. 남자 아동, 청소년이나 여자 아동, 청소년의 신체자아는 모두 중간값 15점을 넘어 긍정적 수준을 형성하고 있다. 신체자아는 성별 차이(t=3.54, p<.001)가 있다. 즉 여학생의 신체자아는 남학생의 신체자아보다 더 낮은 수준으로 형성되어 있다.

네티즌의 자기개념을 형성하는 신체자아에서, 연령별 차이(F=5.54, df=4, p<.001)가 유의한 것으로 나타났다. 10대 네티즌이 신체에 대해서 가장 소극적 자아를 형성하고 있다. 20대 네티즌도 중간값 15점에 다소 못 미치지만 근접해

있다. 30대 이후 네티즌은 대부분 중간값 15점을 넘는 긍정적인 신체자아를 형성하고 있다. 한편 신체자아에 성별 차이($t=5.62$, $df=4$, $p<.001$)가 의미 있게 나타났다. 남자 네티즌은 평균 15.39이고 여자 네티즌은 평균 14.29로 남자 네티즌이 여자 네티즌보다 신체자아의 수준이 더 높다. 남자가 여자보다 신체능력에 대해서 우월하게 평가하는 것을 입증한 것이다.

초, 중, 고등학생의 신체자아를 구성하는 항목별 내용을 분석해보면, 신체자아 중에 운동을 잘한다는 문항에 초, 중, 고등학생의 49.6%가 그렇다고 응답하고 25.4%가 그렇지 않다고 응답했다. 초등학교 저학년의 경우에 자신의 신체 운동능력을 높이 평가한 응답자 수가 많고, 중학교 이후에는 낮게 평가하는 응답자 수가 증가한다. 남자 응답자들의 54.7%가 자신의 운동능력에 대해 긍정적으로 평가하고 19.7%가 부정적으로 평가하는 반면에, 여자 응답자들은 44.6%가 긍정적으로 평가하고 30.9%가 부정적으로 평가하여, 남학생이 여학생보다 운동능력에 대한 자신감을 나타냈다.

자기 얼굴에 대한 인상 평가에서 긍정적으로 평가한 경우는 25.6%, 부정적으로 평가한 경우는 28.5%이다. 초등학교 응답자들의 경우에는 긍정적 평가자 수가 많은 데 비해 중학교 평가자 중에는 부정적 평가자 수가 압도적으로 많다. 자기 인상에 대한 호감도가 가장 낮은 학년은 중학교 1학년으로 18.2%만이 자기 인상을 긍정적으로 평가했다. 고등학생 평가자들 중에는 자신을 보통 수준으로 평가한 사람의 수(59.7%)가 가장 많았다. 일반적으로 외모와 인상 평가에 성별에 따른 차이가 있을 것이라는 예상과 달리, 성별에 따른 차이는 나타나지 않았다.

인상 평가와 달리 몸매에 대한 평가에서 자신의 몸매에 대해서 만족하는 응답자 수는 32.1%에 달하는데, 불만족하는 응답자의 비율은 40.5%에 이른다. 초등학교 응답자에서 자신의 몸매에 대해서 긍정적으로 응답한 수가 많은 반면에 중학교 이후에서는 부정적으로 응답한 수가 많았다. 성차를 살펴보면 전반적으로 여자 아동과 청소년이 자신의 몸매에 대해 불만스럽게 생각하는 경우가 더 많은데, 이 수가 전체 여자 응답자의 절반에 이른다.

〈표 3-5〉 초, 중, 고등학생의 학년별, 성별 신체자아 평균값 비교

	구분	N	M	SD	F	Scheffe'검증
	전체	636	15.75	4.26		
학년	초등 3	114	18.55	3.92	22.75***	c
	초등 5	109	16.69	4.27		b
	중등 1	137	14.65	4.10		a
	중등 3	132	14.43	3.84		a
	고등 2	144	15.08	3.88		a
	구분	N	M	SD	t	
성별	남	309	16.36	4.16	3.54***	
	여	327	15.17	4.28		

*** p<.001

〈표 3-6〉 네티즌의 연령별, 성별 신체자아 평균값 비교

	구분	N	M	SD	F	Scheffe'검증
	전체	1,089	14.95	3.19		
연령	10대	41	12.83	3.58	5.54***	a
	20대	369	14.82	3.25		b
	30대	408	15.17	3.16		b
	40대	193	15.05	2.95		b
	50세 이상	78	15.29	3.05		b
	구분	N	M	SD	t	
성별	남	658	15.39	3.09	5.62***	
	여	431	14.29	3.23		

*** p<.001

운동 능력에 대한 평가에서 유능감을 나타낸 아동, 청소년은 36.2%이고 무력감을 나타낸 경우는 35.9%로 두 경우가 비슷한 분포를 보인다. 대체로 초등학교 아동들은 자신의 운동능력을 긍정적으로 평가하지만 중학교와 고등학교 청소년은 부정적으로 평가했다. 한편 남자 중에 운동능력을 부정적으로 평가한 사람의 수는 26.5%에 달하지만 여자 중에 부정적으로 평가한 사람의 수는 무

려 44.7%에 달했다. 여자 아동과 청소년은 상대적으로 운동 무력감을 가진 사람의 수가 많다.

운동을 하면서 즐거움을 느끼는 아동, 청소년 수를 보면 전체 응답자의 49.5%가 긍정적인 평가를 내린 반면 24.2%가 부정적인 평가를 내렸다. 운동장에서 뛰놀면서 즐거움을 느끼는 아동, 청소년의 수는 대체로 학년이 높을수록 감소하는 경향을 보였다. 남자 아동, 청소년의 54.7%가 긍정적으로, 20.7%가 부정적으로 평가한 반면에, 여자 아동과 청소년의 44.7%가 긍정적으로, 27.6%가 부정적으로 평가했다.

네티즌의 신체자아 중에 운동을 잘한다는 문항에 대하여 네티즌의 29.8%가 그렇다고 응답하고 30.8%가 그렇지 않다고 부정했다. 10대에서만 자신의 운동능력을 낮게 평가한 경우가 반수를 넘었고, 나머지 연령대에서 운동능력을 낮게 평가한 경우는 30% 내외로 비슷한 분포를 보였다. 남자 33.3%, 여자 24.5%가 자신의 운동능력을 긍정적으로 평가했고, 남자 25.9%, 여자 38.2%가 부정적으로 평가했다. 일반적으로 남자 네티즌이 여자 네티즌보다 운동능력에 대해서 긍정적으로 인식했다.

네티즌이 자기 얼굴의 인상에 대해서 긍정적으로 평가한 경우는 49.1%, 부정적으로 평가한 경우는 12.9%이다. 연령이 증가함에 따라 자신의 인상을 긍정적으로 평가하는 비율이 높아진다는 사실은 무엇을 의미하는가? 청소년기를 지나 성년이 되기까지 세월이 흐를수록 자신의 외모에 익숙해지고 긍정적으로 수용하는 현상을 반영한 것이다. 자신의 인상에 대해서 부정적으로 생각하는 경우가 10대 청소년에게서 가장 많이 나타나는 것은, 10대 청소년에게서 자기 외모와 인상에 대한 기대가 높음을 반증하는 것이기도 하다.

몸매에 대한 평가에서 자신의 몸매에 대해 만족한다는 응답은 21.7%이고, 만족하지 않는다는 응답은 39.7%이다. 남자 응답자의 15.3%가 자신의 몸매를 긍정적으로 평가하고 44.5%가 부정적으로 평가한 반면, 여자 응답자의 14.8%가 긍정적으로 평가하고 54.5%가 부정적으로 응답했다. 몸매에 대해서 여자응답자들이 남자 응답자들에 비해서 상대적으로 불만을 갖는 비율이 더 높다.

〈표 3-7〉 초, 중, 고등학생의 신체자아

단위: 명(%)

구분	조사대상		전혀 그렇지 않다	별로 그렇지 않다	그저 그렇다	조금 그렇다	매우 그렇다
운동 자신감		전체	48(7.5)	114(17.9)	159(25.0)	176(27.7)	139(21.9)
	학년	초등 3	3(2.6)	5(4.4)	21(18.4)	32(28.1)	53(46.5)
		초등 5	6(5.5)	14(12.8)	30(27.5)	30(27.5)	29(26.6)
		중등 1	18(13.1)	32(23.4)	33(24.1)	33(24.1)	21(15.3)
		중등 3	14(10.6)	31(23.5)	38(28.8)	31(23.5)	18(13.6)
		고등 2	7(4.9)	32(22.2)	37(25.7)	50(34.7)	18(13.6)
	성별	남	22(7.1)	39(12.6)	79(25.6)	88(28.5)	81(26.2)
		여	26(8.0)	75(22.9)	80(24.5)	88(26.9)	58(17.7)
인상 평가		전체	56(8.8)	125(19.7)	292(45.9)	105(16.5)	58(9.1)
	학년	초등 3	14(12.3)	12(10.5)	41(36.0)	25(21.9)	22(19.3)
		초등 5	15(13.8)	19(17.4)	45(41.3)	23(21.1)	7(6.4)
		중등 1	17(12.4)	35(25.5)	60(43.8)	17(12.4)	8(5.8)
		중등 3	7(5.3)	32(24.2)	60(45.5)	21(15.9)	12(9.1)
		고등 2	3(2.1)	27(18.8)	86(59.7)	19(13.2)	9(6.3)
	성별	남	35(11.3)	65(21.0)	129(41.7)	54(17.5)	26(8.4)
		여	21(6.4)	60(18.3)	163(49.8)	51(15.6)	32(9.8)
부정적 몸매 평가		전체	106(16.7)	98(15.4)	175(27.5)	146(23.0)	111(17.5)
	학년	초등 3	42(36.8)	13(11.4)	26(22.8)	17(14.9)	16(14.0)
		초등 5	27(24.8)	19(17.4)	34(31.2)	18(16.5)	11(10.1)
		중등 1	19(13.9)	23(16.8)	37(27.0)	35(25.5)	23(16.8)
		중등 3	9(6.8)	22(16.7)	39(29.5)	33(25.0)	29(22.0)
		고등 2	9(6.3)	21(14.6)	39(27.1)	43(29.9)	32(22.2)
	성별	남	57(18.4)	50(16.2)	102(33.0)	53(17.2)	47(15.2)
		여	49(15.0)	48(14.7)	73(22.3)	93(28.4)	64(19.6)
운동 유능감		전체	99(15.6)	129(20.3)	178(28.0)	132(20.8)	98(15.4)
	학년	초등 3	14(12.3)	12(10.5)	20(17.5)	28(24.6)	40(35.1)
		초등 5	11(10.1)	18(16.5)	35(32.1)	26(23.9)	19(17.4)
		중등 1	31(22.6)	33(24.1)	35(25.5)	24(17.5)	14(10.2)
		중등 3	25(18.9)	29(22.0)	43(32.6)	23(17.4)	12(9.1)
		고등 2	18(12.5)	37(25.7)	45(31.3)	31(21.5)	13(9.0)
	성별	남	35(11.3)	47(15.2)	102(33.0)	65(21.0)	60(19.4)
		여	64(19.6)	82(25.1)	76(23.2)	67(20.5)	38(11.6)
운동의 즐거움		전체	49(7.7)	105(16.5)	167(26.3)	121(19.0)	194(30.5)
	학년	초등 3	8(7.0)	3(2.6)	20(17.5)	14(12.3)	69(60.5)
		초등 5	6(5.5)	14(12.8)	28(25.7)	19(17.4)	42(38.5)
		중등 1	15(10.9)	25(18.2)	32(23.4)	31(22.6)	34(24.8)
		중등 3	14(10.6)	34(25.8)	40(30.3)	25(18.9)	19(14.4)
		고등 2	6(4.2)	29(20.1)	47(32.6)	32(22.2)	30(20.8)
	성별	남	22(7.1)	42(13.6)	76(24.6)	55(17.8)	114(36.9)
		여	27(8.3)	63(19.3)	91(27.8)	66(20.2)	80(24.5)

<표 3-8> 네티즌의 신체자아 단위: 명(%)

구분	조사대상		전혀 그렇지 않다	별로 그렇지 않다	그저 그렇다	조금 그렇다	매우 그렇다
운동 자신감		전체	76(7.0)	259(23.8)	429(39.4)	276(25.3)	49(4.5)
	연령	10대	10(24.4)	13(31.7)	12(29.3)	5(12.2)	1(2.4)
		20대	34(9.2)	81(22.0)	146(39.6)	91(24.7)	17(4.6)
		30대	17(4.2)	95(23.3)	162(39.7)	115(28.2)	19(4.7)
		40대	10(5.2)	51(26.4)	77(39.9)	48(24.9)	7(3.6)
		50세 이상	5(6.4)	19(24.4)	32(41.0)	17(21.8)	5(6.4)
	성별	남	28(4.3)	142(21.6)	269(10.9)	184(28.0)	35(5.3)
		여	48(11.1)	117(27.1)	160(37.1)	92(21.3)	14(3.2)
인상 평가		전체	13(1.2)	127(11.7)	414(38.0)	443(40.7)	92(8.4)
	연령	10대	3(7.3)	9(22.0)	14(34.1)	12(29.3)	3(7.3)
		20대	3(0.8)	48(13.0)	151(40.9)	142(38.5)	25(6.8)
		30대	5(1.2)	39(9.6)	148(36.3)	178(43.6)	38(9.3)
		40대	2(1.0)	21(10.9)	73(37.8)	81(42.0)	16(8.3)
		50세 이상	0(0.0)	10(12.8)	28(35.9)	30(38.5)	10(12.8)
	성별	남	10(1.5)	68(10.3)	259(39.4)	266(40.4)	55(8.4)
		여	3(0.7)	59(13.7)	155(36.0)	177(41.1)	37(8.6)
부정적 몸매 평가		전체	3(3.8)	14(17.9)	30(38.5)	27(34.6)	4(5.1)
	연령	10대	3(7.3)	3(7.3)	10(24.4)	17(41.5)	8(19.5)
		20대	7(1.8)	47(12.7)	136(36.9)	111(30.1)	68(18.4)
		30대	8(2.0)	52(12.7)	136(33.3)	149(36.5)	63(15.4)
		40대	6(3.1)	22(11.4)	84(43.5)	62(32.1)	19(9.8)
		50세 이상	3(3.8)	14(17.9)	30(38.5)	27(34.6)	4(5.1)
	성별	남	20(3.0)	81(12.3)	264(40.1)	226(34.3)	67(10.2)
		여	7(1.6)	57(13.2)	132(30.6)	140(32.5)	95(22.0)
운동 유능감		전체	102(9.4)	284(26.1)	453(41.6)	200(18.4)	50(4.6)
	연령	10대	11(26.8)	15(36.6)	11(26.8)	4(9.8)	0(0.0)
		20대	45(12.2)	89(24.1)	156(42.3)	62(16.8)	17(4.6)
		30대	28(6.9)	104(25.5)	168(41.2)	84(20.6)	24(5.9)
		40대	12(6.2)	55(28.5)	88(45.6)	31(16.1)	7(3.6)
		50세 이상	6(7.7)	21(26.9)	30(38.5)	19(24.4)	2(2.6)
	성별	남	32(4.9)	158(24.0)	293(44.5)	140(21.3)	35(5.3)
		여	70(16.2)	126(29.2)	160(37.1)	60(13.9)	15(3.5)
운동의 즐거움		전체	47(4.3)	191(17.5)	459(42.1)	302(27.7)	90(8.3)
	연령	10대	3(7.3)	13(31.7)	16(39.0)	8(19.5)	1(2.4)
		20대	16(4.3)	59(16.0)	155(42.0)	98(26.6)	41(11.1)
		30대	18(4.4)	82(17.6)	167(40.9)	117(28.7)	34(8.3)
		40대	7(3.6)	34(17.6)	84(43.5)	58(30.1)	10(5.2)
		50세 이상	3(3.8)	13(16.7)	37(47.4)	21(26.9)	4(5.1)
	성별	남	18(2.7)	110(16.7)	278(42.2)	197(29.9)	55(8.4)
		여	29(6.7)	81(18.8)	181(42.0)	105(24.4)	35(8.1)

여성들이 자신의 몸매에 대해서 관심을 더 두고 인식한다는 것은 성 사회화 과정에서 형성된 사회문화적 결과일 것이다. 실제로 '매우 마음에 들지 않는다'는 진술을 인정한 여자의 비율이 남자의 약 두 배에 달한다는 사실에서도 이를 확인할 수 있다.

운동능력에 대한 평가에서는 자신의 운동능력에 대해 23.0%가 긍정적으로 응답했고, 35.5%가 부정적인 응답을 했다. 10대 9.8%, 20대 21.4%, 30대 26.5%, 40대 19.7%, 50세 이상 27.0%가 운동능력을 긍정적으로 평가했다. 남자의 26.6%, 여자의 17.4%가 자신의 운동 유능감에 대해서 긍정적으로 평가한 반면, 남자의 28.9%, 여자의 45.4%가 부정적으로 평가했다. 일반적으로 여자가 남자보다 자신이 신체운동에 대해서 덜 유능한 것으로 개념화하고 있다.

신체운동의 즐거움에 대해서 전체 응답자의 36.0%가 긍정적으로 응답했고, 21.8%가 부정적으로 응답했다. 남자 응답자 중 38.3%, 여자 응답자 중 32.5%가 신체운동의 즐거움을 느낀다고 응답했고, 남자 응답자 중 19.4%, 여자 응답자 중 25.5%가 그렇지 않다고 응답했다. 남자들이 자신의 신체를 움직이는 데서 능력감과 운동의 즐거움을 더 느끼는 것은 타고난 것인지 아니면 사회화의 결과인지는 의문이다. 남자와 여자의 신체적 조건이 다르며 남자의 신체가 여자의 신체보다 활동을 통한 에너지를 많이 생산할 수 있어서 남자가 신체 효율성을 더 크게 느끼기 때문일 것이다. 신체자아는 또래 애착에 영향을 주고 생활만족에 영향을 미친다는 연구결과(유안진 · 이점숙 · 김정민, 2005)와 상통한다.

2) 학업(직무)자아

학동기나 중, 고등학교 시기에 학업자아가 자기개념에 미치는 영향은 크다고 알려져 있다. 실제로 초, 중, 고등학생들의 학업자아를 변량분석해 보면 학년에 따른 차이($F= 27.45$, $df=4$, $p<.001$)가 유의하다. 학업자아를 살펴보면 초등학교 3학년과 5학년이 다소 높은 학업자아를 가지고 있는 반면에 중학교 1학년, 3학

〈표 3-9〉 초, 중, 고등학생의 학년별, 성별 학업자아 평균값 비교

	구분	N	M	SD	F	Scheffe' 검증
	전체	633	16.22	3.67		
학년	초등 3	113	18.54	3.86	27.45***	b
	초등 5	109	17.51	3.89		b
	중등 1	137	15.88	3.12		a
	중등 3	130	15.00	3.49		a
	고등 2	144	14.85	2.71		a
	구분	N	M	SD	t	
성별	남	306	16.06	3.60	-1.108	
	여	327	16.38	3.73		

*** p<.001

〈표 3-10〉 네티즌의 연령별, 성별 직무자아 평균값 비교

	구분	N	M	SD	F	Scheffe' 검증
	전체	1,089	16.86	3.04		
연령	10대	41	15.00	3.06	8.924***	a
	20대	369	16.40	3.03		b
	30대	408	17.18	2.90		b
	40대	193	17.20	3.12		b
	50세 이상	78	17.55	2.99		b
	구분	N	M	SD	t	
성별	남	658	17.07	3.05	2.868**	
	여	431	16.54	3.00		

** p<.01, *** p<.001

년과 고등학교 2학년 집단의 학업자아 수준이 낮아, 학년이 높아짐에 따라 학업자아의 수준이 낮아지는 것을 확인할 수 있다. 특히 고등학교 2학년 학생들은 중간값 15점에 미치지 못하여 학업자아가 다소 낮은 양상을 보였다. 사후검증에서 보듯 초등학교 응답자 집단의 학업자아와 중, 고등학교 응답자 집단의

학업자아는 서로 차별화되며 이 관계는 안정되어 있다. 학업자아에서 성별에 따른 차이는 나타나지 않았다.

네티즌의 직무자아가 어떠한지를 알아보기 위해서 직무자아를 변량분석해 보면 연령대에 따른 차이(F=8.924, df=4, p<.001)가 유의했다. 직무자아를 추후 검증하여 살펴보면, 10대가 가장 낮은 직무자아를 가지고 있으며 20대 이후는 비교적 고른 직무자아를 지니고 있다. 20대 이후 청년기, 중년기의 직무자아가 10대보다 높은 것은 발달과업으로 보면 당연한 일일 것이다. 직무자아는 성별에 따른 차이(t=2.868, df=1, p<.01)가 유의하게 나타났다. 남자 네티즌의 직무자아 의식이 여성 네티즌의 것보다 더 높다. 남자의 직무자아가 높은 것은 사회적 압력에 따라 사회화된 결과일 것이다. 젊은 남성은 직업을 자신의 삶의 중심으로 전환시키는데 그는 자신의 가정을 중심으로 직업, 동료관계와 가치에 대한 많은 선택을 하여야 한다(Levinson, 1978). 특히 남성에게 직업은 개인의 중요한 부분이자 삶의 중요한 부분으로 사회화되었기 때문이다.

초, 중, 고등학생의 학업자아 중 자신이 공부를 열심히 한다는 문항에 대하여 응답자의 36.3%가 긍정적 평가를 한 반면 30.5%는 부정적 평가를 내렸다. 초등학교 3학년 61.9%, 5학년 48.6%, 중학교 1학년 34.3%, 3학년 27.7%, 고등학교 2학년 16.7%가 긍정적으로 평가하였으나, 초등학교 3학년 10.6%, 5학년 16.5%, 중학교 1학년 28.5%, 3학년 40.0%, 고등학교 2학년 50.0%가 부정적으로 평가했다. 학년이 높아질수록 초, 중, 고등학생의 학업 노력에 대한 자신의 평가가 점차 낮아진다는 사실은 우려되는 부분이다.

학업 성취에 대한 스스로의 평가를 살펴보면, 학업 성적에 대한 실망감은 전체 응답자의 52.4%가 가지고 있으며 자신감은 27.8%가 가지고 있다. 초등학교 3학년 28.3%, 5학년 29.3%, 중학교 1학년 58.4%, 3학년 63.8%, 고등학교 2학년 72.9%가 실망감을 표현했으나 초등학교 3학년 54.0%, 5학년 45.9%, 중학교 1학년 22.6%, 3학년 15.4%, 고등학교 2학년 9.7%가 자신감을 표현했다. 즉 학년이 높으면 학업성적에 대한 실망감이 더 크다.

학교생활 적응에 대한 평가를 살펴보면 전체 응답자의 57.7%가 긍정적으로 평가했으나 부정적으로 평가하는 경우는 7.6%에 불과하다. 초등학교 3학년 66.3%, 5학년 56.9%, 중학교 1학년 51.1%, 3학년 53.1%, 고등학교 2학년 61.8%가 긍정적으로 평가하나, 초등학교 3학년 10.6%, 5학년 5.5%, 중학교 1학년 8.0%, 3학년 10.0%, 고등학교 2학년 4.2%가 부정적 평가를 했다. 즉 초, 중, 고등학생의 10% 내외가 학교생활에 부적응을 경험하고 있다.

학교생활의 즐거움에 대한 평가에서 전체 응답자의 70.8%가 긍정적으로 평가했으나 학교생활이 즐겁지 않다고 응답한 경우는 9.5%에 불과하다. 학교생활에 대해서 초등학교 3학년 82.3%, 5학년 75.2%, 중학교 1학년 70.8%, 3학년 65.4%, 고등학교 2학년 63.2%가 즐겁다고 평가하나, 학교생활에 대해서 초등학교 3학년 9.8%, 초등학교 5학년 7.3%, 중학교 1학년 5.8%, 중학교 3학년 16.1%, 고등학교 2학년 8.3%가 즐겁지 않다고 평가했다.

난이도가 높은 교과목에 대한 거부감을 조사한 바에 따르면 전체 응답자의 51.4%가 그렇다고 응답했으며, 그렇지 않다고 응답한 경우는 28.9%이다. 초등학교 3학년 44.3%, 5학년 44.1%, 중학교 1학년 56.2%, 3학년 59.2%, 고등학교 2학년 50.7%가 거부감을 표현했다.

이상과 같이 초, 중, 고등학생의 학업자아의 모든 문항에서 학년에 따른 차이가 유의하여 전반적으로 학년이 올라갈수록 부정적인 학업자아를 형성하는 경향이 있었다. 반면 성별에 따른 차이는 나타나지 않았다.

네티즌의 직무 자아 중 맡은 일을 열심히 한다는 진술에 대해서 응답자의 70.3%가 긍정적으로 응답했고 5.3%만이 부정적으로 응답했다. 자기 성취에 대한 평가에 대해 직무 업적에 대한 실망감은 전체 응답자의 26.7%가 가지고 있으나 자신감은 33.2%가 가졌다. 동료들과 협동하여 일을 처리하는지에 대해서는 전체 응답자의 53.4%가 긍정적으로 응답했고 14.4%는 부정적으로 평가했다. 직무 노력 및 성취, 협동과업에 대한 평가에서 연령과 성에 따른 차이가 유의하지 않았다.

사회생활 적응에 대한 평가를 살펴보면 전체 응답자의 49.8%가 긍정적으로 평가했다. 자신의 사회생활을 부정적으로 평가한 경우는 전체의 12.9%이다.

〈표 3-11〉 초, 중, 고등학생의 학업자아 단위: 명(%)

구분	조사대상		전혀 그렇지 않다	별로 그렇지 않다	그저 그렇다	조금 그렇다	매우 그렇다
학업 노력	전체		48(7.6)	145(22.9)	210(33.2)	164(25.9)	66(10.4)
	학년	초등 3	5(4.4)	7(6.2)	31(27.4)	38(33.6)	32(28.3)
		초등 5	4(3.7)	14(12.8)	38(34.9)	39(35.8)	14(12.8)
		중등 1	10(7.3)	29(21.2)	51(37.2)	37(27.0)	10(7.3)
		중등 3	14(10.8)	38(29.2)	42(32.3)	28(21.5)	8(6.2)
		고등 2	15(10.4)	57(39.6)	48(33.3)	22(15.3)	2(1.4)
	성별	남	28(9.2)	78(25.5)	98(32.0)	74(24.2)	28(9.2)
		여	20(6.1)	67(20.5)	112(34.3)	90(27.5)	38(11.6)
학업 성취 좌절	전체		82(13.0)	94(14.8)	125(19.7)	225(35.5)	107(16.9)
	학년	초등 3	47(41.6)	14(12.4)	20(17.7)	20(17.7)	12(10.6)
		초등 5	18(16.5)	32(29.4)	27(24.8)	24(22.0)	8(7.3)
		중등 1	10(7.3)	21(15.3)	26(19.0)	53(38.7)	27(19.7)
		중등 3	4(3.1)	16(12.3)	27(20.8)	57(43.8)	26(20.0)
		고등 2	3(2.1)	11(7.6)	25(17.4)	71(49.3)	34(23.6)
	성별	남	41(13.4)	43(14.1)	66(21.6)	101(33.0)	55(18.0)
		여	41(12.5)	51(15.6)	59(18.0)	124(37.9)	52(15.9)
학교 생활 적응 평가	전체		14(2.2)	34(5.4)	220(34.8)	201(31.8)	164(25.9)
	학년	초등 3	7(6.2)	5(4.4)	26(23.0)	30(26.5)	45(39.8)
		초등 5	2(1.8)	4(3.7)	41(37.6)	30(27.5)	32(29.4)
		중등 1	1(0.7)	10(7.3)	56(40.9)	36(26.3)	34(24.8)
		중등 3	4(3.1)	9(6.9)	48(36.9)	45(34.6)	24(18.5)
		고등 2	0(0.0)	6(4.2)	49(34.0)	60(41.7)	29(20.1)
	성별	남	6(2.0)	22(7.2)	115(37.6)	86(28.1)	77(25.2)
		여	8(2.4)	12(3.7)	105(32.1)	115(35.2)	87(26.6)
학교 생활의 즐거움 평가	전체		20(3.2)	40(6.3)	125(19.7)	174(27.5)	274(43.3)
	학년	초등 3	8(7.1)	3(2.7)	9(8.0)	16(14.2)	77(68.1)
		초등 5	2(1.8)	6(5.5)	19(17.4)	28(25.7)	54(49.5)
		중등 1	3(2.2)	5(3.6)	32(23.4)	31(22.6)	66(48.2)
		중등 3	5(3.8)	16(12.3)	24(18.5)	47(36.2)	38(29.2)
		고등 2	2(1.4)	10(6.9)	41(28.5)	52(36.1)	39(27.1)
	성별	남	13(4.2)	20(6.5)	61(19.9)	87(28.4)	125(40.8)
		여	7(2.1)	20(6.1)	64(19.6)	87(26.6)	149(45.6)
고난도 학과 거부감 평가	전체		79(12.5)	104(16.4)	125(19.7)	179(28.3)	146(23.1)
	학년	초등 3	30(26.5)	16(14.2)	17(15.0)	23(20.4)	27(23.9)
		초등 5	20(18.3)	18(16.5)	23(21.1)	27(24.8)	21(19.3)
		중등 1	15(10.9)	17(12.4)	28(20.4)	42(30.7)	35(25.5)
		중등 3	11(8.5)	24(18.5)	18(13.8)	42(32.3)	35(26.9)
		고등 2	3(2.1)	29(20.1)	39(27.1)	45(31.3)	28(19.4)
	성별	남	35(11.4)	60(19.6)	64(20.9)	80(26.1)	67(21.9)
		여	44(13.5)	44(13.5)	61(18.7)	99(30.3)	79(24.2)

〈표 3-12〉 네티즌의 직무자아 단위: 명(%)

구분	조사대상		전혀 그렇지 않다	별로 그렇지 않다	그저 그렇다	조금 그렇다	매우 그렇다
사회생활 적응 평가	전체		21(1.9)	120(11.0)	406(37.3)	440(40.4)	102(9.4)
	연령	10대	5(12.2)	8(19.5)	13(31.7)	14(34.1)	1(2.4)
		20대	7(1.9)	50(13.6)	150(40.7)	137(37.1)	25(6.8)
		30대	3(0.7)	35(8.6)	151(37.0)	175(42.9)	44(10.8)
		40대	6(3.1)	19(9.8)	61(31.6)	85(44.0)	22(11.4)
		50세 이상	0(0.0)	8(10.3)	31(39.7)	29(37.2)	10(12.8)
	성별	남	10(1.5)	70(10.6)	256(38.9)	264(40.1)	58(8.8)
		여	11(2.6)	50(11.6)	150(34.8)	176(40.8)	44(10.2)
고난도 과업 거부감 평가	전체		77(7.1)	194(17.8)	472(43.3)	283(26.0)	63(5.8)
	연령	10대	2(4.9)	3(7.3)	15(36.6)	13(31.7)	8(19.5)
		20대	22(6.0)	58(15.7)	156(45.3)	103(27.9)	30(8.1)
		30대	29(7.1)	78(19.1)	187(45.8)	99(24.3)	15(3.7)
		40대	17(8.8)	37(19.2)	80(41.5)	50(25.9)	9(4.7)
		50세 이상	7(9.0)	18(23.1)	34(43.6)	18(23.1)	1(1.3)
	성별	남	54(8.2)	134(20.4)	283(43.0)	158(24.0)	29(4.4)
		여	23(5.3)	60(13.9)	189(43.9)	125(29.0)	34(7.9)

사회생활 적응에 대한 평가는 연령대가 높을수록 긍정적으로 평가하는 비율이 높았던 반면, 부정적으로 평가하는 비율은 낮았다.

난이도가 높은 과업에 대한 거부감을 조사한 바에 따르면 전체 응답자의 31.8%가 그렇다고 응답한 반면, 그렇지 않다고 응답한 경우는 24.9%이다. 대체로 연령이 증가하면 고난도 업무에 대한 거부감이 감소했다. 나이가 들수록 어려운 일도 해 내야 한다는 과업지향성이 높아지고 어려운 일일수록 그 보상이 증가한다는 인식이 증가한 것이다. 남자 28.4%, 여자 36.9%가 거부감을 표현했으며, 남자 28.6%, 여자 19.2%가 어려운 과업이 싫지 않다고 응답했다. 어려운 과업을 맡는 것을 거부하지 않는 남자 네티즌이 여자 네티즌보다 더 많다.

3) 관계자아

아동, 청소년기에 사회적 관계를 맺는 일은 중요한 발달과업이다. 사회적 적응을 위해서 스스로 어떠한 관계자아를 가지고 있는지도 중요하다. 전체의 평균 점수가 중간값 15점을 넘어서 응답자들은 긍정적 관계자아를 보였다. 아동, 청소년기에 사회적 관계를 맺는 과정에 형성된 관계자아는 성별에 따라 의미 있는 차이(t=-3.302, df=1, p<.01)가 나타나 여학생 집단이 남학생 집단보다 관계자아의 수준이 더 높았다.

네티즌의 관계자아는 중간값 15점을 다소 넘어 비교적 긍정적 관계자아를 가지고 있는 것으로 밝혀졌다. 네티즌의 관계자아는 연령별로 의미 있는 차이(F=4.195, df=4, p<.01)가 있었다. 사후검증결과에 따르면, 10대의 관계자아와 30대 이상의 관계자아 수준에 차이가 있는 것으로 밝혀졌다. 10대는 30대 이후 성인에 비해 자신의 사회적 관계를 더 부정적으로 평가했다.

아동, 청소년의 29.4%가 자신이 또래 사이에서 인기가 있다고 생각하는 반면에 응답자의 26.9%가 자신이 인기가 별로 없다고 생각했다. 초등학교 3학년에는 자신이 매우 인기가 있다거나 매우 인기가 없다고 평가한 아동의 수가 많으나, 학년이 증가할수록 극단적인 평가를 내리는 비율이 대체로 감소하는 경향이 있었다. 여학생의 32.9%, 남학생의 25.9%가 자신이 또래 사이에서 인기 있다고 생각하는 반면, 여학생의 21.8%, 남학생의 32.3%가 그렇지 않다고 생각했다. 여자 아동과 청소년이 자신의 또래관계를 더 긍정적으로 평가했다.

또래 리더십을 평가한 문항을 살펴보면 응답자의 34.7%가 또래들이 자기 의견을 잘 따른다고 생각하는 반면에 21.4%가 그렇지 않다고 생각했다. 학년별 분포는 인기 평가와 유사하게 초등학교 3학년에는 자신이 또래 리더십이 매우 높거나 매우 낮다고 평가한 아동의 수가 많았으나, 학년이 증가할수록 극단적인 평가를 내리는 비율이 대체로 감소했다. 한편 여학생의 38.4%, 남학생의 30.7%가 친구들이 자신의 의견을 잘 듣는다고 응답한 반면, 여학생의 16.9%, 남학생

〈표 3-13〉 초, 중, 고등학생의 학년별, 성별 관계자아 평균값 비교

	구분	N	M	SD	F	Scheffe' 검증
	전체	631	17.48	3.63		
학년	초등 3	111	18.34	4.29	2.135	a
	초등 5	109	17.35	3.99		a
	중등 1	136	17.18	3.49		a
	중등 3	131	17.14	3.57		a
	고등 2	144	17.53	2.84		a
	구분	N	M	SD	t	
성별	남	306	16.99	3.71	-3.302**	
	여	325	17.94	3.50		

** p<.01

〈표 3-14〉 네티즌의 연령별, 성별 관계자아 평균값 비교

	구분	N	M	SD	F	Scheffe' 검증
	전체	1089	16.59	3.00		
연령	10대	41	15.34	2.96	4.195**	a
	20대	369	16.27	3.19		ab
	30대	408	16.90	2.79		b
	40대	193	16.72	2.95		b
	50세 이상	78	16.86	3.05		b
	구분	N	M	SD	t	
성별	남	658	16.64	2.91	.596	
	여	431	16.52	3.14		

** p<.01

의 26.2%가 자신의 의견을 남들이 듣지 않는다고 생각했다. 말하자면 여학생이 남학생보다 자신의 리더십을 더 긍정적으로 평가했다.

사회적 관계를 원할 때 맺을 수 있다는 유능감에는 전체의 55.9%가 시인했다. 반면에 14.1%가 무능감을 드러냈다. 한편 여학생의 59.1%, 남학생의 52.6%가 유능감을 표현하여, 여학생이 남학생에 비해 사회적 관계를 더 자유

롭게 맺을 수 있다고 인식했음을 알 수 있다.

친구들이 자신과 함께 있기를 좋아한다는 문항에 대해서 응답자의 48.8%가 그렇다고 응답한 반면 10.0%가 그렇지 않다고 응답했다. 스스로 친구들에게 인기가 있다고 생각하는 응답자 비율은 초등학교 3학년 56.7%, 5학년 49.6%, 중학교 1학년 41.2%, 3학년 49.6%, 고등학교 2학년은 48.6%로 U형 분포를 보인다. 한편 자신이 인기가 없다고 생각하는 응답자 비율은 초등학교 3학년 12.6%, 5학년 12.9%, 중학교 1학년 11.0%, 3학년 10.0%, 고등학교 2학년은 4.9%로 점차 감소하는 양상을 보였다.

혼자 노는 것이 여럿이 노는 것보다 좋다는 문항에서 전체 77.4%가 혼자 노는 것보다 함께 어울려 노는 것을 좋아한다고 응답한 반면에 11.5%는 혼자 노는 것을 더 좋아한다고 응답했다. 협동놀이를 선호한다고 응답한 비율은 초등학교 3학년 86.5%, 5학년 75.2%, 중학교 1학년 80.9%, 3학년 72.5%, 고등학교 2학년은 72.9%였다.

네티즌의 관계자아에서 자신이 동료나 친구 사이에서 인기가 있다고 응답한 비율은 38.7%인 반면, 인기가 별로 없다고 응답한 비율은 13.7%이다. 10대 34.1%, 20대 17.6%, 30대 9.5%, 40대 10.9%, 50세 이상 12.9%는 자신이 인기가 없다고 응답하여, 유독 10대만이 자신이 인기가 없다고 응답하는 비율이 더 선명하게 드러났다.

직장 동료나 친구들이 자신의 의견을 잘 따른다고 생각하는지에 대하여 네티즌의 46.0%가 긍정적인 평가를 내린 반면, 9.7%는 그렇지 않다고 평가했다. 10대 31.7%, 20대 39.3%, 30대 50.0%, 40대 53.9%, 50세 이상 44.9%가 동료나 친구들 사이에서 자신의 리더십을 시인했다. 10대부터 40대까지 네티즌들이 자신의 리더십을 긍정적으로 평가하는 비율이 높아지다가 50대 이후에는 감소하는 경향이 있다.

사회적 관계를 맺기 원할 때 스스로 다가가 사회적 관계를 형성할 수 있는 사회적 유능감에 대해 조사한 결과, 응답자 중 절반이 넘는 50.2%가 그렇다고 응답한 반면 11.1%가 그렇지 않다고 응답했다. 10대 21.9%, 20대 13.0%, 30

〈표 3-15〉 초, 중, 고등학생의 관계자아 단위: 명(%)

구분	조사대상		전혀 그렇지 않다	별로 그렇지 않다	그저 그렇다	조금 그렇다	매우 그렇다
인기 평가	전체		47(7.4)	123(19.5)	275(43.6)	141(22.3)	45(7.1)
	학년	초등 3	18(16.2)	16(14.4)	30(27.0)	29(26.1)	18(16.2)
		초등 5	9(8.3)	17(15.6)	45(41.3)	31(28.4)	7(6.4)
		중등 1	11(8.1)	37(27.2)	55(40.4)	26(19.1)	7(5.1)
		중등 3	7(5.3)	29(22.1)	70(53.4)	17(13.0)	8(6.1)
		고등 2	2(1.4)	24(16.7)	75(52.1)	38(26.4)	5(3.5)
	성별	남	31(10.1)	68(22.2)	128(41.8)	58(19.0)	21(6.9)
		여	16(4.9)	55(16.9)	147(45.2)	83(25.5)	24(7.4)
리더십 평가	전체		43(6.8)	92(14.6)	277(43.9)	170(26.9)	49(7.8)
	학년	초등 3	17(15.3)	12(10.8)	38(34.2)	28(25.2)	16(14.4)
		초등 5	8(7.3)	23(21.1)	41(37.6)	28(25.7)	9(8.3)
		중등 1	11(8.1)	25(18.4)	60(44.1)	28(20.6)	12(8.8)
		중등 3	5(3.8)	19(14.5)	59(45.0)	40(30.5)	8(6.1)
		고등 2	2(1.4)	13(9.0)	79(54.9)	46(31.9)	4(2.8)
	성별	남	29(9.5)	51(16.7)	132(43.1)	76(24.8)	18(5.9)
		여	14(4.3)	41(12.6)	145(44.6)	94(28.9)	31(9.5)
사회적 유능감 평가	전체		32(5.1)	57(9.0)	189(30.0)	194(30.7)	159(25.2)
	학년	초등 3	11(9.9)	7(6.3)	19(17.1)	19(17.1)	55(49.5)
		초등 5	10(9.2)	9(8.3)	31(28.4)	31(28.4)	28(25.7)
		중등 1	3(2.2)	16(11.8)	51(37.5)	38(27.9)	28(20.6)
		중등 3	6(4.6)	16(12.2)	35(26.7)	46(35.1)	28(21.4)
		고등 2	2(1.4)	9(6.3)	53(36.8)	60(41.7)	20(13.9)
	성별	남	21(6.9)	25(8.2)	99(32.4)	100(32.7)	61(19.9)
		여	11(3.4)	32(9.8)	90(27.7)	94(28.9)	98(30.2)
인기도 평가	전체		18(2.9)	45(7.1)	260(41.2)	194(30.7)	114(18.1)
	학년	초등 3	10(9.0)	4(3.6)	34(30.6)	26(23.4)	37(33.3)
		초등 5	5(4.6)	9(8.3)	41(37.6)	33(30.3)	21(19.3)
		중등 1	1(0.7)	14(10.3)	65(47.8)	34(25.0)	22(16.2)
		중등 3	1(0.8)	12(9.2)	53(40.5)	47(35.9)	18(13.7)
		고등 2	1(0.7)	6(4.2)	67(46.5)	54(37.5)	16(11.1)
	성별	남	12(3.9)	27(8.8)	132(43.1)	89(29.1)	46(15.0)
		여	6(1.8)	18(5.5)	128(39.4)	105(32.3)	68(20.9)
혼자 놀이 평가	전체		348(55.2)	140(22.2)	70(11.1)	40(6.3)	33(5.2)
	학년	초등 3	88(79.3)	8(7.2)	5(4.5)	4(3.6)	6(5.4)
		초등 5	70(64.2)	12(11.0)	10(9.2)	7(6.4)	10(9.2)
		중등 1	80(58.8)	30(22.1)	17(12.5)	5(3.7)	4(2.9)
		중등 3	60(45.8)	35(26.7)	12(9.2)	13(9.9)	11(8.4)
		고등 2	50(34.7)	55(38.2)	26(18.1)	11(7.6)	2(1.4)
	성별	남	177(57.8)	57(18.6)	32(10.5)	21(6.9)	19(6.2)
		여	171(52.6)	83(25.5)	38(11.7)	19(5.8)	14(4.3)

〈표 3-16〉 네티즌의 관계자아 단위: 명(%)

구분	조사대상		전혀 그렇지 않다	별로 그렇지 않다	그저 그렇다	조금 그렇다	매우 그렇다
인기 평가		전체	25(2.3)	124(11.4)	518(47.6)	349(34.8)	43(3.9)
	연령	10대	3(7.3)	11(26.8)	14(34.1)	13(31.7)	0(0.0)
		20대	13(3.5)	52(14.1)	178(48.2)	112(30.4)	14(3.8)
		30대	3(0.7)	36(8.8)	198(48.5)	153(37.5)	18(4.4)
		40대	4(2.1)	17(8.8)	90(46.6)	76(39.4)	6(3.1)
		50세 이상	2(2.6)	8(10.3)	38(48.7)	25(32.1)	5(6.4)
	성별	남	14(2.1)	65(9.9)	332(50.5)	224(34.0)	23(3.5)
		여	11(2.6)	59(13.7)	186(43.2)	155(36.0)	20(4.6)
리더십 평가		전체	11(1.0)	95(8.7)	482(44.3)	438(40.2)	63(5.8)
	연령	10대	0(0.0)	6(14.6)	22(53.7)	13(31.7)	0(0.0)
		20대	5(1.4)	37(10.0)	182(49.3)	123(33.3)	22(6.0)
		30대	1(0.2)	26(6.4)	177(43.4)	181(44.4)	23(5.6)
		40대	4(2.1)	17(8.8)	68(35.2)	92(47.7)	12(6.2)
		50세 이상	1(1.3)	9(11.5)	33(42.3)	29(37.2)	6(7.7)
	성별	남	4(0.6)	51(7.8)	302(45.9)	264(40.1)	37(5.6)
		여	7(1.6)	44(10.2)	180(41.8)	174(40.4)	26(6.0)
사회적 유능감 평가		전체	16(1.5)	104(9.6)	423(38.2)	446(41.0)	100(9.2)
	연령	10대	3(7.3)	6(14.6)	14(34.1)	17(41.5)	1(2.4)
		20대	10(2.7)	38(10.3)	141(38.2)	144(39.0)	36(9.8)
		30대	2(0.5)	34(8.3)	158(38.7)	171(41.9)	43(10.5)
		40대	1(0.5)	19(9.8)	77(39.9)	84(43.5)	12(6.2)
		50세 이상	0(0.0)	7(9.0)	33(42.3)	30(38.5)	8(10.3)
	성별	남	8(1.2)	60(9.1)	265(40.3)	268(40.7)	57(8.7)
		여	8(1.9)	44(10.2)	158(36.7)	178(41.3)	43(10.0)
인기도 평가		전체	9(0.8)	83(7.6)	497(45.6)	422(38.8)	78(7.2)
	연령	10대	0(0.0)	9(22.0)	17(41.5)	15(36.6)	0(0.0)
		20대	8(2.2)	34(9.2)	175(47.4)	123(33.3)	29(7.9)
		30대	0(0.0)	20(4.9)	177(43.4)	179(43.9)	32(7.8)
		40대	1(0.5)	13(6.7)	92(47.7)	77(39.9)	10(5.2)
		50세 이상	0(0.0)	7(9.0)	36(46.2)	28(35.9)	7(9.0)
	성별	남	5(0.8)	49(7.4)	309(47.0)	252(38.3)	43(6.5)
		여	4(0.9)	34(7.9)	188(43.6)	170(39.4)	35(8.1)

대 8.8%, 40대 10.3%, 50세 이상 9.0%는 그렇지 않다고 자신을 평가하여, 나이가 많을수록 대체로 사회적 무능감의 표현이 줄어드는 경향이 있다.

동료들과 친구들은 나와 함께 있는 것을 좋아하는지 묻는 문항에서 응답자의 46.0%가 그렇다고 응답했으며, 8.4%는 그렇지 않다고 답하였다. 10대 22.0%, 20대 11.4%, 30대 4.9%, 40대 7.2%, 50세 이상 9.0%는 그렇지 않다고 생각하여, 10대에는 동료나 친구들이 나와 함께 있는 것을 좋아하지 않는다고 생각하는 응답자의 비율이 다른 연령대에 비해 높다.

혼자 노는 것이 여럿이 노는 것보다 좋다는 문항에 대한 네티즌의 반응을 살펴보았다. 전체 28.6%가 공동놀이를 단독놀이보다 더 선호한다고 응답한 반면 29.4%는 혼자 노는 것을 더 좋아한다고 응답했다.

2. 자기신뢰감

총체적인 자기개념을 형성하는 하위 범주의 개념으로 자기신뢰감이 있다. 조사 아동과 청소년의 자기신뢰감은 14.44점으로 중앙값 12점을 월등히 넘어 초, 중, 고등학생의 높은 자기신뢰감을 반영하며, 네티즌의 자기신뢰감은 14.58점으로 중앙값 12점을 훨씬 웃도는 점수로서 네티즌의 자기신뢰감이 높다는 사실을 반영한다.

자기신뢰감을 학년과 성별 변수에 따라서 이원변량분석해 보면 학년변수의 주효과($F=12.11$, $df=4$, $p<.001$)가 유의하게 나타났다. 즉 자기신뢰감은 학년에 따라서 의미 있는 차이가 있다. 아동기와 청소년기에 자기신뢰감에 차이가 있는 것으로 나타나, 초등학교 아동의 자기신뢰감 수준은 중, 고등학교 청소년의 자기신뢰감 수준보다 높다. 청소년기 자기신뢰감이 아동기보다 떨어지는지 그 이유는 분명하지 않으나, 학업과제 수행이나 사회의 미래에 대한 불확실성을 느끼기 때문으로 추론해 볼 수 있다. 자기신뢰감에 성별효과는 없으며, 학년과 성별의 상호작용도 유의하지 않다.

〈표 3-17〉 초, 중, 고등학생과 네티즌의 자기신뢰감 응답 빈도

조사 대상	문항	N	평균	표준 편차	최솟값	최댓값
초중고등학생	나는 내가 결심한 대로 끝까지 한다.	639	3.38	1.127	1	5
	나는 무슨 일이든지 최선을 다한다.	640	3.56	1.066	1	5
	내 문제는 내가 해결한다.	640	3.61	1.049	1	5
	나는 내 자신을 잘 안다.	638	3.90	1.112	1	5
	합 계	637	14.44	3.251	4	20
네티즌	나는 내가 결심한 대로 끝까지 한다.	1,089	3.44	0.88	1	5
	나는 무슨 일이든지 최선을 다한다.	1,089	3.67	0.85	1	5
	내 문제는 내가 해결한다.	1,089	3.75	0.84	1	5
	나는 내 자신을 잘 안다.	1,089	3.71	0.85	1	5
	합 계	1,089	14.58	2.72	4	20

〈표 3-18〉 초, 중, 고등학생의 학년과 성별에 따른 자기신뢰감 변량분석

범주	변동원	자승합	자유도	평균자승	F
자기신뢰감	학년	476.122	4	119.030	12.11***
	성별	2.251	1	2.251	.23
	학년×성별	65.186	4	16.297	1.66
	오차	6162.954	627		

*** $p<.001$

〈표 3-19〉 네티즌의 연령과 성별에 따른 자기신뢰감 변량분석

범주	변동원	자승합	자유도	평균자승	F
자기신뢰감	연령	305.513	4	76.378	10.67**
	성별	6.248	1	6.248	.87
	연령×성별	41.771	4	10.443	1.46
	오차	7,725.522	1079	7.160	

** $p<.01$

네티즌의 자기신뢰감을 연령과 성별 변수에 따라서 이원변량분석해 보면 연령변수의 주효과(F=10.67, df=4, p<.001)가 유의하다. 네티즌의 자기신뢰감은 연령에 따라서 의미 있는 차이가 있다. 사후검증에 따르면 분명한 연령 차이는 10대와 50대 이후로, 10대의 자기신뢰감이 현저히 낮으며, 50대의 자기신뢰감이 30대 이하에 비하여 유의하게 높다. 자기신뢰감에 성별 효과는 없으며, 연령과 성별의 상호작용도 유의하지 않다.

초, 중, 고등학생의 자기신뢰감에서 자신이 결심한 대로 끝까지 할 수 있다는 문항에 대하여 응답자의 47.4%가 시인했고 22.9%가 부정했다. 긍정적인 응답 비율은 초등학교 3학년 67.8%, 5학년 49.5%, 중학교 1학년 46.4%, 3학년 38.6%, 고등학교 2학년은 38.5%로 자신의 의지력에 대한 평가는 학년이 높을수록 약간 낮아진다. 객관적으로 자신을 보고 평가하는 능력이 생긴 것이다.

자신이 무슨 일에서건 최선을 다하는 사람이라고 평가한 경우는 52.0%이고 부정한 경우는 16.8%이며, 연령에 따른 차이는 나타나지 않았다. 긍정적인 응답 비율은 초등학교 3학년 64.4%, 5학년 58.7%, 중학교 1학년 48.5%, 3학년 50.0%, 고등학교 2학년은 42.0%로 차츰 감소하여, 무슨 일이든 최선을 다한다는 자기신뢰감은 학년이 높아질수록 약간 낮아졌다.

자신이 문제 해결능력을 가지고 있다고 판단한 경우는 57.0%이고 그렇지 않은 경우는 14.9%이다. 자기 문제 해결력을 시인하는 경우는 초등학교 3학년 66.1%, 5학년 63.3%, 중학교 1학년 55.1%, 3학년 50.0%, 고등학교 2학년은 53.2%이다. 자신의 문제해결력에 대한 평가는 학년이 높으면 약간 낮아졌다.

자신을 잘 안다는 진술에 대해서 66.3%가 긍정하고 12.9%가 부정했다. 초등학교 3학년 72.2%, 5학년 76.1%, 중학교 1학년 66.0%, 3학년 56.8%, 고등학교 2학년은 63.0%로, 자신의 성찰에 대한 평가는 학년이 높을수록 약간 낮아졌다. 나이가 들수록 객관적으로 자신을 보고 평가하는 내적 성찰력이 증가하는 현상을 볼 수 있다.

초, 중, 고등학생의 자기신뢰감은 이와 같이 연령이 높을수록 대체로 낮아지는 경향이 있다. 한편 모든 문항에서 성에 따른 차이는 의미 있게 나타나지 않아,

대체로 남아와 여아가 비슷한 자기신뢰감을 가지고 있음을 확인할 수 있었다.

네티즌들은 자신이 결심한 대로 끝까지 할 수 있다는 자기신뢰감에 전체 응답자 중 49.5%가 시인했고, 13.8%가 부정했다. 10대 26.9%, 20대 16.2%, 30대 13.0%, 40대 10.4%, 50세 이상 7.7%가 부정적으로 응답하여, 연령이 높을수록 부정적 응답률이 낮았다.

자신이 무슨 일에서건 최선을 다하는 사람이라고 평가한 경우는 60.3%이고, 이를 부정한 경우는 8.6%이다. 10대 48.7%, 20대 49.6%, 30대 62.0%, 40대 73.0%, 50세 이상 75.6%는 자신이 최선을 다하는 사람이라고 평가했고, 10대 26.8%, 20대 9.7%, 30대 7.6%, 40대 6.7%, 50세 이상 2.6%는 그렇지 않다고 평가했다. 연령이 높을수록 긍정적 평가를 한 비율이 높으며, 10대에는 부정적 평가를 하는 비율이 상대적으로 높았다.

자신이 문제해결능력을 가지고 있다고 판단한 경우는 64.5%이고, 그렇지 않은 경우는 6.9%이다. 자기문제해결력을 시인한 경우는 10대 56.1%, 20대 58.0%, 30대 65.7%, 40대 71.8%, 50세 이상 64.5%이며, 부인한 경우는 10대 12.2%, 20대 7.5%, 30대 5.6%, 40대 4.3%, 50세 이상 6.9%이다.

네티즌 응답자 중 자신을 잘 안다고 묻는 진술에 대해 전체 응답자 중 63.6%가 시인하고, 10.4%가 부정했다. 10대 58.5%, 20대 55.9%, 30대 64.0%, 40대 74.6%, 50세 이상 73.1%가 긍정적으로 응답하여, 연령이 높을수록 긍정적 응답률이 높은 편이다. 네티즌의 자기신뢰감은 모든 문항에서 연령별 차이가 유의하여 연령이 높을수록 자기신뢰감을 긍정적으로 평가하는 비율이 높은 경향이 있다. 그러나 성에 따른 차이는 의미 있게 나타나지 않았다.

〈표 3-20〉 초, 중, 고등학생의 자기신뢰감 단위: 명(%)

구분	조사대상		전혀 그렇지 않다	별로 그렇지 않다	그저 그렇다	조금 그렇다	매우 그렇다
나는 내가 결심한 대로 끝까지 한다.	전체		33(5.2)	113(17.7)	189(29.7)	184(28.9)	118(18.5)
	학년	초등 3	10(8.7)	7(6.1)	20(17.4)	29(25.2)	49(42.6)
		초등 5	4(3.7)	18(16.5)	33(30.3)	24(22.0)	30(27.5)
		중등 1	6(4.3)	25(18.1)	43(31.2)	41(29.7)	23(16.7)
		중등 3	7(5.3)	27(20.5)	47(35.6)	44(33.3)	7(5.3)
		고등 2	6(4.2)	36(25.2)	46(32.2)	46(32.2)	9(6.3)
	성별	남	12(3.9)	52(16.8)	90(29.0)	98(31.6)	58(18.7)
		여	21(6.4)	61(18.7)	99(30.3)	86(26.3)	60(18.3)
나는 무슨 일이든지 최선을 다한다.	전체		15(2.4)	92(14.4)	199(31.2)	186(29.2)	145(22.8)
	학년	초등 3	4(3.5)	10(8.7)	27(23.5)	21(18.3)	53(46.1)
		초등 5	3(2.8)	9(8.3)	33(30.3)	29(26.6)	35(32.1)
		중등 1	1(0.7)	27(19.6)	43(31.2)	42(30.4)	25(18.1)
		중등 3	3(2.3)	19(14.4)	44(33.3)	44(33.3)	22(16.7)
		고등 2	4(2.8)	27(18.9)	52(36.4)	50(35.0)	10(7.0)
	성별	남	9(2.9)	49(15.8)	96(31.0)	92(29.7)	64(20.6)
		여	6(1.8)	43(13.1)	103(31.5)	94(28.7)	81(24.8)
내 문제는 내가 해결한다.	전체		19(3.0)	76(11.9)	179(28.1)	224(35.2)	139(21.8)
	학년	초등 3	6(5.2)	13(11.3)	20(17.4)	24(20.9)	52(45.2)
		초등 5	4(3.7)	7(6.4)	29(26.6)	46(42.2)	23(21.1)
		중등 1	6(4.3)	23(16.7)	33(23.9)	51(37.0)	25(18.1)
		중등 3	2(1.5)	18(13.6)	46(34.8)	47(35.6)	19(14.4)
		고등 2	1(0.7)	15(10.5)	51(35.7)	56(39.2)	20(14.0)
	성별	남	12(3.9)	36(11.6)	91(29.4)	109(35.2)	62(20.0)
		여	7(2.1)	40(12.2)	88(26.9)	115(35.2)	77(23.5)
나는 내 자신을 잘 안다.	전체		16(2.5)	66(10.4)	133(20.9)	173(27.2)	249(39.1)
	학년	초등 3	3(2.6)	9(7.8)	20(17.4)	17(14.8)	66(57.4)
		초등 5	2(1.8)	7(6.4)	17(15.6)	19(17.4)	64(58.7)
		중등 1	4(2.9)	19(13.8)	24(17.4)	31(22.5)	60(43.5)
		중등 3	4(3.0)	17(12.9)	36(27.3)	44(33.3)	31(23.5)
		고등 2	3(2.1)	14(9.8)	36(25.2)	62(43.4)	28(19.6)
	성별	남	10(3.2)	35(11.3)	65(21.0)	79(25.5)	121(39.0)
		여	6(1.8)	31(9.5)	68(20.8)	94(28.7)	128(39.1)

〈표 3-21〉 네티즌의 자기신뢰감 단위: 명(%)

구분	조사대상		전혀 그렇지 않다	별로 그렇지 않다	그저 그렇다	조금 그렇다	매우 그렇다
나는 내가 결심한 대로 끝까지 한다.	전체		13(1.2)	137(12.6)	400(36.7)	431(39.6)	108(9.9)
	연령	10대	2(4.9)	9(22.0)	12(29.3)	15(36.6)	3(7.3)
		20대	6(1.6)	54(14.6)	153(41.5)	121(32.8)	35(9.5)
		30대	2(0.5)	51(12.5)	152(37.3)	173(42.4)	30(7.4)
		40대	3(1.6)	17(8.8)	62(32.1)	87(45.1)	24(12.4)
		50세 이상	0(0.0)	6(7.7)	21(26.9)	35(44.9)	16(20.5)
	성별	남	6(0.9)	75(11.4)	252(38.3)	261(39.7)	64(9.7)
		여	7(1.6)	62(14.4)	148(34.3)	170(39.4)	44(10.2)
나는 무슨 일이 든지 최선을 다한다.	전체		4(0.4)	89(8.2)	340(31.2)	482(44.3)	174(16.0)
	연령	10대	0(0.0)	11(26.8)	10(24.4)	14(34.1)	6(14.6)
		20대	2(0.5)	34(9.2)	150(40.7)	133(36.0)	50(13.6)
		30대	0(0.0)	31(7.6)	124(30.4)	195(47.8)	58(14.2)
		40대	2(1.0)	11(5.7)	39(20.2)	102(52.8)	39(20.2)
		50세 이상	0(0.0)	2(2.6)	17(21.8)	38(48.7)	21(26.9)
	성별	남	1(0.2)	47(7.1)	210(31.9)	296(45.0)	104(15.8)
		여	3(0.7)	42(9.7)	130(30.2)	186(43.2)	70(16.2)
내 문제는 내가 해결한다.	전체		3(0.3)	72(6.6)	312(28.7)	505(46.4)	197(18.1)
	연령	10대	0(0.0)	5(12.2)	13(31.7)	18(43.9)	5(12.2)
		20대	2(0.5)	26(7.0)	127(34.4)	159(43.1)	55(14.9)
		30대	0(0.0)	23(5.6)	117(28.7)	198(48.5)	70(17.2)
		40대	1(0.5)	3(3.8)	19(24.4)	32(41.0)	24(30.8)
		50세 이상	3(0.3)	72(6.6)	312(28.7)	505(46.4)	197(18.1)
	성별	남	1(0.2)	34(5.2)	191(29.0)	306(46.5)	126(19.1)
		여	2(0.5)	38(8.8)	121(28.1)	199(46.2)	71(16.5)
나는 내 자신을 잘 안다.	전체		7(0.6)	83(9.8)	307(28.2)	519(47.7)	173(15.9)
	연령	10대	0(0.0)	4(9.8)	13(31.7)	18(43.9)	6(14.6)
		20대	6(1.6)	42(11.4)	115(31.2)	156(42.3)	50(13.6)
		30대	0(0.0)	23(5.6)	124(30.4)	199(48.8)	62(15.2)
		40대	1(0.5)	11(5.7)	37(19.2)	113(58.5)	31(16.1)
		50세 이상	0(0.0)	3(3.8)	18(23.1)	33(42.3)	24(30.8)
	성별	남	3(0.5)	51(7.8)	195(29.6)	305(46.4)	104(15.8)
		여	4(0.9)	32(7.4)	112(26.0)	214(49.7)	69(16.0)

3. 자기만족감

자기만족감은 일상생활의 적응에 영향을 미칠 것이란 점에서 아동, 청소년 및 네티즌이 일상의 생활 속에서 자신에게 얼마나 만족하는가는 의문이다. 이 연구에서 조사한 아동, 청소년의 자기만족감은 평균 7.04점으로, 중앙값 6점을 웃돌아 자기에 대해서 긍정적으로 인식하고 있음을 밝혔다. 네티즌의 자기만족감은 평균 6.34점으로 중앙값 6점을 넘어 네티즌의 자기만족감이 다소 높음을 보여준다.

자기만족감이 학년과 성별에 따라서 차이가 있는지를 살펴본 결과, 자기만족감은 학년에 따라서 의미 있는 주효과($F=17.50$, $df=4$, $p<.001$)가 나타났다. 자기만족감은 성별에 따라서 의미 있는 차이가 없으며, 학년과 성별의 상호작용효과($F=5.82$, $df=4$, $p<.001$)가 의미 있다. 초등학교 3학년 여아가 남아보다 자기만족감이 높고, 중학교 1학년과 3학년에서 여학생은 남학생보다 자기만족감이 낮다. 초등학교 연령에서는 여학생의 자기만족감이 더 높다가 중학교, 고등학교 연령에서는 남학생의 자기만족감이 더 높다.

자신이 마음에 들지 않는다고 답한 초, 중, 고등학생 응답자의 비율은 24.5%이고 마음에 든다고 답한 비율은 53.4%이다. 자신에 대해 불만스러워하는 응답자는 초등학교 3학년 16.5%, 5학년 14.7%, 중학교 1학년 21.0%, 3학년 33.3%, 고등학교 2학년은 33.6%로, 자신에 대한 불만은 학년이 높아질수록 증가하는 경향이 있다. 이상자아에 대한 기대수준과 현실자아의 수준에 따른 차이를 연령이 높을수록 더 민감하게 느끼는 경향이 있다. 한편 자신이 마음에 들지 않는다고 답한 남학생은 19.7%, 여학생은 29.0%이고 마음에 든다고 답한 남학생은 55.5%, 여학생은 51.3%이다. 이러한 점수 차이는 성차를 유의하게 드러냈다.

자신이 마음에 들지 않는다고 답한 네티즌 응답자의 비율은 44.0%이고 마

〈표 3-22〉 초, 중, 고등학생과 네티즌의 자기만족감 응답 빈도

조사 대상	문항	N	평균	표준편차	최솟값	최댓값
초중고 등학생	나는 내 자신이 마음에 들지 않는다.	638	2.45	1.290	1	5
	나는 나에게 만족한다.	637	3.51	1.256	1	5
	합 계	635	7.04	2.245	2	10
네티즌	나는 내 자신이 마음에 들지 않는다.	1,089	3.32	1.00	1	5
	나는 나에게 만족한다.	1,089	3.02	1.03	1	5
	합 계	1,089	6.34	0.98	2	9

〈표 3-23〉 초, 중, 고등학생의 학년과 성별에 따른 자기만족감 변량분석

범주	변동원	자승합	자유도	평균자승	F
자기만족감	학년	308.000	4	77.000	17.50***
	성별	2.311	1	2.311	.525
	학년×성별	102.362	4	25.590	5.82***
	오차	2,749.672	625		

*** $p<.001$

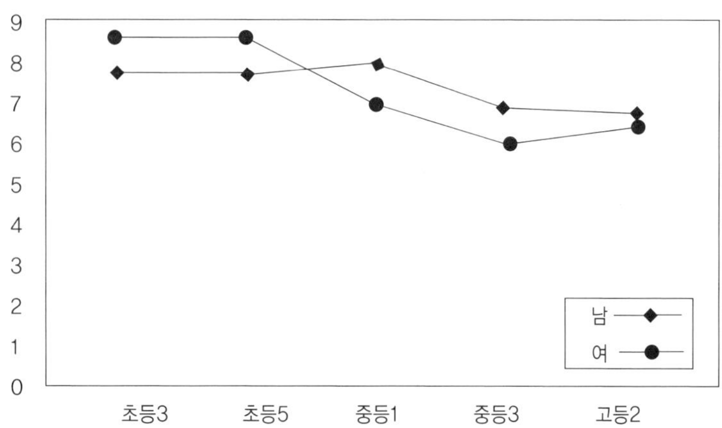

〈그림 3-2〉 총, 중, 고등학생의 학년과 성별에 따른 자기만족감의 상호작용 효과

〈표 3-24〉 초, 중, 고등학생의 자기만족감 단위: 명(%)

구분	조사대상		전혀 그렇지 않다	별로 그렇지 않다	그저 그렇다	조금 그렇다	매우 그렇다
나는 내 자신이 마음에 들지 않는다.	전체		207(32.5)	133(20.9)	141(22.1)	112(17.6)	44(6.9)
	연령	초등 3	75(65.2)	7(6.1)	14(12.2)	10(8.7)	9(7.8)
		초등 5	57(52.3)	17(15.6)	19(17.4)	11(10.1)	5(4.6)
		중등 1	44(31.9)	31(22.5)	34(24.6)	21(15.2)	8(5.8)
		중등 3	16(12.1)	36(27.3)	36(27.3)	30(22.7)	14(10.6)
		고등 2	15(10.5)	42(29.4)	38(26.6)	40(28.0)	8(5.6)
	성별	남	97(31.3)	75(24.2)	77(24.8)	38(12.3)	23(7.4)
		여	110(33.6)	58(17.7)	64(19.6)	74(22.6)	21(6.4)

〈표 3-25〉 네티즌의 자기만족감 단위: 명(%)

구분	조사대상		전혀 그렇지 않다	별로 그렇지 않다	그저 그렇다	조금 그렇다	매우 그렇다
나는 내 자신이 마음에 들지 않는다.	전체		45(4.1)	164(15.1)	401(36.8)	357(32.8)	122(11.2)
	연령	10대	1(2.4)	5(12.2)	14(34.1)	13(31.7)	8(19.5)
		20대	15(4.1)	55(14.9)	151(40.9)	109(29.5)	39(10.6)
		30대	18(4.4)	48(11.8)	148(36.3)	147(36.0)	47(11.5)
		40대	6(3.1)	32(16.6)	64(33.2)	66(34.2)	25(13.0)
		50세 이상	5(6.4)	24(30.8)	24(30.8)	22(28.2)	3(3.8)
	성별	남	32(4.9)	108(16.4)	244(37.1)	206(31.3)	68(10.3)
		여	13(3.0)	56(13.0)	157(36.4)	151(35.0)	54(12.5)
나는 나에게 만족한다.	전체		81(7.4)	251(23.0)	384(35.3)	306(28.1)	67(6.2)
	연령	10대	4(9.8)	10(24.4)	15(36.6)	10(24.4)	2(4.9)
		20대	32(8.7)	79(21.4)	128(34.7)	96(26.0)	34(9.2)
		30대	29(7.1)	95(23.3)	147(36.0)	117(28.7)	20(4.9)
		40대	14(7.3)	58(30.1)	60(31.1)	56(29.0)	5(2.6)
		50세 이상	2(2.6)	9(11.5)	34(43.6)	27(34.6)	6(7.7)
	성별	남	44(6.7)	139(21.1)	241(36.6)	194(29.5)	40(6.1)
		여	37(8.6)	112(26.0)	143(33.2)	112(26.0)	27(6.3)

음에 든다고 답한 비율은 19.2%이다. 초, 중, 고등학생 조사 결과와는 반대로 연령이 높을수록 자신이 마음에 든다고 답한 비율이 높은 편이다. 또 다른 문항에서 네티즌 응답자의 34.3%가 자신에게 만족한다고 응답하였고, 30.4%는 불만족한다고 응답했다. 10대 29.3%, 20대 35.2%, 30대 33.6%, 40대 31.6%, 50세 이상 42.3%가 자신에 대한 만족을 표현하여, 자신에 대한 만족감은 10대에서 가장 낮고 50대 이후에 가장 높게 나타났다.

4. 소결

이 장에서는 연구대상자들의 자기개념이 어떤 특성을 보이는지 살펴보기 위해 총체적 자기개념을 자기개념, 자기신뢰감, 자기만족감으로 나누어 살펴보았다. 자기개념은 신체자아, 학업(직무)자아, 관계자아로 구성된다.

아동, 청소년이나 성인인 네티즌들은 보통 수준이기는 하지만 일관성 있고 긍정적이고 건강한 자기개념을 소유하고 있다. 초, 중, 고등학생의 자기개념은 학년차와 학년과 성의 상호작용이 있다. 아동과 청소년의 자기개념은 학년이 높을수록 낮아진다. 초등학교 여학생의 자기개념은 남학생보다 높다가, 중학교와 고등학교에서는 남학생의 자기개념보다 낮아진다. 특히 5학년 여학생은 남학생보다 자기개념이 더 높다. 네티즌의 자기개념은 연령에 따라 유의한 차이가 있다. 10대가 다른 연령대에 비하여 낮으며 20대 이후에서는 비슷한 양상을 보인다.

초, 중, 고등학생의 신체자아는 학년차와 성차가 있다. 초등학생의 신체자아가 비교적 높은 편이며, 중학생의 신체자아는 다소 미약한 수준이다. 여학생의 신체자아는 남학생의 신체자아보다 더 낮은 수준으로 형성되어 있다. 학년이 높을수록 남학생과 여학생의 신체자아 점수 격차는 증가한다. 운동 자신감, 몸매 평가, 운동 유능감, 운동의 즐거움에서 학년별, 성별 차이가 나타나 초등학생의 경우에는 자신의 신체자아를 긍정적으로 평가하나, 중학교 이후에는 부정적으로 평가하는 경향이 있다. 남학생이 여학생보다 자신의 신체자아에 대해 긍정적으로 평가한다. 그러나 인상평가에서는 학년차만 있을 뿐, 성차는 나타나지 않는다. 특히 중학생은 자신의 외모와 인상에 대해 부정적으로 평가한다.

네티즌의 경우에도 신체자아에서 연령차와 성차가 있다. 10대 네티즌들이 신체에 대해서 가장 소극적 자아를 형성하고 있으며, 30대 이후 네티즌들은 긍정적인 신체자아를 형성하고 있다. 남자 네티즌이 여자 네티즌보다 신체자아의 수준이 더 높다. 운동 자신감, 몸매 평가, 운동 유능감에서 연령차, 성차가 나타나 특히 10대와 여성의 경우 다른 연령대와 남성보다 부정적인 신체자아를 보인다. 인상 평가에서는 연령차만 나타나 연령이 증가함에 따라 자신의 외모를 긍정적으로 평가하는 비율이 높아지며, 자신의 인상에 대해서 부정적으로 생각하는 경우가 10대 청소년에게서 가장 많이 나타난다. 신체운동의 즐거움에서는 성차만 나타나 남성이 여성보다 운동의 즐거움을 더 많이 보고했다.

다음으로 초, 중, 고등학생의 경우 학업자아에서 학년차가 있다. 학년이 높아짐에 따라 학업자아의 수준이 낮아지며, 초등학생의 학업자아가 비교적 높은 반면 중, 고등학생의 학업자아는 낮다. 학업 노력, 학업성취, 학교생활 적응, 학교생활의 즐거움, 고난도 학과 거부감 평가에 있어 학년차가 뚜렷하여 전반적으로 학년이 올라갈수록 부정적인 응답이 증가한다. 네티즌의 직무자아에서는 연령차와 성차가 있다. 20대 이후 청년기, 중년기의 직무자아가 10대보다 높다. 남자 네티즌의 직무자아 의식이 여성 네티즌의 것보다 더 높다. 사회생활 적응에 대한 평가에서는 연령이 높을수록 긍정적으로 평가하는 비율이 높으며, 난이도가 높은 과업에 대한 거부감은 연령이 증가함에 따라 감소하며, 고난도 과업에 대한 거부감은 남성이 여성보다 더 적다.

마지막으로 초, 중, 고등학생의 경우 관계자아에서 전반적으로 성차가 나타나 여학생이 남학생보다 관계자아의 수준이 더 높다. 인기 평가, 리더십 평가, 사회적 유능성, 인기도 평가, 공동 놀이 평가에서 학년차가 나타나 초등학생의 경우 관계자아를 긍정하거나 부인하는 아동의 수가 많으나, 중, 고등학생으로 올라가면서 극단적 평가가 감소하며 보통 수준으로 인정하는 수가 늘어난다.

인기 평가에서는 또한 여자 아동과 청소년이 자신의 또래관계를 더 긍정적으로 평가했다. 네티즌의 관계자아에서 전반적으로 연령차가 있다. 10대, 20대, 30대가 될수록 관계자아의 수준이 높아져, 생애 청소년기와 성인 초기의 관계자아 수준이 성년 이후 관계자아 수준과 차이가 발견되었다. 인기평가, 리더십 평가, 사회적 유능성, 인기도 평가에서는 10대가 자신을 부정적으로 평가하는 비율이 높으며, 연령이 증가할수록 자신의 인기, 리더십, 사회적 능력을 긍정적으로 평가한다.

자기신뢰감의 경우 초, 중, 고등학생과 네티즌은 다소 자기 자신을 신뢰하는 수준에 있다. 초, 중, 고등학생의 자기신뢰감은 학년에 따라서 의미 있는 차이가 있어, 초등학교 아동의 자기신뢰감 수준은 중, 고등학교 청소년의 자기신뢰감 수준보다 높다. 네티즌도 연령에 따라 자기신뢰감에 차이가 있다. 10대의 자기신뢰감은 현저히 낮으며, 전반적으로 연령이 높아짐에 따라 자기신뢰감이 증가하여 50대의 자기신뢰감이 가장 높다. 초, 중, 고등학생과 네티즌의 자기신뢰감에는 모두 성에 따른 차이는 의미 있게 나타나지 않아, 대체로 남자와 여자가 비슷한 자기신뢰감을 가지고 있음을 확인할 수 있다.

자기만족감의 경우 초, 중, 고등학생과 네티즌 모두 중앙값을 다소 웃도는 응답을 하여 자신에 대해 긍정적으로 인식하고 있다. 초, 중, 고등학생의 자기만족감은 학년에 따른 차이와 학년과 성별의 상호작용효과가 있다. 대체로 자기만족감은 학년이 높아질수록 감소하며, 초등학교 연령에서는 여학생의 자기만족감이 더 높다가 중학교, 고등학교 연령에서는 남학생의 자기만족감이 더 높다. 특히 초등학교 3학년 여아는 남아보다 자기만족감이 높고, 중학교 1학년과 3학년 여학생은 남학생보다 자기만족감이 낮다. 네티즌 역시 연령에 따라 자기만족감의 차이가 있다. 10대와 30대에 자기만족감이 다소 낮으나 30대 이후에는 연령이 증가할수록 자기만족감은 증가하는 경향이 있다. 즉 네티즌의 자기만족감은 대체로 연령이 높을수록 높은 편이다.

4장

정체의식의 형성

인간은 자기의 정체를 형성하면서 자신이 속한 집단 속에서의 정체성을 함께 형성해가므로, 자아정체를 논할 때에는 가족, 민족, 국가 등 집단 속에서 형성되는 자아정체의 통합성을 함께 논의해야 한다. 정체의식은 자기와 자기가 속한 집단 정체에 대한 의식을 의미한다. 한 개인의 정체의식은 자아정체, 가족정체, 민족정체와 국가정체로 나누어 구성된다.

가족정체는 비단 가족에의 소속감만이 아니라, 가족이라는 일차 집단의 특성상 소속된 구성원을 인정해주고 서로간에 애착과 친밀감을 느끼고 성취기대에 부응하려 하며 어떤 경우에도 가족이 자신을 지원해 줄 것을 믿는 것이다. 개인은 누구나 자신의 민족에 대한 소속감, 민족의 역사에 대한 인식과 혈연의식을 가지고 있으며, 특정 민족이 앞으로 세월이 지나더라도 영속될 것이라는 지속기대를 가지고 있다. 자신의 민족이 사용하는 언어, 음식과 생활방식에 대한 애착감도 지니고 있다. 또한 개인은 국가에 소속감을 느끼고, 국토에 관한 고유한 공간성과 가치를 인식하며, 혼맥(婚脈)과 같은 국가 내에서의 인적관련성을 느낀다. 군복무와 세금 납부 등 국가에 대한 의무감을 가지며, 봉사심 또한 느낀다. 그 외에도 국가정체는 소속감과 더불어 소속정서를 포함하는데, 자신이 소속된 국가에 대해 자부심을 가지거나 수치심을 느낄 수 있다.

1. 자아정체

자아정체는 세부적으로 총체자아, 자아정체감, 자기수용, 성정체로 구성된다. 이 중 자아정체감은 자아동일성, 자아항상성, 자아지속성, 자아고유성으로 구성된다. 초, 중, 고등학생들의 자아동일성 점수는 역으로 재부호화하여 보았을 때 다소 높은 편이고, 자아항상성 점수는 중앙값에 못 미치는 값이므로, 이는 스스로 변화했다고 느끼고 있음을 보여준다. 자아지속성 점수가 높다는 사실은 자기 존재의 지속성을 확실히 인지하고 있음을 의미한다. 그리고 자아고유성은 중앙값에 가까운 평균점수를 나타낸다.

네티즌의 자아동일성 점수, 자아항상성 점수, 자아지속성 점수, 자아고유성 점수는 모두 중앙값 3.0을 웃도는 점수이다. 네티즌의 자아동일성 점수로 보아 네티즌의 타인선망 의식이 엿보인다. 그 외에 자아항상성과 자아지속성이 긍정적이므로 타인선망 이외에는 네티즌들이 전반적으로 긍정적인 자아정체감을 형성하고 있음을 보여준다.

1) 총체자아

총체적 자아에 대한 평가로 자신을 선량한 사람으로 여기는지를 묻는 문항에 대해 초, 중, 고등학생 응답자의 49.8%가 자신을 선량한 사람으로 인정했고 14.7%는 부정했다. 초등학교 3학년의 64.0%, 5학년의 45.1%, 중학교 1학년의 37.9%, 3학년의 45.7%, 고등학교 2학년의 58.2%가 자신을 좋은 사람으로 긍정적으로 평가했고, 초등학교 3학년의 18.0%, 5학년의 6.9%, 중학교 1학년의 21.9%, 3학년의 17.9%, 고등학교 2학년의 8.5%가 자신을 부정적으로 평가했다.

〈표 4-1〉 초, 중, 고등학생과 네티즌의 자아정체 응답 빈도

조사대상	구분		문항내용	N	평균	표준편차	최솟값	최댓값
초중고등학생	총체자아		나는 좋은 사람이다.	631	3.53	1.06	1	5
	자아정체감	자아동일성	나는 내가 아닌 다른 사람이 되고 싶다.	632	2.68	1.42	1	5
		자아항상성	지금의 나는 어렸을 때의 '나'다.	640	2.57	1.21	1	5
		자아지속성	내가 어른이 되어서 더 이상 학생이 아니더라도 나는 여전히 나 자신이다.	639	4.03	1.14	1	5
		자아고유성	나는 다른 사람들(친구들)과 같지 않다.	636	2.97	1.24	1	5
	자기수용		내 모습이 잘 생기지 않아도 나는 내 모습을 좋아한다.	636	3.79	1.17	1	5
			나는 나에 만족한다.	637	3.51	1.25	1	5
	성정체	성항상성	트랜스젠더가 되는 것은 자연의 섭리에 어긋나는 것이다.	637	3.51	1.52	1	5
		성수용성	나는 내가 여자(남자)인 것이 좋다	634	3.97	1.38	1	5
네티즌	총체자아		나는 좋은 사람이다.	1,089	3.62	0.84	1	5
	자아정체감	자아동일성	나는 내가 아닌 다른 사람이 되고 싶다.	1,089	3.48	1.05	1	5
		자아항상성	지금의 나는 어렸을 때부터의 나이다.	1,089	3.28	1.10	1	5
		자아지속성	내가 어른이 되고 세월이 흘러도 나는 여전히 나 자신이다.	1,089	3.73	0.89	1	5
		자아고유성	나는 다른 사람들과 같지 않다.	1,089	3.49	0.93	1	5
	자기수용		내 모습이 잘 생기지 않아도 나는 내 모습을 좋아한다.	1,089	3.49	0.95	1	5
			나는 나에 만족한다.	1,089	3.02	1.03	1	5
	성정체	성항상성	트랜스젠더가 되는 것은 자연의 섭리에 어긋나는 것이다.	1,089	3.60	1.16	1	5
		성정체	나는 내가 여자(남자)인 것이 좋다.	1,089	3.69	1.03	1	5
		성지속성	나는 어려서와 마찬가지로 현재 남자(여자)다.	1,089	4.12	0.91	1	5

〈표 4-2〉 초, 중, 고등학생과 네티즌의 총체자아 단위: 명(%)

구분			전혀 그렇지 않다	별로 그렇지 않다	그저 그렇다	조금 그렇다	매우 그렇다
초중고등학생		전체	22(3.6)	67(11.1)	214(35.4)	176(29.1)	125(20.7)
	학년	초등 3	9(9.0)	9(9.0)	18(18.0)	29(29.0)	35(35.0)
		초등 5	2(2.0)	5(4.9)	49(48.0)	32(31.4)	14(13.7)
		중등 1	4(3.0)	25(18.9)	53(40.2)	27(20.5)	23(17.4)
		중등 3	6(4.7)	17(13.2)	47(36.4)	35(27.1)	24(18.6)
		고등 2	1(0.7)	11(7.8)	47(33.3)	53(37.6)	29(20.6)
	성별	남	13(4.5)	35(12.0)	110(37.7)	71(24.3)	63(21.6)
		여	9(2.9)	32(10.3)	104(33.3)	105(33.7)	62(19.9)
네티즌		전체	11(1.0)	74(6.8)	387(35.5)	466(42.8)	151(13.9)
	연령	10대	2(4.9)	5(12.2)	12(29.3)	17(41.5)	5(12.2)
		20대	5(1.4)	37(10.0)	144(39.0)	133(36.0)	50(13.6)
		30대	0(0.0)	25(6.1)	143(35.0)	176(43.1)	64(15.7)
		40대	4(2.1)	5(2.6)	55(28.5)	106(54.9)	23(11.9)
		50세 이상	0(0.0)	2(2.6)	33(42.3)	34(43.6)	9(11.5)
	성별	남	4(0.6)	40(6.1)	230(35.0)	284(43.2)	100(15.2)
		여	7(1.6)	34(7.9)	157(36.4)	182(42.2)	51(13.9)

네티즌은 56.7%가 자신을 선량한 사람으로 인정했고, 7.8%는 부정했다. 10대 53.7%, 20대 49.6%, 30대 58.8%, 40대 66.8%, 50세 이상 55.1%가 자신을 좋은 사람으로 긍정적으로 평가했고, 10대 17.1%, 20대 11.4%, 30대 6.1%, 40대 4.7%, 50세 이상 2.6%는 부정적으로 평가했다. 20대에 자신을 긍정적으로 평가하는 비율이 가장 낮으며, 자신을 부정적으로 평가하는 비율은 연령대가 증가할수록 감소했다.

2) 자아정체감

자아정체감의 하위항목 중 자아동일성을 역부호화한 후에 자아정체감의 총합을 학년과 성별에 따라서 변량분석한 바에 따르면, 초, 중, 고등학생의 자아정체감은 학년에 따라 유의한 차이가 있고, 성별에 따라서는 차이가 없었다. 학년과 성별 간 상호작용도 유의한 차이가 나타나지 않았다. 자아정체감 점수는 학년에 따라서 의미 있는 차이($F=3.42$, $df=4$, $p<.01$)가 있다. 초등학교 5학년의 자아정체감 점수가 가장 높았고, 중학교 3학년의 자아정체감 점수가 유의미하게 가장 낮았다.

네티즌의 자아정체감을 연령과 성별에 따라 변량분석한 결과, 연령과 성별에 따른 자아정체감 점수에 유의한 차이가 나타나지 않았고, 연령과 성별 간 상호작용도 유의하게 나타나지 않았다.

자아정체감을 이루는 한 요소로서 자아동일성 빈도를 살펴보았다. '나는 내가 아닌 다른 사람이 되고 싶다'에 대해 응답한 전체 초, 중, 고등학생의 36.0%가 '그렇다'고 응답했고 46.2%는 '그렇지 않다'고 부인했다. 이 문항에 대해 '그렇지 않다'고 응답할 경우에 자아의 동일성에 동의한다고 볼 수 있다. 즉 학년이 증가할수록 자아의 동일성을 받아들이는 비율이 감소했다. 남학생이 여학생보다 더 자아동일성을 인정했는데, 남학생의 47.6%, 여학생의 44.8%가 자아동일성을 동의했고, 남학생의 32.5%와 여학생의 39.1%는 그렇지 않았다.

자아의 항상성을 기술한 문항 '지금의 나는 어렸을 때부터의 나이다'에 대해서 전체 초, 중, 고등학생의 23.9%가 시인했고 52.0%가 부인했다. 초등학교 3학년의 29.0%, 5학년의 37.2%, 중학교 1학년의 18.9%, 3학년의 21.7%, 고등학교 2학년의 17.0%가 시인한 반면에 초등학교 3학년의 52.0%, 5학년의 38.2%, 중학교 1학년의 52.3%, 3학년의 51.9%, 고등학교 2학년의 61.7%가 부인했다.

자아정체의 지속성을 기술한 문항 '내가 어른이 되고 세월이 흘러도 나는 여전히 나 자신이다'에 대해서 전체 초, 중, 고등학생의 70.5%가 시인했고 9.4%가 부인했다. 자아의 지속성은 학년에 따라서 의미 있는 차이가 있다. 초등학교 3학년의 66.0%, 5학년의 71.6%, 중학교 1학년의 76.6%, 3학년의 64.3%, 고등학교 2학년의 73.1%가 시인한 반면에 초등학교 3학년의 19.0%, 5학년의 9.8%, 중학교 1학년의 7.6%, 3학년의 7.0%, 고등학교 2학년의 6.4%가 부인했

〈표 4-3〉 초, 중, 고등학생의 학년과 성별에 따른 자아정체감 변량분석

범주	변동원	자승합	자유도	평균자승	F
총 자아정체	학년	104.732	4	26.183	3.42**
	성별	.709	1	.709	.09
	학년×성별	25.122	4	6.281	.82
	오차	4,744.621	619	7.665	

** p<.01

다. 연령이 증가할수록 자아지속성을 부인하는 비율은 감소했다.

자아의 고유성을 기술한 문항, '나는 다른 사람들과 같지 않다'에 대해서 전체 초, 중, 고등학생의 32.9%가 시인했고 37.8%가 부인했다. 자아의 지속성은 학년에 따라서 의미 있는 차이가 있다. 초등학교 3학년의 31.0%, 5학년의 26.4%, 중학교 1학년의 37.1%, 3학년의 31.8%, 고등학교 2학년의 36.2%가 시인한 반면에 초등학교 3학년의 51.0%, 5학년의 43.1%, 중학교 1학년의 36.3%, 3학년의 38.0%, 고등학교 2학년의 25.5%가 부인했다.

네티즌의 자아정체감을 이루는 한 요소 중 자아동일성을 기술한 문항인 '나는 내가 아닌 다른 사람이 되고 싶다'의 문항에서, 자아동일성을 가지고 있는 응답자는 18.3%이고 그렇지 않은 응답자는 55.4%이다. 자아동일성은 연령이나 성별 차이가 유의하지 않았다.

자아의 항상성을 기술한 문항 '지금의 나는 어렸을 때부터의 나이다'에 대해서 긍정적으로 응답한 경우는 46.1%, 부정적으로 응답한 경우는 26.1%이다. 10대 41.5%, 20대 43.7%, 30대 47.7%, 40대 46.6%, 50세 이상 50.0%가 자신의 항상성을 인정했다. 반면에 10대 41.5%, 20대 27.1%, 30대 25.0%, 40대 24.9%, 50세 이상 21.8%가 자신의 항상성을 인정하지 않았다. 연령이 증가하면서 항상성 인정이 크게 증가하지는 않지만 항상성을 부인하는 경향이 감소했다. 이는 연령이 증가하면서 자아항상성이 증가한다는 사실을 반증하는 것으로 보인다.

〈표 4-4〉 초, 중, 고등학생의 자아정체감 단위: 명(%)

구분	조사대상		전혀 그렇지 않다	별로 그렇지 않다	그저 그렇다	조금 그렇다	매우 그렇다
자아 동일성 (역부호화 이전)		전체	192(31.8)	87(14.4)	108(17.9)	149(24.7)	68(11.3)
	학년	초등 3	65(65.0)	8(8.0)	8(8.0)	8(8.0)	11(11.0)
		초등 5	48(47.1)	14(13.7)	14(13.7)	15(14.7)	11(10.8)
		중등 1	42(31.8)	16(12.1)	18(13.6)	39(29.5)	17(12.9)
		중등 3	18(14.0)	20(15.5)	29(22.5)	45(34.9)	17(13.2)
		고등 2	19(13.5)	29(20.6)	39(27.7)	42(29.8)	12(8.5)
	성별	남	98(33.6)	41(14.0)	58(19.9)	54(18.5)	41(14.0)
		여	94(30.1)	46(14.7)	50(16.0)	95(30.4)	27(8.7)
자아 항상성		전체	137(22.7)	177(29.3)	146(24,2)	105(17.4)	39(6.5)
	학년	초등 3	35(35.0)	17(17.0)	19(19.0)	19(19.0)	10(10.0)
		초등 5	20(19.6)	19(18.6)	25(24.5)	23(22.5)	15(14.7)
		중등 1	28(21.2)	41(31.1)	38(28.8)	21(15.9)	4(3.0)
		중등 3	24(18.6)	43(33.3)	34(26.4)	23(17.8)	5(3.9)
		고등 2	30(21.3)	57(40.4)	30(21.3)	19(13.5)	5(3.5)
	성별	남	78(26.7)	83(28.4)	70(24.0)	47(16.1)	14(4.8)
		여	59(18.9)	94(30.1)	76(24.4)	58(18.6)	25(8.0)
자아 지속성		전체	26(4.3)	31(5.1)	121(20.0)	142(23.5)	284(47.0)
	학년	초등 3	11(11.0)	8(8.0)	15(15.0)	11(11.0)	55(55.0)
		초등 5	7(6.9)	3(2.9)	19(18.6)	21(20.6)	52(51.0)
		중등 1	3(2.3)	7(5.3)	21(15.9)	27(20.5)	74(56.1)
		중등 3	2(1.6)	7(5.4)	37(28.7)	31(24.0)	52(40.3)
		고등 2	3(2.1)	6(4.3)	29(20.6)	52(36.9)	51(36.2)
	성별	남	17(5.8)	19(6.5)	59(20.2)	65(22.3)	132(45.2)
		여	9(2.9)	12(3.8)	62(19.9)	77(24.7)	152(48.7)
자아 고유성		전체	82(13.6)	146(24.2)	177(29.3)	115(19.0)	84(13.9)
	학년	초등 3	37(37.0)	14(14.0)	18(18.0)	15(15.0)	16(16.0)
		초등 5	20(19.6)	24(23.5)	31(30.4)	14(13.7)	13(12.7)
		중등 1	13(9.8)	35(26.5)	35(26.5)	31(23.5)	18(13.6)
		중등 3	7(5.4)	42(32.6)	39(30.2)	25(19.4)	16(12.4)
		고등 2	5(3.5)	31(22.0)	54(38.3)	30(21.3)	21(14.9)
	성별	남	35(12.0)	64(21.9)	91(31.2)	52(17.8)	50(17.1)
		여	47(15.1)	82(26.3)	86(27.6)	63(20.2)	34(10.9)

〈표 4-5〉 네티즌의 자아정체감 단위: 명(%)

구분	조사대상		전혀 그렇지 않다	별로 그렇지 않다	그저 그렇다	조금 그렇다	매우 그렇다
자아 항상성		전체	61(5.6)	223(20.5)	303(27.8)	355(32.6)	147(13.5)
	연령	10대	2(4.9)	15(36.6)	7(17.1)	9(22.0)	8(19.5)
		20대	16(4.3)	84(22.8)	108(29.3)	101(27.4)	60(16.3)
		30대	23(5.6)	79(19.4)	111(27.2)	143(35.0)	52(12.7)
		40대	14(7.3)	34(17.6)	55(28.5)	78(40.4)	12(6.2)
		50세 이상	6(7.7)	11(14.1)	22(28.2)	24(30.8)	15(19.2)
	성별	남	38(5.8)	133(20.2)	169(25.7)	228(34.7)	90(13.7)
		여	23(5.3)	90(20.9)	134(31.1)	127(29.5)	57(13.2)
자아 지속성		전체	11(1.0)	75(6.9)	327(30.0)	456(41.9)	220(20.2)
	연령	10대	1(2.4)	8(19.5)	8(19.5)	12(29.3)	12(29.3)
		20대	4(1.1)	30(8.1)	120(32.5)	145(39.3)	70(19.0)
		30대	3(0.7)	23(5.6)	129(31.6)	172(42.2)	81(19.9)
		40대	2(1.0)	11(5.7)	55(28.5)	87(45.1)	38(19.7)
		50세 이상	1(1.3)	3(3.8)	15(19.2)	40(51.3)	19(24.4)
	성별	남	5(0.8)	46(7.0)	195(29.6)	273(41.5)	139(21.1)
		여	6(1.4)	29(6.7)	132(30.6)	183(42.5)	81(18.8)
자아 고유성		전체	20(1.8)	125(11.5)	395(36.3)	401(36.8)	148(13.6)
	연령	10대	1(2.4)	5(12.2)	12(29.3)	17(41.5)	6(14.6)
		20대	1(0.3)	44(11.9)	126(34.1)	136(36.9)	62(16.8)
		30대	11(2.7)	39(9.6)	145(35.5)	155(38.0)	58(14.2)
		40대	6(3.1)	22(11.4)	76(39.4)	75(38.9)	14(7.3)
		50세 이상	1(1.3)	15(19.2)	36(46.2)	18(46.2)	8(10.3)
	성별	남	12(1.8)	69(10.5)	244(37.1)	244(37.1)	89(13.5)
		여	8(1.9)	56(13.0)	151(35.0)	157(36.4)	59(13.7)

자아의 지속성에 대한 질문, '내가 어른이 되고 세월이 흘러도 나는 여전히 나 자신이다'에 대해 네티즌 62.1%가 그렇다고 응답하였고, 7.9%가 그렇지 않다고 응답하였다. 연령에 따라 응답 비율의 차이가 의미 있게 나타났다. 10대 58.6%, 20대 58.3%, 30대 62.1%, 40대 64.8%, 50세 이상 75.7%가 자아의

지속성을 인정하여, 연령이 증가할수록 자아의 지속성 인식이 증가하는 것으로 볼 수 있다.

자아의 고유성을 기술한 문항, '나는 다른 사람들과 같지 않다'에 대해서 긍정적으로 응답한 경우는 50.4%, 부정적으로 응답한 경우는 13.3%이다. 10대 56.1%, 20대 53.7%, 30대 52.2%, 40대 46.2%, 50세 이상 56.5%가 자신의 고유성을 인정했다. 반면에 10대 14.6%, 20대 12.2%, 30대 12.3%, 40대 14.5%, 50세 이상 20.5%는 자신의 고유성을 인정하지 않았다. 연령이 증가하면 자신의 고유성을 인정하는 비율이 감소하는 경향을 볼 수 있는데, 이는 자기중심성에서 벗어나 스스로를 집단에 소속된 구성원의 하나로 인지하는 경향이 나타나는 것으로 볼 수 있다.

3) 자기수용

초, 중, 고등학생의 자기수용은 학년변수의 주효과($F=7.54$, $df=4$, $p<.001$)가 유의했으나, 성별 변수의 주효과나 학년과 성별의 상호작용 효과는 유의하게 나타나지 않았다. 학년별 자기수용의 점수를 비교하면 초등학교 3학년과 초등학교 5학생이 유사하고, 중학교 1학년과 중학교 3학년이 유사하고, 고등학교 2학년은 초등학생, 중학생과 다르다. 자기수용의 수준은 초등학교 3학년, 5학년, 고등학교 2학년, 중학교 1학년과 3학년 순이다.

한편, 네티즌의 자기수용을 연령과 성별에 따라서 변량분석한 바에 따르면, 연령변수의 주효과($F=4.11$, $df=4$, $p<.01$)가 유의하다. 20대를 전후해서 자기수용에 커다란 차이가 있다. 즉, 10대의 자기수용이 20대와 다소 다르면서도 동질적이나 30대 이후는 20대와 동질적이면서도 다소 다르다. 그러나 10대와 30대 이후는 전혀 다른 양상을 보이며, 30대 이후의 자기수용이 더 높은 편이다. 한편 성별 변수의 주효과나 연령과 성별의 상호작용 효과는 유의하지 않았다.

자신의 외모수용을 묻는 '내 모습이 잘생기지 않아도 나는 내 모습을 좋아한다'는 문항에 대해 초, 중, 고등학생 응답자의 59.6%가 시인했고 14.0%가 부

〈표 4-6〉 초, 중, 고등학생의 학년과 성별에 따른 자기수용 변량분석

범주	변동원	자승합	자유도	평균자승	F
자기수용	학년	89.157	4	22.289	7.54***
	성별	.067	1	.067	.023
	학년×성별	18.961	4	4.740	1.60
	오차	1823.507	617	2.955	

*** $p<.001$

〈표 4-7〉 네티즌의 연령과 성별에 따른 자기수용 변량분석

범주	변동원	자승합	자유도	평균자승	F
자기수용	연령	35.381	4	8.845	4.11**
	성별	2.276	1	2.276	1.06
	연령×성별	5.467	4	1.367	.64
	오차	2320.443	1079	2.151	

** $p<.01$

인했다. 초등학교 3학년의 78.0%, 5학년의 76.4%, 중학교 1학년의 58.3%, 3학년의 46.5%, 고등학교 2학년의 47.5%가 시인하여, 초등학교 아동들의 자신의 외모수용 비율이 가장 높고 사춘기에 해당되는 중학교 3학년과 고등학교 2학년의 자기 외모수용은 비교적 낮은 편이다. 네티즌들은 외모수용에 대해 응답자의 절반이 넘는 51.0%가 긍정적으로 답했고, 14.8%가 부정적으로 답했다. 10대 31.8%, 20대 46.6%, 30대 55.2%, 40대 53.4%, 50세 이상 55.2%가 긍정했고, 10대 26.8%, 20대 16.0%, 30대 12.3%, 40대 15.0%, 50세 이상 16.7%가 부정했다. 이러한 결과는 사춘기에 해당하는 10대가 다른 연령대보다 자기 외모수용을 거부한 비율이 가장 높다는 점에서 일치하며, 청소년의 외모에 대한 높은 관심을 반영한 것으로 보인다. 한편, 자기수용의 다른 문항에서는 연령별, 성별로 의미 있는 차이가 나타나지 않았다.

〈표 4-8〉 초, 중, 고등학생의 자기수용 단위: 명(%)

구분	조사대상		전혀 그렇지 않다	별로 그렇지 않다	그저 그렇다	조금 그렇다	매우 그렇다
외모 수용	전체		25(4.1)	60(9.9)	159(26.3)	139(23.0)	221(36.6)
	학년	초등 3	7(7.0)	2(2.0)	13(13.0)	15(15.0)	63(63.0)
		초등 5	2(2.0)	3(2.9)	19(18.6)	23(22.5)	55(53.9)
		중등 1	7(5.3)	15(11.4)	33(25.0)	28(21.2)	49(37.1)
		중등 3	7(5.4)	23(17.8)	39(30.2)	32(24.8)	28(21.7)
		고등 2	2(1.4)	17(12.1)	55(39.0)	41(29.1)	26(18.4)
	성별	남	12(4.1)	21(7.2)	80(27.4)	69(23.6)	110(37.7)
		여	13(4.2)	39(12.5)	79(25.3)	70(22.4)	111(35.6)

〈표 4-9〉 네티즌의 자기수용 단위: 명(%)

구분	조사대상		전혀 그렇지 않다	별로 그렇지 않다	그저 그렇다	조금 그렇다	매우 그렇다
외모 수용	전체		19(1.7)	143(13.1)	371(34.1)	401(36.8)	155(14.2)
	연령	10대	3(7.3)	8(19.5)	17(41.5)	9(22.0)	4(9.8)
		20대	8(2.2)	51(13.8)	138(37.4)	131(35.5)	41(11.1)
		30대	6(1.5)	44(10.8)	133(32.6)	166(40.7)	59(14.5)
		40대	2(1.0)	27(14.0)	61(31.6)	70(36.3)	33(17.1)
		50세 이상	0(0.0)	13(16.7)	22(28.2)	25(32.1)	18(23.1)
	성별	남	9(1.4)	75(11.4)	222(33.7)	247(37.5)	105(16.0)
		여	10(2.3)	68(15.8)	149(34.6)	154(35.7)	50(11.6)

4) 성정체

인간은 일찍이 자신의 성별에 대해 인식한다. 성에 대한 자기 인식, 즉 성정체는 유전적으로 타고난 생리적 차이를 인식하는 것과 사회적으로 기대되는 역할에 대한 인식이 서로 영향을 주는 것으로 알려져 있다. 초, 중, 고등학생의 성정체를 학년과 성별에 따라서 변량분석한 결과, 성정체는 학년에 따른 주효과(F=9.18, df=4, p<.001)가 의미 있게 나타나고, 성별 변수의 주효과는 의미 있게 나타나지 않았다. 그리고 성별과 학년의 상호작용 효과(F=2.57, df=4, p<.05)는 유의미하게 나타났다. 학년별 남녀 학생들의 집단 간 차이를 보면, 5학년인 남학생과 여학생의 차이가 유의하고, 고등학교 2학년 남학생과 여학생의 차이가 의미 있는 것으로 밝혀졌다. 성정체의 학년과 성별의 상호작용 효과를 보면, 초등학교 3학년 때에는 남학생의 성정체가 여학생의 것보다 높다가 5학년이 되면 여학생의 성정체가 남학생의 것보다 높고 중학교 3학년 이후에는 남학생의 성정체가 여학생의 것보다 높다.

〈표 4-10〉 초, 중, 고등학생의 학년과 성별에 따른 성정체 변량분석

범주	변동원	자승합	자유도	평균자승	F
성정체	학년	163.071	4	40.768	9.18***
	성별	.102	1	.102	.02
	학년×성별	45.579	4	11.395	2.57*
	오차	2757.445	621	4.440	

* p<.05, *** p<.001

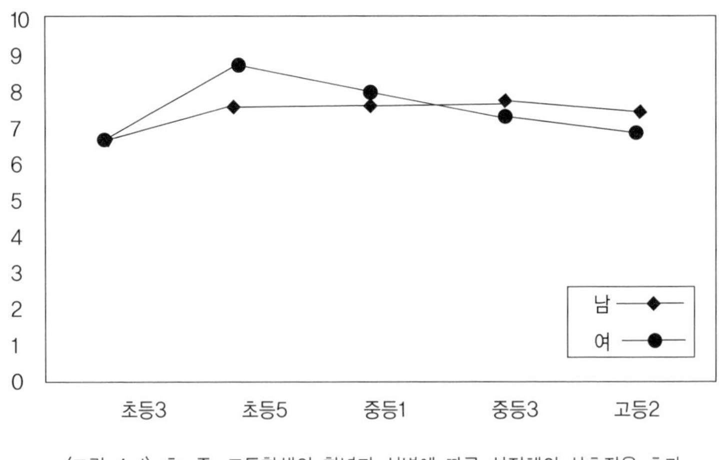

〈그림 4-1〉 초, 중, 고등학생의 학년과 성별에 따른 성정체의 상호작용 효과

〈표 4-11〉 네티즌의 연령과 성별에 따른 성정체 변량분석

범주	변동원	자승합	자유도	평균자승	F
성정체	연령	68.756	4	17.189	3.97**
	성별	51.414	1	51.414	11.87**
	연령×성별	11.625	4	2.906	.67
	오차	4,674.058	1079	4.332	

** p<.01

네티즌의 성정체를 연령과 성별에 따라서 변량분석한 바에 의하면 연령변수의 주효과(F=3.97, df=4, p<.01)와 성별변수의 주효과(F=11.87, df=1, p<.01)가 유의했다. 연령과 성별의 상호작용 효과는 유의하지 않았다. 성정체는 연령이 높아지면 확실히 인식되고 여성이 남성보다 더 명료한 성정체를 가지고 있는 것으로 보인다.

성정체성을 구체적으로 세분해서 분석한 <표 4-12>와 <표 4-13>을 살펴보겠다. 성항상성을 묻는 문항인 '트랜스젠더가 되는 것은 자연의 섭리에 어긋나는 것이다'에 대하여, 초, 중, 고등학생의 54.8%가 '그렇다'고 응답했고 27.6%가 '그렇지 않다'고 응답한 것을 알 수 있다. 초등학교 3학년의 42.0%, 5학년의 67.6%, 중학교 1학년의 60.6%, 3학년의 53.5%, 고등학교 2학년의 50.3%가 성전환에 대해 부정적으로 생각한 반면에 초등학교 3학년의 47.0%, 5학년의 15.7%, 중학교 1학년의 25.8%, 3학년의 25.6%, 고등학교 2학년의 26.2%가 성전환이 가능하다고 응답했다. 남학생의 59.3%, 여학생의 50.6%가 성전환은 자연의 섭리에 어긋난다고 응답했고 남학생의 21.2%, 여학생의 33.7%가 어긋나지 않는다고 응답하여, 여학생 중에 진보적 성정체를 가진 비율이 더 높은 것을 알 수 있다.

성수용성, 즉 나는 내가 여자(남자)인 것이 좋다는 문항에 대하여 초, 중, 고등학생의 71.8%가 시인했고 17.0%가 부인했다. 초등학교 3학년의 70.0%, 5학년의 82.3%, 중학교 1학년의 75.8%, 3학년의 70.5%, 고등학교 2학년의

〈표 4-12〉 초, 중, 고등학생의 성정체 단위: 명(%)

구분	조사대상		전혀 그렇지 않다	별로 그렇지 않다	그저 그렇다	조금 그렇다	매우 그렇다
성 항상성	전체		98(16.2)	69(11.4)	106(17.5)	83(13.7)	248(41.1)
	학년	초등 3	41(41.0)	6(6.0)	11(11.0)	2(2.0)	40(40.0)
		초등 5	14(13.7)	2(2.0)	17(16.7)	10(9.8)	59(57.8)
		중등 1	17(12.9)	17(12.9)	18(13.6)	18(13.6)	62(47.0)
		중등 3	14(10.9)	19(14.7)	27(20.9)	18(14.0)	51(39.5)
		고등 2	12(8.5)	25(17.7)	33(23.4)	35(24.8)	36(25.5)
	성별	남	40(13.7)	22(7.5)	57(19.5)	37(12.7)	136(46.6)
		여	58(18.6)	47(15.1)	49(15.7)	46(14.7)	112(35.9)
성 수용성	전체		69(11.4)	34(5.6)	67(11.1)	110(18.2)	324(53.6)
	학년	초등 3	24(24.0)	0(0.0)	6(6.0)	14(14.0)	56(56.0)
		초등 5	11(10.8)	3(2.9)	4(3.9)	10(9.8)	74(72.5)
		중등 1	8(6.1)	7(5.3)	17(12.9)	22(16.7)	78(59.1)
		중등 3	8(6.2)	15(11.6)	15(11.6)	32(24.8)	59(45.7)
		고등 2	18(11.4)	9(6.4)	25(17.7)	32(22.7)	57(40.4)
	성별	남	47(16.1)	19(6.5)	28(9.6)	47(16.1)	151(51.7)
		여	22(7.1)	15(4.8)	39(12.5)	63(20.2)	173(55.4)

63.1%가 자신의 성별을 수용하는 응답을 하여, 5학년을 정점으로 학년이 높을수록 성정체가 낮아지는 양상을 보였다. 한편, 남학생의 67.8%, 여학생의 75.6%가 자신의 성별에 만족하였고, 남학생의 22.6%, 여학생의 11.9%가 그렇지 않았다. 남성 우위 사회에서 남성이 여성보다 더 자기 성에 대해서 만족할 것으로 생각하는 일반적 예상과 달리 여학생이 남학생보다 자기 성에 대해서 만족하는 비율이 높았다.

네티즌 조사에서 성 항상성과 관련하여 '트랜스젠더가 되는 것은 자연의 섭리에 어긋나는 것이다'의 문항에 대해 네티즌의 53.6%가 성별을 바꾸는 것이 자연의 섭리에 어긋나는 것으로 올바르지 않다고 응답하였고, 18.0%가 그렇지 않다고 응답하였다. 10대 43.9%, 20대 42.3%, 30대 58.4%, 40대 66.8%, 50세

〈표 4-13〉 네티즌의 성정체 단위: 명(%)

구분		조사대상	전혀 그렇지 않다	별로 그렇지 않다	그저 그렇다	조금 그렇다	매우 그렇다
성 항상성		전체	45(4.1)	151(13.9)	309(28.4)	270(24.8)	314(28.8)
	연령	10대	4(9.8)	6(14.6)	13(31.7)	12(29.3)	6(14.6)
		20대	20(5.4)	70(19.0)	123(33.3)	70(19.0)	86(23.3)
		30대	12(2.9)	47(11.5)	111(27.2)	108(26.5)	130(31.9)
		40대	6(3.1)	16(8.3)	42(21.8)	63(32.6)	66(34.2)
		50세 이상	3(3.8)	12(15.4)	20(25.6)	17(21.8)	26(33.3)
	성별	남	18(2.7)	60(9.1)	177(26.9)	170(25.8)	233(35.4)
		여	27(6.3)	91(21.1)	132(30.6)	100(23.2)	81(18.8)
성 수용성		전체	34(3.1)	92(8.4)	312(28.7)	390(35.8)	261(24.0)
	연령	10대	3(7.3)	4(9.8)	9(22.0)	13(31.7)	12(29.3)
		20대	13(3.5)	38(10.3)	111(30.1)	121(32.8)	86(23.3)
		30대	15(3.7)	29(7.1)	119(29.2)	150(36.8)	95(23.3)
		40대	2(1.0)	15(7.8)	52(26..9)	78(40.4)	46(23.8)
		50세 이상	1(1.3)	6(7.7)	21(26.9)	28(35.9)	22(28.2)
	성별	남	15(2.3)	39(5.9)	181(27.5)	239(36.3)	184(28.0)
		여	19(4.4)	53(12.3)	131(30.4)	151(35.0)	77(17.9)

이상 55.1%가 성전환수술에 대해 부정적으로 응답하여, 대체로 연령이 높을수록 성전환에 대해서 보수적인 사고를 하는 사람이 더 많다고 해석할 수 있다. 성별에 따라서는 남자 61.2%, 여자 42.0%가 성전환수술에 대해 부정했고 남자 11.8%, 여자 27.4%가 긍정하여, 아동, 청소년의 결과와 동일하게 여성이 보다 진보적인 응답을 한 비율이 높았다.

'내가 여자(남자)인 것이 좋다'는 문항에 대해 네티즌의 59.8%가 긍정적인 응답을 하였고, 11.5%가 부정적인 응답을 했다. 남자 64.3%, 여자 52.9%가 긍정적인 응답을 하여 자신의 성정체를 수용한 반면, 남자 8.2%, 여자 16.7%는 부정적인 응답을 해서 수용하지 않았다. 남자가 여자보다 성정체를 수용한 비율이 높은 것은 사회문화적으로 남성성이 우월한 것으로 인식되기 때문이 아닌가 싶다.

자신의 성 지속성을 인지하는지를 묻는 '나는 어려서와 마찬가지로 현재 남자(여자)다'에 있어서는 연령과 성에 따른 차이가 나타나지 않았다.

2. 가족정체

가족정체는 인정감, 애착감, 친밀감, 기대부응, 지원신뢰와 행복감으로 구분된다. 아동, 청소년이 가족에게 느끼는 인정감과 애착감은 평균 3점을 밑도는 점수로 가족에게 인정과 애착을 덜 느끼는 듯하다. 어쩌면 친구나 동료 등 가족 외 다른 사람에게서 인정받고 애착을 느끼는 것으로 보인다. 이에 비해 친밀감, 기대부응, 지원신뢰감 점수는 3점보다 훨씬 높은 점수를 보여 가족의 지원에 대한 신뢰감이 높으며, 전반적으로는 가족정체가 높게 나타난다고 볼 수 있다.

네티즌의 가족정체 조사에는 아동, 청소년 대상 조사내용에 소속감과 역할 인지를 추가하였는데, 응답 결과 인정감과 애착감을 제외한 모두에서 평균 3점을 웃도는 점수를 보여 네티즌이 가족을 통해 정체성을 확인받고 있음을 보여준다.

초, 중, 고등학생의 가족정체를 연령과 성별에 따라 이원변량 분석결과에 따르면, 학년 변수의 주효과(F=20.90, df=4, p<.001)가 유의하다. 학년이 높을수록 응답 아동과 청소년의 가족정체가 높다. 아동, 청소년기에 가족정체를 어떻게 형성하고 있는지를 살펴본 연구결과, 초등학교 아동들은 대단히 높은 수준의 가족정체를 형성하고 있으며 중, 고등학교 청소년은 그보다는 다소 낮지만 여전히 높은 가족정체를 형성하고 있다. 자아정체보다 가족정체가 수치상으로 더 높은 것은 무엇을 의미하는 것일까? 우리 사회에서는 여전히 가족의 테두리 안에서 아동과 청소년이 성장하고 있으며 그를 통해서 자아정체성을 확립하고 있음을 반영하는 것으로 보인다. 가족 정체는 응답자의 성별에 따라서는 차이가 없었다.

〈표 4-14〉 초, 중, 고등학생의 가족정체 응답 빈도

구분	문항	N	평균	표준편차	최솟값	최댓값
인정감	나를 착한 사람으로 인정해주는 사람은 나의 부모님뿐이다.	639	2.39	1.23	1	5
애착감	나를 진심으로 아끼는 사람은 내 가족뿐이다.	639	2.84	1.44	1	5
친밀감	아무리 친한 사람이 있어도 가족만큼 가까운 사람은 없다.	638	3.35	1.43	1	5
기대부응	나는 부모님의 기대에 부응하기 위해 열심히 노력한다.	635	3.69	1.07	1	5
지원신뢰	내가 어려운 일을 당하면 나의 가족이 누구보다 먼저 나를 도울 것이다.	638	4.14	1.04	1	5

〈표 4-15〉 네티즌의 가족정체 응답 빈도

구분	문항	N	평균	표준편차	최솟값	최댓값
소속감	내가 우리 가족의 한 사람임을 잊은 적이 없다.	1,089	3.75	.93	1	5
인정감	나를 착한 사람으로 인정해주는 사람은 나의 부모님뿐이다.	1,089	2.48	1.00	1	5
애착감	나를 진심으로 아끼는 사람은 내 가족뿐이다.	1,089	2.99	1.09	1	5
친밀감	아무리 친한 사람이 있어도 가족만큼 가까운 사람은 없다.	1,089	3.51	1.07	1	5
기대부응	나는 가족의 일원으로서 가족의 기대에 부응하기 위해 열심히 일한다.	1,089	3.56	.91	1	5
지원신뢰	내가 어려운 일을 당하면 나의 가족이 누구보다 먼저 나를 도울 것이다.	1,089	3.91	.94	1	5
역할인지	나는 우리 가족을 위해 할 역할이 무엇인지 알고, 그렇게 한다.	1,089	3.57	.87	1	5

한편, 네티즌의 가족정체를 연령과 성별에 따라서 변량분석한 결과, 연령변수의 주효과(F=3.70, df=4, p<.01)가 유의하게 나타났다. 성별 변수의 주효과는 유의하지 않았지만 연령과 성별의 상호작용 효과(F=3.85, df=4, p<.01)는 유의했다. 10대 여성의 가족정체의식은 남성보다 더 높지만, 20대 여성과 남성의 가족정체의식은 유사한 수준이며, 30대에는 남성의 가족정체의식이 여성보다 더 높다. 통계적으로 10대 남자와 여자의 가족정체에 차이가 있고 30대 남자와 여자의 차이가 유의하다. 10대에는 여자가 남자보다 가족정체의식이 더 크지만 30대가 되면 남자가 여자보다 가족정체의식이 더 크다. 이러한 10대와 30대의 역전 양상은 흥미로운 사실이다. 성인이 된 남자들은 여자들보다 가족을 더 중시하며, 가족정체에 대한 강한 애착을 나타냈다.

'부모만이 자신을 착한 사람으로 인정해준다'는 질문에 초, 중, 고등학생 응답자의 16.7%가 그렇다고 시인했고, 64.4%가 부인했다. 이 문항에 부인하는 경우 부모는 물론이고 친구와 친척 등 많은 사람들이 자신을 착한 사람, 좋은 사람으로 인정해 준다는 내용이 포함될 수 있다. 이 응답에 시인한 16.7%는 사회적 관계를 넓히지 않고 집안에만 머무르고 부모의 품속에서만 인정을 받을 가능성이 있다고 볼 수 있겠다. 초등학교 3학년 39.3%, 5학년 21.1%, 중학교 1학년 10.9%, 3학년 11.7%, 고등학교 2학년 5.6%가 이를 시인하여, 부모만의 인정을 보고한 비율이 학년이 높을수록 낮아진다. 이 사실을 보면 아동, 청소년이 성장해 감에 따라 부모의 인정을 떠나서 점차 주변의 다른 사람들이 의미 있는 타자가 됨을 시사한다.

'나를 진심으로 아끼는 사람은 내 가족뿐'이라는 질문에 초, 중, 고등학생의 32.1%가 시인했고 50.1%가 부정했다. 초등학교 3학년 33.9%, 5학년 41.3%, 중학교 1학년 54.7%, 3학년 51.9%, 고등학교 2학년 63.7%가 이를 부인했다. 중학교 이후에는 이미 가족 이외에 의미 있는 타자가 또 있다는 사실을 의미한다. 아동이 성인으로 성장해가면서 사회적 관계의 확장이 이루어지고 있는 것이다.

친밀감과 관련하여 '아무리 친한 사람이 있어도 가족만큼 가까운 사람은 없

〈표 4-16〉 초, 중, 고등학생의 학년과 성별에 따른 가족정체 변량분석

범주	변동원	자승합	자유도	평균자승	F
가족정체	학년	1186.389	4	296.597	20.90***
	성별	10.344	1	10.344	.73
	학년×성별	52.568	4	13.142	.93
	오차	8,840.371	623	14.190	

*** $p<.001$

〈표 4-17〉 네티즌의 연령과 성별에 따른 가족정체 변량분석

범주	변동원	자승합	자유도	평균자승	F
가족정체	연령	239.658	4	59.915	3.70**
	성별	.032	1	.032	.00
	연령×성별	249.272	4	62.318	3.85**
	오차	17,458.525	1079	16.180	

** $p<.01$

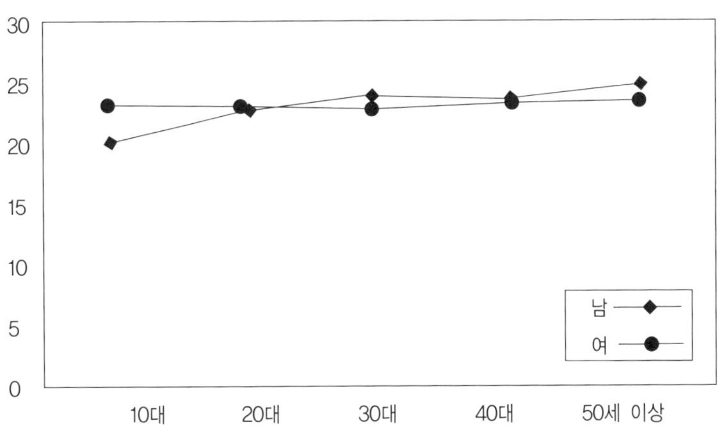

〈그림 4-2〉 네티즌의 연령과 성별에 따른 가족정체의 상호작용 효과

다'는 문항에 초, 중, 고등학생의 48.6%가 그렇다고 응답했고 32.7%가 그렇지 않다고 응답했다. 이 문항에서도 연령이 높아짐에 따라 긍정적 응답의 비율이 줄었다. 이와 같이 가족정체의 문항별 진술에 따라 응답비율은 다소 차이가 있지만 한 가지 사실은 분명하다. 즉 아동에게는 가족이 삶에 중요한 위치를 차지하며, 청소년에게는 가족 이외에 친밀한 사람이 있고 그가 누구인지는 알 수 없어도 상당히 중요한 의미를 지닌다는 사실이다.

부모와의 관계에 대한 진술로 '나는 부모님의 기대에 부응하기 위해서 열심히 노력한다'는 진술에 대해서 응답자 58.0%가 긍정했고 12.4%가 부정했다. 초등학교 3학년 75.9%, 5학년 70.6%, 중학교 1학년 59.1%, 3학년 52.7%, 고등학교 2학년 37.8%가 시인하여, 초등학생의 경우 부모의 성취 기대에 부응하기 위해 노력한다는 응답자의 비율이 높았다.

'어려운 일을 당하면 가족이 도울 것'이라는 진술에 대해서 73.1%는 긍정했고 7.5%는 부정했다. 초등학교 3학년 75.9%, 5학년 77.1%, 중학교 1학년 70.8%, 3학년 68.2%, 고등학교 2학년 74.2%가 시인하여, 가족의 지원에 대한 신뢰는 중학교 시기에서 다소 낮았다. 이러한 조사 결과, 학동기 아동은 가족이 삶의 중요한 일부분으로 보다 확고한 가족정체를 형성하고 있으며, 청소년 시기에 접어들면 가족 밖에서 의미 있는 타자와의 관계를 형성하고 부모의 품을 떠나 독립된 자아정체를 형성해가는 과정에서 상대적으로 가족정체가 다소 약화되는 경향이 있다는 사실을 알 수 있다.

가족소속감에 관한 네티즌 조사에서 내가 가족의 일원임을 잊은 적 없다는 진술에 대해 네티즌 응답자 58.5%가 인정했고, 7.7%는 부인했다. 10대 43.9%, 20대 52.0%, 30대 62.5%, 40대 63.3%, 50세 이상 64.1%가 가족의 일원임을 자각하고 있어, 연령이 높을수록 가족에 대한 소속감이 보다 확고했다.

가족의 기대에 부응하기 위해 일한다는 문항에 대해서 네티즌 응답자 중 53.0%가 그렇다고 응답했고, 11.0%가 그렇지 않다고 응답했다. 10대 39.1%, 20대 44.2%, 30대 56.1%, 40대 64.3%, 50세 이상의 57.7%가 가족의 성취기대에 부응한다는 점을 시인했다. 연령이 높을수록 가족의 일원이라는 정체성과 그에 따른 성취기대를 무게감 있게 자각하는 것으로 보인다.

자신이 가족을 위해 할 역할이 무엇인지 알고 있는가라는 질문에 대해 네티즌 응답자 중 52.1%가 그렇다고 했고, 8.5%는 그렇지 않다고 응답했다. 10대 41.5%, 20대 44.4%, 30대 55.6%, 40대 58.1%, 50세 이상 61.6%가 자신이 가족을 위해 해야 할 역할을 알고 있다고 응답하여, 연령이 높을수록 자신이 가족을 위해 해야 할 역할을 인식하고, 책임감을 가지고 행동하는 것을 알 수 있다.

한편, 가족에 대한 인정감, 애착감, 친밀감 및 가족의 지원에 대한 신뢰에 대한 문항에 있어서는 연령과 성별에 따른 차이 없이 비슷한 양상을 보였다.

가족정체 형성에 대한 조사를 마무리하면서 실제로 이들이 가족 내에서 행복하게 살고 있다고 느끼는지 의문이 들었다. 발달적 관점에서 볼 때 아동기에 가족정체가 형성되는 것이 중요하고 또한 총체적으로 가족이 행복하게 살고 있다고 생각하는지도 중요한 메시지다. 아동, 청소년이 행복한 가정에서 성장할 때 심리적 안정을 취하고 불안과 갈등을 겪지 않고 인성이 안정된 모습으로 형성될 수 있을 것이기 때문이다. 한편, 가족의 행복은 삶의 만족감 및 성취동기나 직무 효율과도 관련될 것이다. 행복한 가정에서 생활하는 사람들은 심리적으로 안정되어 사회적 관계에도 무리가 없고 직장에서의 업무에도 안정적으로 임할 수 있고, 인성도 안정된 모습으로 형성될 수 있을 것이기 때문이다.

나의 가족이 행복하다는 진술에 대해서 초, 중, 고등학생의 76.5%가 긍정했고 8.3%가 부정했다. 초등학교 3학년 92.0%, 5학년 88.9%, 중학교 1학년 75.9%, 3학년 61.2%, 고등학교 2학년 69.3%가 시인하여, 초등학교 시기에는 대부분의 아동이 가족이 행복하다고 응답했지만 학년이 높을수록 그 응답률이 점차 낮아진다. 중학교 이후 청소년의 10%는 가족이 불행하다고 응답했다. 네티즌 응답자의 53.0%가 행복을 인정하였고, 11.1%는 부정했다. 우리 사회 사람들의 1/10은 가족 간에 행복을 느끼지 못하고 살아가는 듯하다.

〈표 4-18〉 초, 중, 고등학생의 가족정체 단위: 명(%)

구분	조사대상		전혀 그렇지 않다	별로 그렇지 않다	그저 그렇다	조금 그렇다	매우 그렇다
인정감		전체	155(24.6)	251(39.8)	119(18.9)	36(5.7)	69(11.0)
	학년	초등 3	38(33.9)	18(16.1)	12(10.7)	6(5.4)	38(33.9)
		초등 5	37(33.9)	32(29.4)	17(15.6)	8(7.3)	15(13.8)
		중등 1	33(24.1)	61(44.5)	28(20.4)	5(3.6)	10(7.3)
		중등 3	23(17.8)	63(48.8)	28(21.7)	10(7.8)	5(3.9)
		고등 2	24(16.8)	77(53.8)	34(23.8)	7(4.9)	1(0.7)
	성별	남	81(26.6)	114(19.1)	58(19.1)	20(6.6)	31(10.2)
		여	74(22.7)	137(42.0)	61(18.7)	16(4.9)	38(11.7)
애착감		전체	128(20.3)	188(29.8)	112(17.8)	63(10.0)	139(22.1)
	학년	초등 3	29(25.9)	9(8.0)	9(8.0)	8(7.1)	57(50.9)
		초등 5	29(26.6)	16(14.7)	16(14.7)	11(10.1)	37(33.9)
		중등 1	28(20.4)	47(34.3)	27(19.7)	13(9.5)	22(16.1)
		중등 3	19(14.7)	48(37.2)	31(24.0)	15(11.6)	16(12.4)
		고등 2	23(16.1)	68(47.6)	29(20.3)	16(11.2)	7(4.9)
	성별	남	60(19.7)	81(26.6)	62(20.4)	32(10.5)	63(22.7)
		여	68(20.9)	107(32.8)	50(15.3)	31(9.5)	70(21.5)
친밀감		전체	80(12.7)	126(20.0)	118(18.7)	102(16.2)	204(32.4)
	학년	초등 3	18(16.1)	5(4.5)	11(9.8)	5(4.5)	73(65.2)
		초등 5	17(15.6)	11(10.1)	18(16.5)	14(12.8)	49(45.0)
		중등 1	22(16.1)	20(14.6)	24(17.5)	28(20.4)	43(31.4)
		중등 3	9(7.0)	43(33.3)	33(25.6)	22(17.1)	22(17.1)
		고등 2	14(9.8)	47(32.9)	32(22.4)	33(23.1)	17(11.9)
	성별	남	35(11.5)	51(16.8)	62(20.4)	55(18.1)	101(33.2)
		여	45(13.8)	75(23.0)	56(17.2)	47(14.4)	103(31.6)
기대 부응		전체	20(3.2)	58(9.2)	187(29.7)	195(31.0)	170(27.0)
	학년	초등 3	5(4.5)	4(3.6)	18(16.1)	23(20.5)	62(55.4)
		초등 5	0(0.0)	8(7.3)	24(22.0)	37(33.9)	40(36.7)
		중등 1	6(4.4)	15(10.9)	35(25.5)	48(35.0)	33(24.1)
		중등 3	3(2.3)	13(10.1)	45(34.9)	47(36.4)	21(16.3)
		고등 2	6(4.2)	18(12.6)	65(45.5)	40(28.0)	14(9.8)
	성별	남	11(3.6)	33(10.9)	97(31.9)	89(29.3)	74(24.3)
		여	9(2.8)	25(7.7)	90(27.6)	106(32.5)	96(29.4)
지원 신뢰		전체	10(1.6)	37(5.9)	123(19.5)	139(22.1)	321(51.0)
	학년	초등 3	5(4.5)	5(4.5)	17(15.2)	14(12.5)	71(63.4)
		초등 5	1(0.9)	8(7.3)	16(14.7)	16(14.7)	68(62.4)
		중등 1	2(1.5)	12(8.8)	26(19.0)	29(21.2)	68(49.6)
		중등 3	1(0.8)	7(5.4)	33(25.6)	36(27.9)	52(40.3)
		고등 2	1(0.7)	5(3.5)	31(21.7)	44(30.8)	62(43.4)
	성별	남	8(2.6)	18(5.9)	55(18.1)	70(23.0)	153(50.3)
		여	2(0.6)	19(5.8)	68(20.9)	69(21.2)	168(51.5)

〈표 4-18〉 계속

구분	조사대상		전혀 그렇지 않다	별로 그렇지 않다	그저 그렇다	조금 그렇다	매우 그렇다
행복감	전체		17(2.7)	35(5.6)	96(15.2)	151(24.0)	331(52.5)
	학년	초등 3	3(2.7)	2(1.8)	4(3.6)	17(15.2)	86(76.8)
		초등 5	2(1.8)	0(0.0)	10(9.2)	14(12.8)	83(76.1)
		중등 1	7(5.1)	7(5.1)	19(13.9)	34(24.8)	70(51.1)
		중등 3	3(2.3)	12(9.3)	35(27.1)	31(24.0)	48(37.2)
		고등 2	2(1.4)	14(9.8)	28(19.6)	55(38.5)	44(30.8)
	성별	남	9(3.0)	17(5.6)	52(17.1)	78(25.7)	148(48.7)
		여	8(2.5)	18(5.5)	44(13.5)	73(22.4)	183(56.1)

〈표 4-19〉 네티즌의 가족정체

단위: 명(%)

구분	조사대상		전혀 그렇지 않다	별로 그렇지 않다	그저 그렇다	조금 그렇다	매우 그렇다
소속감	전체		8(0.7)	76(7.0)	368(33.8)	369(33.9)	268(24.6)
	연령	10대	1(2.4)	3(7.3)	19(46.3)	10(24.4)	8(19.5)
		20대	2(0.5)	39(10.6)	136(36.9)	107(29.0)	85(23.0)
		30대	4(1.0)	19(4.7)	130(31.9)	157(38.5)	98(24.0)
		40대	1(0.5)	11(5.7)	59(30.6)	69(35.8)	53(27.5)
		50세 이상	0(0.0)	4(5.1)	24(30.8)	26(33.3)	24(30.8)
	성별	남	3(0.5)	37(5.6)	220(33.4)	229(34.8)	169(25.7)
		여	5(1.2)	39(9.0)	148(34.3)	140(32.5)	99(23.0)
기대 부응	전체		15(1.4)	104(9.6)	393(36.1)	406(37.3)	171(15.7)
	연령	10대	1(2.4)	11(26.8)	13(31.7)	9(22.0)	7(17.1)
		20대	3(0.8)	45(12.2)	158(42.8)	120(32.5)	43(11.7)
		30대	4(1.0)	29(7.1)	146(35.8)	165(40.4)	64(15.7)
		40대	6(3.1)	13(6.7)	50(25.9)	86(44.6)	38(19.7)
		50세 이상	1(1.3)	6(7.7)	26(33.3)	26(33.3)	19(24.4)
	성별	남	8(1.2)	58(8.8)	230(35.0)	251(38.1)	111(16.9)
		여	7(1.6)	46(10.7)	163(37.8)	155(36.0)	60(13.9)
역할 인지	전체		14(1.3)	78(7.2)	429(39.4)	414(38.0)	154(14.1)
	연령	10대	1(2.4)	6(14.6)	17(41.5)	13(31.7)	4(9.8)
		20대	5(1.4)	32(8.7)	168(45.5)	117(31.7)	47(12.7)
		30대	5(1.2)	27(6.6)	149(36.5)	175(42.9)	52(12.7)
		40대	3(1.6)	10(5.2)	68(35.2)	80(41.5)	32(16.6)
		50세 이상	0(0.0)	3(3.8)	27(34.6)	29(37.2)	19(24.4)
	성별	남	7(1.1)	50(7.6)	249(37.8)	261(39.7)	91(13.8)
		여	7(1.6)	28(6.5)	180(41.8)	153(35.5)	63(14.6)

3. 민족정체

개인은 누구나 자신의 민족에 대한 소속감을 가지고 있으며, 민족의 역사에 대한 인식과 혈연의식을 가지고 있으며, 특정민족이 앞으로 세월이 지나더라도 영속될 것이라는 지속기대를 가지고 있다. 그 외에도 그 민족이 사용하는 언어, 음식과 생활방식에 대한 애착감을 지니고 있다. 이 연구에서는 민족정체성을 소속감, 모국어애착, 역사인식, 혈연의식과 지속기대감 등 10개 문항으로 분석했다.

아동과 청소년의 민족정체에 대해 응답한 문항들의 각 점수는 전반적으로 중앙값에 못 미치는 낮은 수준의 점수다. 이처럼 우리 사회의 아동, 청소년의 민족정체가 낮은 것은 사회발전의 단계와 사회문화적 영향에 기인했을 것이다.

〈표 4-20〉 초, 중, 고등학생의 민족정체 응답 빈도

구분	문항	N	평균	표준편차	최솟값	최댓값
소속감	나는 한민족이다.	636	1.22	.61	1	3
	북한과 미국이 축구 시합을 하면 북한을 응원할 것이다.	636	1.55	.67	1	3
모국어 애착	나의 모국어는 한국어다.	640	1.12	.45	1	3
	세계화 시대에 우리가 영어를 모국어로 정해도 상관없다.	640	2.03	.51	1	3
역사 인식	우리 조상은 단군이다.	639	1.44	.73	1	3
	역사는 후손에게 반드시 가르쳐야 한다.	638	1.37	.70	1	3
	만주지역은 이미 중국 땅이기 때문에 우리의 역사를 보존하려고 애쓸 필요가 없다.	639	2.08	.46	1	3
혈연 의식	외국인과 결혼하는 것을 되도록 막아야 한다.	640	1.87	.65	1	3
	우리는 단일민족이므로 모두에게 같은 조상의 피가 흐른다.	637	1.58	.76	1	3
지속 기대	민족을 늘 앞세우는 것은 시대에 뒤떨어지는 생각이다.	637	1.91	.59	1	3

〈표 4-21〉 네티즌의 민족정체 응답 빈도

구분	문항	N	평균	표준편차	최솟값	최댓값
소속감	나는 한민족이다.	1,089	1.02	.16	1	2
	북한과 미국이 축구 시합을 하면 북한을 응원할 것이다.	1,089	1.24	.43	1	2
모국어 애착	나의 모국어는 한국어이다.	1,089	1.02	.13	1	2
	세계화 시대에 우리가 영어를 모국어로 정해도 상관없다.	1,089	1.81	.39	1	2
역사 인식	우리 조상은 단군이다.	1,089	1.08	.27	1	2
	역사는 후손에게 반드시 가르쳐야 한다.	1,089	1.03	.18	1	2
	만주지역은 이미 중국 땅이기 때문에 우리의 역사를 보존하려고 애쓸 필요가 없다.	1,089	1.84	.36	1	2
혈연 의식	외국인과 결혼하는 것을 되도록 막아야 한다.	1,089	1.69	.46	1	2
	우리는 단일민족이므로 모두에게 같은 조상의 피가 흐른다.	1,089	1.39	.49	1	2
지속 기대	민족을 늘 앞세우는 것은 시대에 뒤떨어지는 생각이다.	1,089	1.65	.48	1	2

한국사회는 성숙한 산업사회이면서 정보사회로 진입해 있다. 개인의 개성과 능력이 중요한 가치로 떠오르는 사회에서 민족의 정체, 민족의 통일, 민족의 미래 등에 대한 의식이 이전 초기 산업사회의 기성세대들보다 낮을 수밖에 없을 것이다. 게다가 이들이 태어나서 만난 사람들이 모두 우리 사회에 있기 때문에 민족이라는 개념이 직접 다가오지 않을 수 있다. 기성세대의 경우 형제나 가까운 가족이 북한, 일본, 중국 등 외국에 살고 있는 경우가 많으므로 자연스럽게 민족의 개념이 다르게 형성되었을 것으로 예상되었다.

초, 중, 고등학생의 민족정체를 연령과 성별에 따라서 변량분석한 바에 의하면 학년변수의 주효과($F=125.05$, $df=4$, $p<.001$)가 유의하고, 성별 변수의 주효과($F=4.54$, $df=1$, $p<.05$)도 유의하며, 학년과 성별 변수 간 상호작용 효과($F=2.89$, $df=4$, $p<.05$)도 유의하다. 민족정체 점수는 연령에 따라 유의한 차이가 나타났

〈표 4-22〉 초, 중, 고등학생의 학년과 성별에 따른 민족정체 변량분석

범주	변동원	자승합	자유도	평균자승	F
민족정체	학년	5302.803	4	1325.701	125.05***
	성별	48.115	1	48.115	4.54*
	학년×성별	122.469	4	30.617	2.89*
	오차	6487.944	612	10.601	

* p<.05, *** p<.001

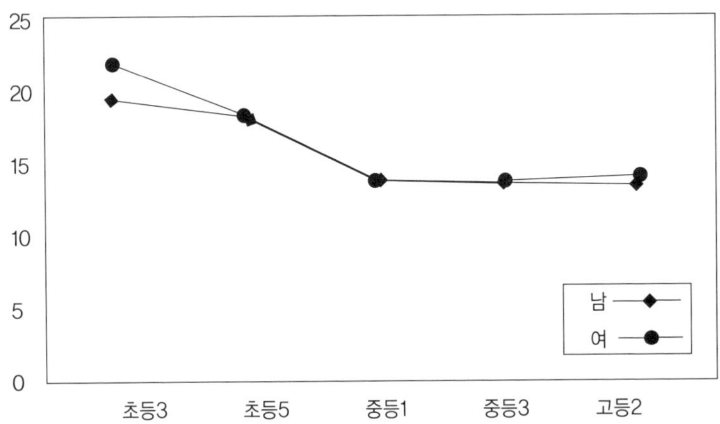

〈그림 4-3〉 초, 중, 고등학생의 학년과 성별에 따른 민족정체의 상호작용 효과

다. 초등학교 3학년, 5학년과 중학교 1학년의 점수는 유사하게 높은 수준이나, 중학교 3학년이 가장 낮은 민족정체를 형성하며, 고등학교 2학년에는 약간 회복된다. 아동과 청소년의 집단 간 민족정체의 차이는 피아제의 구체적 논리 단계와 형식적 논리 단계의 차이와 맞물려 해석될 수 있다. 학년과 성별 변수 간 상호작용을 보면, 초등학교 3학년 여학생의 민족정체 점수가 남학생의 것보다 약간 더 높았다. 하지만 초등학교 5학년과 중학교 1학년과 3학년에서는 여학생의 점수와 남학생의 점수가 유사한 수준으로 유지되었으나, 고등학교 2학년에서는 다시 여학생의 민족정체 의식이 남학생보다 높아진다.

한편 <표 4-23>에서 보듯이 네티즌의 민족정체는 연령과 성에 따른 차이

가 의미 있게 나타나지 않았다. 아동, 청소년이 자신을 한민족(韓民族)으로 규정하는지를 묻는 질문(소속감1)에 88.3%가 시인했고, 2.2%는 부인했으며, 9.5%는 모르겠다고 대답을 유보했다.

자신의 한민족 민족정체를 부인하는 응답자 중에 고등학생이 절반 이상을 차지했다. 이는 민족정체를 스스로 탐색하고 새롭게 생각해야 한다고 느끼는 현상을 나타낸 수치일 수 있다. 한민족으로 민족 정체에 대하여 모르겠다는 응답은 초등학교 아동들에게만 있으나 고등학교에서는 아니라는 응답자수가 많았다. 민족정체 유예는 어린 응답자들의 현실을 말한 것이고 민족정체 부정은 갈등하는 청소년후기 응답자들의 현실을 나타낸 것이라고 할 수 있다. 이와 같이 민족정체에 학년 차이가 있다는 점은 흥미로운 사실이다.

민족정체를 묻는 질문 내용에 운동경기에서 누구를 응원하는가를 묻는 것은 고전적인 방법이다. 여기에서는 북한과 미국의 축구시합을 했을 때 북한을 응원할 것이라는 진술(소속감2)로 민족정체를 질문했다. 북한은 공산주의 사회지만 우리와 한 민족인 국가이며, 미국은 우리와 같은 자본주의 사회지만 아무런 혈연관계가 없는 사회이기 때문이다. 북한을 응원할 것이라는 응답자는 55.1%이고 부정하는 응답자는 35.2%, 모르겠다는 응답이 9.8%이다. 중학교 3학년들이 혈연에 의한 민족정체에 대한 응답을 가장 많이 했고, 중학교 1학년과 고등학교 2학년은 다소 적게 응답했다. 한편, 여학생의 경우 남학생에 비해 모르겠다는 응답 비율이 다소 높았다.

한국어가 모국어라는 진술(모국어애착1)에 대해서 고등학생 응답자 전원이 그렇다고 하였으며, 중학교 응답자의 90% 이상이 이에 시인하였다. 부정적인 응답을 한 응답자는 모두 3.4%로 초등학생, 중학생의 비율이 비슷했다. 이 학생들은 한국어가 아닌 다른 언어를 모국어로 인식하고 있는 것으로 보였다.

세계화가 진행되는 시대에 영어를 모국어로 정해도 된다고 생각하는지 묻는 문항(모국어애착2)에는 응답자의 12.0%가 시인하고 73.8%는 부인하고 14.1%는 모르겠다고 응답했다. 학년이 높을수록 모국어를 영어로 변경하는 문제에 대해 부정적으로 생각했다.

민족정체의 한 요소인 역사인식과 관련하여, 먼저 민족의 조상이 한 사람이고 그의 이름이 단군이라는 진술(역사인식1)에 대해서 70.6%가 시인했고 15.1%가 부인했으며, 모른다는 응답도 14.3%에 달했다. 역사를 후손에게 반드시 교육해야 한다는 진술에 76.9%가 그렇다고 시인하고 10.4%는 부인하고 12.7%는 모르겠다고 응답했다. 학년이 높을수록 역사를 후손에게 교육해야 한다는 응답이 증가했다. 한편, 영토의식과 관련하여 오래 전에 잃어버린 영토와 그에 속한 역사를 보존하려는 의식이 있는지에 대한 문항에서는 학년이 높을수록 실지(失地)의 역사도 보존하려고 애써야 한다고 생각하는 경향이 증가했다. 남학생들이 역사 보존에 더 관심을 가지고 있으며 여학생은 남학생에 비해 응답을 더 유보했다.

혈연의식에 있어 외국인과 결혼하는 것을 금지해야 한다는 문항(혈연의식1)에 대해서 28.6%가 그렇다고 시인하고 56.5%는 부인하고 14.9%는 모르겠다고 응답했다. 모르겠다는 응답은 모두 초등학교 응답자의 것이다. 외국인과 결혼을 금지해야 한다는 경직된 혈연의식은 학년이 높을수록 감소하는 경향이 있다. 고등학생들이 국제결혼이라는 이슈에 대해 개방적으로 사고하는 것은 국제결혼이 흔한 현실에 바탕을 둔 현실적 판단일 것이다. 또한 단일민족이므로 모두에게 같은 조상의 피가 흐른다는 진술(혈연의식2)에 58.7%가 그렇다고 시인하고 25.0%는 부인하고 16.2%는 모르겠다고 응답했다. 학년이 높을수록 단일민족의 혈연의식이 대체로 증가하지만 고등학교에 진학하면 그러한 의식이 약화된다.

민족을 앞세우는 것은 시대에 뒤떨어지는 생각이라는 진술(지속기대)에 대하여 22.0%가 시인했으며, 12.7%는 응답을 유보했으나, 65.3%가 이를 부인하여 민족의 중요성을 인정했다. 초등학교부터 학년이 높을수록 민족을 더 중요하게 여기나 고등학교 2학년에는 감소하는 경향이 나타났다. 그리고 여학생들이 남학생들보다 민족의 중요성을 더 인식했다.

민족정체에 대한 모든 문항에서 모르겠다고 답한 응답자는 모두 초등학생이었으며, 이에 반해 중학교, 고등학교 응답자는 한 명도 없었다. 이를 통해 한민족 정체를 모르겠다고 응답했다는 사실은 아직 민족정체성을 형성하지 못한 결과로 해석할 수 있다. 민족정체가 초등학생에게는 익숙하지 않은 개념이고 한 번도 그에 대해 고민하거나 생각해 보지 못한 인지적 결정 개념일 수 있다.

네티즌의 민족정체에 대한 조사 결과(<표 4-24>)에서 자신을 한민족(韓民族)으로 규정하는지를 묻는 질문에 97.5%가 그렇다고 시인했으며, 확실하지 않은 응답을 한 비율은 2.5%이다. 흥미롭게도 민족정체를 묻는 문항에 대한 응답에는 연령차나 성차가 통계적으로 유의하지 않았다. 북한과 미국이 축구시합을 할 때 북한을 응원할 것이라는 진술(소속감2)에서 북한을 응원할 것이라고 응답한 비율은 전체의 76.3%, 부인한 응답자는 23.7%이다. 10대 75.6%, 20대 72.6%, 30대 82.6%, 40대 72.5%, 50세 이상 70.5%가 '북한을 응원하겠다'고 응답했고, 10대 24.4%, 20대 27.4%, 30대 17.4%, 40대 37.5%, 50세 이상 29.5%는 '그렇지 않겠다'고 부인했다. 특히 30대의 부인 비율이 가장 낮고 40대의 부인 비율이 가장 높아서 30대와 40대의 인식 차이가 큼을 알 수 있다. 30대는 이념보다는 민족을 선택하겠다는 생각을 하는 사람이 80%가 넘는다는 사실이 흥미롭다.

역사를 후손에게 반드시 교육해야 한다는 진술(역사인식2)에 96.8%가 그렇다고 시인하고, 3.2%는 아니라고 부인했다. 10대 87.8%, 20대 96.2%, 30대 98.0%, 40대 97.4%, 50세 이상 96.2%는 역사를 후손에게 가르쳐야 한다고 응답하여, 후손에게 역사를 교육해야 한다는 당위성을 10대가 가장 낮은 비율로 지지하고 있다. 남자의 97.7%, 여자의 95.4%가 역사교육의 중요성을 지지했고 남자의 2.3%, 여자의 4.6%가 지지하지 않아, 여자의 경우 역사를 후손에게 반드시 교육해야 한다고 지지하는 정도가 약간 낮았다.

혈연의식에서 외국인과 결혼하는 것을 금지해야 한다는 문항(혈연의식1)에 대해 30.8%가 지지하고 있으며, 69.2%가 부인했다. 10대 26.8%, 20대 23.6%, 30대 33.3%, 40대 33.2%, 50세 이상 47.4%가 국제결혼에 대해 부정적인 응답을 하여, 연령이 높을수록 국제결혼에 대한 부정적 인식자의 비율이 높아진다. 남자의 64.3%, 여자의 76.8%가 부정적으로 응답하여 남자의 경우 외국인과 결혼하는 것에 대해 보다 허용적인 태도를 보였다. 혈연의식에 대한 또 다른 질문으로 단일민족이므로 모두에게 같은 조상의 피가 흐른다(혈연의식2)는 진술에 네티

〈표 4-23〉 초, 중, 고등학생의 민족정체 단위: 명(%)

구분	조사대상		그렇다	아니다	모르겠다	X^2
소속감1		전체	550(88.3)	14(2.2)	59(9.5)	
	학년	초등 3	67(60.4)	1(0.9)	43(38.7)	166.737***
		초등 5	91(85.0)	0(0)	16(15.0)	
		중등 1	135(98.5)	2(1.5)	0(0)	
		중등 3	125(97.7)	3(2.3)	0(0)	
		고등 2	132(94.3)	8(5.7)	0(0)	
	성별	남	268(88.7)	8(2.6)	26(8.6)	0.894
		여	282(87.9)	6(1.9)	33(10.3)	
소속감2		전체	343(55.1)	219(35.2)	61(9.8)	
	학년	초등 3	45(40.5)	32(28.8)	34(30.6)	138.136***
		초등 5	43(40.2)	37(34.6)	27(25.2)	
		중등 1	76(55.5)	61(44.5)	0(0)	
		중등 3	92(71.9)	36(28.1)	0(0)	
		고등 2	87(62.1)	53(37.9)	0(0)	
	성별	남	169(56.0)	115(38.1)	18(6.0)	10.301**
		여	174(54.2)	104(32.4)	43(13.4)	
모국어 애착1		전체	573(92.0)	21(3.4)	29(4.7)	
	학년	초등 3	84(75.7)	4(3.6)	23(20.7)	93.473***
		초등 5	95(88.8)	6(5.6)	6(5.6)	
		중등 1	133(97.1)	4(2.9)	0(0)	
		중등 3	121(94.5)	7(5.5)	0(0)	
		고등 2	140(100)	0(0)	0(0)	
	성별	남	284(94.0)	10(3.3)	8(2.6)	5.344
		여	289(90.0)	11(3.4)	21(6.5)	
모국어 애착2		전체	75(12.0)	460(73.8)	88(14.1)	
	학년	초등 3	8(7.2)	49(44.1)	54(48.6)	210.833***
		초등 5	9(8.4)	64(59.8)	34(31.8)	
		중등 1	25(18.2)	112(81.8)	0(0)	
		중등 3	21(16.4)	107(83.6)	0(0)	
		고등 2	12(8.6)	128(91.4)	0(0)	
	성별	남	41(13.6)	220(72.8)	41(13.6)	1.354
		여	34(10.6)	240(74.8)	47(14.6)	
역사 인식1		전체	440(70.6)	94(15.1)	89(14.3)	
	학년	초등 3	59(53.2)	6(5.4)	46(41.4)	210.695***
		초등 5	53(49.5)	11(10.3)	43(40.2)	
		중등 1	98(71.5)	39(28.5)	0(0)	
		중등 3	110(85.9)	18(14.1)	0(0)	
		고등 2	120(85.7)	20(14.3)	0(0)	
	성별	남	227(75.2)	39(12.9)	36(11.9)	5.842
		여	213(66.4)	55(17.1)	53(16.5)	

〈표 4-23〉 계속

구분	조사대상		그렇다	아니다	모르겠다	χ²
역사 인식2	전체		479(76.9)	65(10.4)	79(12.7)	
	학년	초등 3	54(48.6)	8(7.2)	49(44.1)	189.906***
		초등 5	69(64.5)	8(7.5)	30(28.0)	
		중등 1	112(81.8)	25(18.2)	0(0)	
		중등 3	118(92.2)	10(7.8)	0(0)	
		고등 2	126(90.0)	14(10.0)	0(0)	
	성별	남	243(80.5)	31(10.3)	28(9.3)	6.363*
		여	236(73.5)	34(106)	51(15.9)	
역사 인식3	전체		46(7.4)	488(78.3)	89(14.3)	
	학년	초등 3	7(6.3)	40(36.0)	64(57.7)	255.495***
		초등 5	3(2.8)	79(73.8)	25(23.4)	
		중등 1	16(11.7)	121(88.3)	0(0)	
		중등 3	14(10.9)	114(89.1)	0(0)	
		고등 2	6(4.3)	134(95.7)	0(0)	
	성별	남	24(7.9)	246(81.5)	32(10.6)	6.569*
		여	22(6.9)	242(75.4)	57(17.8)	
혈연 의식1	전체		178(28.6)	352(56.5)	93(14.9)	
	학년	초등 3	34(30.6)	30(27.0)	47(42.3)	235.977***
		초등 5	25(23.4)	36(33.6)	46(43.0)	
		중등 1	56(40.9)	81(59.1)	0(0)	
		중등 3	39(30.5)	89(69.5)	0(0)	
		고등 2	24(17.1)	116(82.9)	0(0)	
	성별	남	97(32.1)	165(54.6)	40(13.2)	4.055
		여	81(25.2)	187(58.3)	53(16.5)	
혈연 의식2	전체		366(58.7)	156(25.0)	101(16.2)	
	학년	초등 3	45(40.5)	9(8.1)	57(51.4)	257.370***
		초등 5	49(45.8)	14(13.1)	44(41.1)	
		중등 1	105(76.6)	32(23.4)	0(0)	
		중등 3	92(71.9)	36(28.1)	0(0)	
		고등 2	750(53.6)	65(46.4)	0(0)	
	성별	남	183(60.6)	77(25.5)	42(13.9)	2.310
		여	183(57.0)	79(24.6)	59(18.4)	
지속 기대	전체		137(22.0)	407(65.3)	79(12.7)	
	학년	초등 3	18(16.2)	49(44.1)	44(39.6)	178.849***
		초등 5	10(9.3)	62(57.9)	35(32.7)	
		중등 1	30(21.9)	107(78.1)	0(0)	
		중등 3	35(27.3)	93(72.7)	0(0)	
		고등 2	44(31.4)	96(68.6)	0(0)	
	성별	남	78(25.8)	192(63.6)	32(10.6)	6.209*
		여	59(18.4)	215(67.0)	32(10.6)	

* p<.05, ** p<.01, *** p<.001

〈표 4-24〉 네티즌의 민족정체 단위: 명(%)

구분	조사대상		그렇다	아니다	X^2
소속감2		전체	831(76.3)	258(23.7)	
	연령	10대	31(75.6)	10(24.4)	14.669**
		20대	268(72.6)	101(27.4)	
		30대	337(82.6)	71(17.4)	
		40대	140(72.5)	23(39.5)	
		50세 이상	55(70.5)	23(29.5)	
	성별	남	515(78.3)	143(21.7)	3.529
		여	316(73.3)	115(26.7)	
역사 인식2		전체	1054(96.8)	35(3.2)	
	연령	10대	36(87.8)	5(12.2)	13.432**
		20대	355(96.2)	14(3.8)	
		30대	400(98.0)	8(2.0)	
		40대	188(97.4)	5(2.6)	
		50세 이상	75(96.2)	3(3.8)	
	성별	남	643(97.7)	15(2.3)	4.666*
		여	411(95.4)	20(4.6)	
혈연 의식1		전체	335(30.8)	754(69.2)	
	연령	10대	11(26.8)	30(73.2)	21.210***
		20대	87(23.6)	282(76.4)	
		30대	136(33.3)	272(66.7)	
		40대	64(33.2)	129(66.8)	
		50세 이상	37(47.4)	41(52.6)	
	성별	남	235(35.7)	423(64.3)	19.142***
		여	100(23.2)	331(76.8)	
혈연 의식2		전체	669(61.4)	420(38.6)	
	연령	10대	29(70.7)	12(29.3)	12.559*
		20대	239(64.8)	130(35.2)	
		30대	230(56.4)	178(43.6)	
		40대	114(59.1)	79(40.9)	
		50세 이상	57(73.1)	21(26.9)	
	성별	남	390(59.3)	268(40.7)	3.280
		여	279(64.7)	152(35.3)	

* $p<.05$, ** $p<.01$, *** $p<.001$

즌 응답자 61.4%가 시인하고, 38.6%가 부인했다. 10대 70.7%, 20대 64.8%, 30대 56.4%, 40대 59.1%, 50세 이상 73.1%는 단일민족으로서 혈연의식을 가지고 있다. 10대와 50세 이상의 연령에서 민족의 혈연의식에 대한 지지자의 비율이 높은 편이다.

한편 모국어 애착과 역사인식 중 조상의식과 국토의식, 지속기대에 대한 문항에서는 연령과 성별에 따른 응답의 차이는 나타나지 않았다.

4. 국가정체

개인은 국가에 소속감과 국토라는 제한된 공간성을 느끼며, 혼맥과 같은 인적관련성을 느낀다. 그 외에 군복무와 세금 납부 등 의무감과 봉사감도 느낀다. 자신이 소속된 국가에 대해 자부심을 가지거나 수치심을 가질 수 있다. 이 연구에서는 국가정체성을 국가소속감, 영토개념, 인적관련성, 의무감, 봉사감과 자부심으로 구성했다. 네티즌은 국가정체에 대한 응답이 중앙값에 미치지 않는다. 네티즌은 국가소속감, 국가의 영토성, 인적관련성, 국가에 대한 의무감과 자부심이 모두 약하다. 세계화의 추세에 비추어 국가의식이 편협한 생각이라고 여기는 듯, 일반적으로 예상되었던 한국인의 투철한 국가의식은 보이지 않았다.

초, 중, 고등학생의 국가정체를 연령과 성별에 따라서 변량분석한 바에 의하면 학년변수의 주효과(F=52.12, df=4, p<.001)가 유의했다. 그러나 성별 변수의 주효과나 학년과 성별의 상호작용 효과가 유의하지 않았다. 국가정체는 민족정체가 학년과 상관없이 동일한 바와 달리 학년에 따라 차이가 있었다. 학년이 높을수록, 국가정체 의식이 높았다. 초등학생보다는 중학생이, 중학생보다는 고등학생이 민족정체 의식이 높았다. 학년이 높아지면서 점차 보이지 않는 인간의 관계가 역사라는 맥락 속에서 국가에 대한 개념적 의미로 발달되는 것이다.

네티즌의 국가정체를 연령과 성별에 따라서 이원변량분석한 바에 의하면 성별 변수의 주효과(F=6.81, df=1, p<.01)가 유의했다. 여자 네티즌의 국가정체 의

식이 남자 네티즌보다 높다. 그러나 연령 변수의 주효과나 연령과 성별의 상호작용 효과는 유의하지 않았다.

한국과 북한이 축구경기를 할 때 북한보다는 한국을 응원한다(<표 4-29>, 소속감1)는 것은 민족보다는 국가를 중시여기는 의식을 의미한다고 볼 수 있다. 한국을 응원한다는 학생 비율은 87.2%이며, 북한을 응원한다는 학생 비율은 8.5%이다. 북한을 응원한다는 학생은 주로 중, 고등학교 청소년이었으며, 모르겠다는 응답은 초등학생이었다. 나는 누가 뭐래도 한국 사람(소속감2)이라는 진술에 대해서 97.1%가 시인하고 1.8%가 부인했으며, 초등학교 5학년, 고등학교 2학년들이 확실히 그렇다고 명확한 동의를 했다. 자녀에게 외국이름을 붙이겠다(소속감3)는 진술에 대해서 초등학생의 83% 내외, 그리고 중, 고등학생의 95% 내외가 부인했다. 학년이 올라갈수록 한국인으로서 성명을 붙이는 것에 대해 명확한 인식을 가지고 있다.

한국 영토에 대한 개념과 애착에 관련하여 나는 내가 태어난 한국 땅에 살 것이라는 문항(영토개념1)에 대해 전체의 79.1%가 시인했고 16.9%가 부정했다. 초등학생과 중학생이 고등학교 2학년보다 영토개념과 영토 애착을 더 가지고 있다. 학년이 높은 집단에서는 성장 후 한국을 벗어나 외국에서 살아갈 가능성을 생각하는 사람의 수가 더 많다. 또한, 주택을 본국에 마련할 것인지 아니면 외국에 마련할 것인지를 묻는 질문(영토개념2)에 83.8%가 본국에 마련하고 10.4%가 외국에 마련한다고 응답했다. 한국 아동과 청소년은 삶의 근거지를 대부분 한국에 마련하기를 원하지만 1/10은 외국에 마련하기를 원한다.

인적관련성에 관련하여 한국인과 결혼할 것인가(인적관련성1)를 묻는 문항에서 응답자의 77.0%가 시인하고 17.0%가 부인했다. 학년이 증가할수록 점차 결혼대상자의 국적 개방성이 증가하고 있으며, 고등학교 2학년들의 38%가 개방된 결혼관을 가지고 있다. 성별에 따라서는 남학생의 개방성이 여학생의 개방성보다 높은 편이다. 또한 혈연과 모계 국적의 관계를 묻기 위해서 한국 남자가 외국 여자와 결혼해 아이를 낳으면 그 아이들은 어머니 나라의 국민이라고 생각하는가(인적관련성2)를 질문했을 때 22.8%가 시인했고 58.6%가 부정했다.

〈표 4-25〉 초, 중, 고등학생의 국가정체 응답 빈도

구분	문항	N	평균	표준편차	최솟값	최댓값
소속감	한국과 북한이 축구경기를 하면 나는 한국을 응원한다.	639	1.17	.48	1	3
	나는 누가 뭐라고 해도 한국 사람이다.	636	1.04	.25	1	3
	내 아이를 낳으면 예쁘고 멋있는 외국 이름을 붙일 것이다.	638	2.01	.31	1	3
영토 개념	나는 앞으로 내가 태어난 한국 땅에서 살 것이다.	637	1.25	.52	1	3
	내가 돈을 벌면 한국보다 외국에 먼저 집을 살 것이다.	638	1.96	.40	1	3
인적 관련성	나는 꼭 한국인과 결혼할 것이다.	637	1.29	.57	1	3
	한국 남자가 외국 여자와 결혼해 아이를 낳으면 그 아이들은 어머니 나라의 국민이라고 생각한다.	636	1.97	.65	1	3
의무감	남자는 국가를 지키기 위해 군대에 가야 한다.	636	1.28	.60	1	3
	모든 사람들은 국가를 위해 세금을 내야 한다.	638	1.54	.76	1	3
봉사감	유학 후에 다른 나라에서 월급을 더 많이 주면 한국으로 돌아오지 않는 것이 당연하다.	637	1.86	.54	1	3
자부심	내가 한국 사람이라는 것이 부끄럽다.	636	1.98	.26	1	3

초등학교 때에는 모른다는 의견이 우세하지만 중, 고등학교 때에는 모계국적을 부인하는 응답자들이 70% 이상이다.

국민의 의무감에 대해 어떻게 인식하는가(의무감1)를 묻는 문항으로 우선 군대복무에 대한 의무감에 대해 79.8%가 시인하고 12.7%가 부정했다. 초등학생은 군대복무에 대해서 명확한 인식을 한 경우가 상대적으로 많지 않다. 그런데 청소년인 중학교 1학년, 3학년과 고등학교 2학년을 비교해보면, 후자가 전자보다 군복무에 대한 의무감이 덜함을 알 수 있다. 고등학교는 군복무시기에 더 가깝기 때문에 고등학생들이 군복무 의무에 대해 압박감을 느껴 중학생들보다 상대적으로 덜 인정하는지 모른다. 두 번째로 세금 납부에 대한 의무감(의무감2)에 대해서 63.1%가 시인하고 20.7%가 부인했으며 16.2%가 모르겠다고 응답

〈표 4-26〉 네티즌의 국가정체 응답 빈도

구분	문항	N	평균	표준편차	최솟값	최댓값
소속감	한국과 북한이 축구경기를 하면 나는 한국을 응원한다.	1,089	1.06	.24	1	2
	나는 누가 뭐라고 해도 한국 사람이다.	1,089	1.06	.23	1	2
	내 아이를 낳으면 예쁘고 멋있는 외국 이름을 붙일 것이다.	1,089	1.87	.33	1	2
영토 개념	나는 앞으로 내가 태어난 한국 땅에서 살 것이다.	1,089	1.20	.40	1	2
	내가 돈을 벌면 한국보다 외국에 먼저 집을 살 것이다.	1,089	1.81	.39	1	2
인적 관련성	나는 꼭 한국인과 결혼할 것이다.	1,089	1.27	.45	1	2
	한국 남자가 외국 여자와 결혼해 아이를 낳으면 그 아이들은 어머니 나라의 국민이라고 생각한다.	1,089	1.70	.46	1	2
의무감	남자는 국가를 지키기 위해 군대에 가야 한다.	1,089	1.20	.40	1	2
	모든 사람들은 국가를 위해 세금을 내야 한다.	1,089	1.13	.34	1	2
봉사감	유학 후에 다른 나라에서 월급을 더 많이 주면 한국으로 돌아오지 않는 것이 당연하다.	1,089	1.55	.50	1	2
자부심	내가 한국 사람이라는 것이 부끄럽다.	1,089	1.84	.37	1	2

〈표 4-27〉 학년과 성별에 따른 국가정체 변량분석

범주	변동원	자승합	자유도	평균자승	F
국가정체	학년	1835.190	4	458.797	52.12***
	성별	24.745	1	24.745	2.81
	학년×성별	40.967	4	10.242	1.16
	오차	5395.816	613	8.802	

*** $p<.001$

〈표 4-28〉 네티즌의 연령과 성별에 따른 국가정체 변량분석

범주	변동원	자승합	자유도	평균자승	F
국가정체	연령	38.942	4	9.735	2.33
	성별	28.486	1	28.486	6.81**
	연령×성별	18.694	4	4.673	1.12
	오차	4514.220	1079	4.184	

** p<.01

했다. 학년이 높을수록 세금납부의 의무 인식이 높다.

주거 마련과 더불어 외국에서 좋은 조건의 직업이 제공될 경우에 외국에 취업할 것인가(봉사감)에 대한 응답 결과, 전체 응답자의 22.8%는 이 문항에 긍정했고, 68.7%는 부정했으며, 8.5%는 결정을 유보했다. 중학교 때까지는 응답자 대부분이 취업조건이 좋더라도 한국에서 취업해야 한다고 생각하지만 고등학교 2학년에는 현실적인 취업론에 관심을 기울이는 듯하다.

한편 한국인으로서 가지고 있는 자부심의 다른 면인 수치감을 조사한 바에 의하면 3.9%는 시인하고, 93.7%는 부인하며, 2.4%는 응답을 유보했다. 초등학교 학생의 3% 미만, 중학생의 5% 내외, 그리고 고등학생의 4% 정도가 수치심을 느낀다고 응답했다. 그러나 국가에 대해 최소한 보통 이상 자부심을 느끼는 응답자는 초등학교 저학년의 85%이고, 초등학교 고학년 이후 중, 고등학생들은 95% 내외에 달한다. 국가에 대해서 자부심을 느끼는 아동, 청소년이 거의 대부분이며, 건강한 국가의식을 가진 아동, 청소년이 다수라고 볼 수 있겠다.

전통관습 중 일상적으로 먹는 음식에 대한 질문에서 밥을 주식으로 한다(전통관습)는 응답은 88.6%, 양식을 주식으로 한다는 응답은 8.5%이고 '모르겠다'는 응답은 2.9%이다. 학년이 높을수록 밥을 주식으로 한다는 응답의 비율이 높다. 한편 빵, 피자 등의 음식을 주식으로 생각하는 경우는 중학교 2학년이 가장 많은 편이며 13.1%에 해당한다.

이상과 같은 초, 중, 고등학생의 국가정체에 대한 모든 문항에 있어서 모르겠다고 응답한 경우는 모두 초등학생으로, 민족정체에 대한 결과와 동일하게

나타났다. 이를 통해 아동이 청소년보다는 국가정체에 대한 개념이 부족하고 국가정체성이 아직 덜 형성되어 있으므로 앞으로 형성되어 가는 과정임을 알 수 있다.

네티즌의 국가정체에서 한국 영토에 대한 개념과 애착(<표 4-30>, 영토개념1)에 대해서 살펴보면 79.5%가 앞으로 한국 땅에서 살 것이라고 응답했고, 20.5%는 부정적으로 응답했다. 남자 83%, 여자 74.2%가 한국 땅에 대한 긍정적인 애착을 표현했고, 남자 17.0%, 여자 25.8%는 부정적으로 응답했다.

인적관련성과 관련하여 결혼의 대상으로 국적을 제한할 것인지, 즉 한국인과 결혼할 것인가를 묻는 문항(인적관련성1)에서 네티즌의 72.6%가 시인하고, 27.4%가 부인했다. 10대 70.7%, 20대 68.3%, 30대 71.8%, 40대 77.7%, 50세 이상 85.9%가 결혼 대상자의 국적을 제한할 것이라고 응답했다. 남자 75.1%, 여자 68.9%가 한국인과 결혼할 것이라고 응답했고, 남자 24.9%, 여자 31.1%가 그렇지 않다고 응답했다. 즉 남성과 높은 연령층에서 한국인과 결혼할 것이라는 응답이 많았다.

한국 남자가 외국 여자와 결혼해 아이를 출산하면 그 아이들은 어머니 나라의 국민이라고 생각하는지(인적관련성2)에 대해 29.8%가 그렇다고 응답했고, 70.2%는 그렇지 않다고 응답했다. 40대에서는 혈연과 모계 국적의 관계를 부인한 비율이 약 80%로 특히 높았다. 남자 74.3%, 여자 63.8%가 이를 부정하여, 남성 응답자가 혈연과 모계 국적의 관계를 여성 응답자보다 더 부인했다.

군 입대에 대한 의무감에 대해 어떻게 인식하는지(의무감1)를 묻는 항목에 대해 79.7%가 시인하고, 20.3%가 부인했다. 10대 61.0%, 20대 77.8%, 30대 80.1%, 40대 84.5%, 50세 이상 84.6%가 군대 의무를 시인하여서, 연령이 높아질수록 남자의 군대 의무를 당연하게 여긴다는 것을 알 수 있다. 남자의 82.1%, 여자의 76.1%가 지지하는 응답을 하여, 남자의 지지 비율이 더 높았다. 또 다른 국민의 의무감으로 세금납부에 관련한 문항(의무감2)에서 응답자 중 86.5%가 세금납부를 국가의 의무로 생각하고 있으며, 13.5%가 아니라고 응답하였다. 남자 88.3%, 여자 83.8%가 세금납부를 당연하게 생각하며, 남자 11.7%

〈표 4-29〉 초, 중, 고등학생의 국가정체 단위: 명(%)

구분	조사대상		그렇다	아니다	모르겠다	X^2
소속감1	전체		546(87.2)	53(8.5)	27(4.3)	
	학년	초등 3	93(86.1)	2(1.9)	13(12.0)	75.315***
		초등 5	90(85.7)	1(1.0)	14(13.3)	
		중등 1	123(89.8)	14(10.2)	0(0)	
		중등 3	109(83.8)	21(16.2)	0(0)	
		고등 2	128(89.5)	15(10.5)	0(0)	
	성별	남	260(85.5)	32(10.5)	12(3.9)	3.231
		여	283(88.7)	21(6.6)	15(4.7)	
소속감2	전체		605(97.1)	11(1.8)	7(1.1)	
	학년	초등 3	100(92.6)	2(1.9)	6(5.6)	27.195***
		초등 5	104(99.0)	0(0)	1(1.0)	
		중등 1	134(92.8)	3(2.2)	0(0)	
		중등 3	126(96.9)	4(3.1)	0(0)	
		고등 2	141(98.6)	2(1.4)	0(0)	
	성별	남	295(97.0)	6(2.0)	3(1.0)	0.245
		여	310(97.2)	5(1.6)	4(1.3)	
소속감3	전체		27(4.3)	567(91.0)	29(4.7)	
	학년	초등 3	3(2.8)	89(82.4)	16(14.8)	60.734***
		초등 5	4(3.8)	88(83.8)	13(12.4)	
		중등 1	8(5.8)	129(94.2)	0(0)	
		중등 3	7(5.4)	123(94.6)	0(0)	
		고등 2	5(3.5)	138(96.5)	0(0)	
	성별	남	15(4.9)	276(90.8)	13(4.3)	0.680
		여	12(3.8)	291(91.2)	16(5.0)	
영토 개념1	전체		493(79.1)	105(16.9)	25(4.0)	
	학년	초등 3	88(81.5)	5(4.6)	15(13.9)	108.640***
		초등 5	92(87.6)	3(2.9)	10(9.5)	
		중등 1	116(84.7)	21(15.3)	0(0)	
		중등 3	105(80.8)	25(19.2)	0(0)	
		고등 2	92(64.3)	51(35.7)	0(0)	
	성별	남	246(80.9)	46(15.1)	12(3.9)	1.291
		여	247(77.4)	59(18.5)	13(4.1)	

〈표 4-29〉 계속

구분	조사대상		그렇다	아니다	모르겠다	X^2
영토 개념2		전체	65(10.4)	522(83.8)	36(5.8)	
	학년	초등 3	11(10.2)	73(67.6)	24(22.2)	93.491***
		초등 5	2(1.9)	91(86.7)	12(11.4)	
		중등 1	18(13.1)	119(86.9)	0(0)	
		중등 3	16(12.3)	114(87.7)	0(0)	
		고등 2	18(12.6)	125(87.4)	0(0)	
	성별	남	31(10.2)	261(85.9)	12(3.9)	3.779
		여	34(10.7)	261(81.8)	24(7.5)	
인적 관련성1		전체	480(77.0)	106(17.0)	37(5.9)	
	학년	초등 3	88(81.5)	2(1.9)	18(16.7)	145.142***
		초등 5	84(80.0)	2(1.9)	19(18.1)	
		중등 1	118(86.1)	19(13.9)	0(0)	
		중등 3	101(77.7)	29(22.3)	0(0)	
		고등 2	89(62.2)	54(37.8)	0(0)	
	성별	남	253(83.2)	36(11.8)	15(4.9)	13.285**
		여	227(71.2)	70(21.9)	22(6.9)	
인적 관련성2		전체	142(22.8)	365(58.6)	116(18.6)	
	학년	초등 3	14(13.0)	29(26.9)	65(60.2)	284.204***
		초등 5	21(20.0)	33(31.4)	51(48.6)	
		중등 1	40(29.2)	97(70.8)	0(0)	
		중등 3	29(22.3)	101(77.7)	0(0)	
		고등 2	38(26.6)	105(73.4)	0(0)	
	성별	남	70(23.0)	185(60.9)	49(16.1)	2.530
		여	72(22.6)	180(56.4)	67(21.0)	
의무감1 (군복무)		전체	497(79.8)	79(12.7)	47(7.5)	
	학년	초등 3	73(67.6)	6(5.6)	29(26.9)	109.102***
		초등 5	76(72.4)	11(10.5)	18(17.1)	
		중등 1	117(85.4)	20(14.6)	0(0)	
		중등 3	113(86.9)	17(13.1)	0(0)	
		고등 2	118(82.5)	25(17.5)	0(0)	
	성별	남	244(80.3)	44(14.5)	16(5.3)	5.648
		여	253(79.3)	35(11.0)	31(9.7)	

〈표 4-29〉 계속

구분	조사대상		그렇다	아니다	모르겠다	X^2
의무감2(세금납부)	전체		393(63.1)	129(20.7)	101(16.2)	
	학년	초등 3	25(23.1)	27(25.0)	56(51.9)	256.158***
		초등 5	39(37.1)	21(20.0)	45(42.9)	
		중등 1	110(80.3)	27(19.7)	0(0)	
		중등 3	106(81.5)	24(18.5)	0(0)	
		고등 2	113(79.0)	30(21.0)	0(0)	
	성별	남	200(65.8)	65(21.4)	39(12.8)	5.012
		여	193(60.5)	64(20.1)	62(19.4)	
봉사감	전체		142(22.8)	428(68.7)	53(8.5)	
	학년	초등 3	6(5.6)	72(66.7)	30(27.8)	173.443***
		초등 5	5(4.8)	77(73.3)	23(21.9)	
		중등 1	30(21.9)	94(72.3)	0(0)	
		중등 3	36(27.7)	94(72.3)	0(0)	
		고등 2	65(45.5)	78(54.5)	0(0)	
	성별	남	70(23.0)	208(68.4)	26(8.6)	0.022
		여	72(22.6)	220(69.0)	27(8.5)	
자부심	전체		24(3.9)	584(93.7)	15(2.4)	
	학년	초등 3	3(2.8)	92(85.2)	13(12.0)	54.766***
		초등 5	2(1.9)	101(96.2)	2(1.9)	
		중등 1	7(5.1)	130(94.9)	0(0)	
		중등 3	6(4.6)	124(95.4)	0(0)	
		고등 2	6(4.2)	137(95.8)	0(0)	
	성별	남	14(4.6)	284(93.4)	6(2.0)	1.345
		여	10(3.1)	300(94.0)	9(2.8)	
전통관습	전체		53(8.5)	552(88.6)	18(2.9)	
	학년	초등 3	5(4.6)	88(81.5)	15(13.9)	64.495***
		초등 5	9(8.6)	93(88.6)	3(2.9)	
		중등 1	18(13.1)	119(86.9)	0(0)	
		중등 3	12(9.2)	118(90.8)	0(0)	
		고등 2	9(6.3)	134(93.7)	0(0)	
	성별	남	28(9.2)	272(89.5)	4(1.3)	5.483
		여	25(7.8)	280(87.8)	14(4.4)	

** $p<.01$, *** $p<.001$

〈표 4-30〉 네티즌의 국가정체 단위: 명(%)

구분		조사대상	그렇다	아니다	X^2
영토 개념1		전체	866(79.5)	223(20.5)	
	연령	10대	30(73.2)	11(26.8)	8.696
		20대	278(75.3)	91(24.7)	
		30대	334(81.9)	74(18.1)	
		40대	157(81.3)	36(18.7)	
		50세 이상	67(85.9)	11(14.1)	
	성별	남	546(83.0)	112(17.0)	12.196***
		여	320(74.2)	111(25.8)	
인적 관련성1		전체	791(72.6)	298(27.4)	
	연령	10대	29(70.7)	12(29.3)	13.127*
		20대	252(68.3)	117(31.7)	
		30대	293(71.8)	115(28.2)	
		40대	150(77.7)	43(22.3)	
		50세 이상	67(85.9)	11(14.1)	
	성별	남	494(75.1)	164(24.9)	4.982*
		여	297(68.9)	134(31.1)	
인적 관련성2		전체	325(29.8)	764(70.2)	
	연령	10대	14(34.1)	27(65.9)	11.223*
		20대	123(33.3)	246(66.7)	
		30대	125(30.6)	283(69.4)	
		40대	39(20.2)	154(79.2)	
		50세 이상	24(30.8)	54(69.2)	
	성별	남	169(25.7)	489(74.3)	13.742***
		여	156(36.2)	275(63.8)	
의무감1 (군복무)		전체	868(79.7)	221(20.3)	
	연령	10대	25(61.0)	16(39.0)	13.644**
		20대	287(77.8)	82(22.2)	
		30대	327(80.1)	81(19.9)	
		40대	163(84.5)	30(15.5)	
		50세 이상	66(84.6)	12(15.4)	
	성별	남	540(82.1)	118(17.9)	5.728*
		여	328(76.1)	103(23.9)	

〈표 4-30〉 계속

구분		조사대상	그렇다	아니다	χ^2
의무감2		전체	942(86.5)	147(13.5)	
	연령	10대	32(78.0)	9(22.0)	6.704
		20대	315(85.4)	54(14.6)	
		30대	352(86.3)	56(13.7)	
		40대	170(88.1)	23(11.9)	
		50세 이상	73(93.6)	5(6.4)	
	성별	남	581(88.3)	77(11.7)	4.595*
		여	361(83.8)	70(16.2)	
봉사감		전체	490(45.0)	599(55.0)	
	연령	10대	18(43.9)	23(56.1)	6.738
		20대	181(49.1)	188(50.9)	
		30대	185(45.3)	223(54.7)	
		40대	78(40.4)	115(59.5)	
		50세 이상	28(35.9)	50(64.1)	
	성별	남	272(41.3)	386(58.7)	8.989**
		여	218(50.6)	213(49.4)	

* p<.05, ** p<.01, *** p<.001

여자 16.2%가 그렇지 않다고 응답했다. 국가에 대한 세금납부에 있어서는 남자가 여자에 비해 투철한 의식을 지니고 있다.

국가정체 중 봉사심과 관련하여 외국에서 좋은 조건의 직업이 제공될 경우에 외국에 취업할 것인지 묻는 문항(봉사감)에 대해 45.0%가 긍정했고, 55.0%가 부정했다. 남자 41.3%, 여자 50.6%가 한국으로 돌아오지 않는 결정을 당연하게 인식하는 반면 남자 58.7%, 여자 49.4%가 그렇지 않다고 부인했다. 여자 응답자들이 실익을 고려해 판단하는 경향이 더 크다. 그 외에 운동경기에서 느끼는 소속감, 한국 사람으로서의 소속감, 주택을 본국에 마련할 것인지에 대한 영토의식, 한국 국민으로서 느끼는 수치감, 한국 사람으로서 일상적으로 먹는 주식을 묻는 문항에서는 연령차와 성차가 유의하지 않았다.

초, 중, 고등학생의 국가정체에서 주로 연령차가 의미 있게 나타났던 것과는 달리, 네티즌의 국가정체에서는 연령차는 큰 의미가 없었으며 일부 문항에서 성차가 유의하게 나타났다. 즉 남성이 여성보다 상대적으로 투철한 국가정체를 형성하고 있다.

5. 소결

자아정체는 자신과 그가 소속된 집단의 정체를 포함하므로 자아정체를 알아보기 위해서 성정체, 가족정체, 민족정체와 국가정체를 조사 및 분석할 필요가 있었다. 이 장에서는 조사대상자들이 가지고 있는 자기와 자기가 속한 집단 정체에 대한 의식을 조사해 자아정체, 가족정체, 민족정체, 국가정체를 분석했으며 각각의 결과는 아래와 같이 요약된다.

자아정체는 총체자아, 자아정체감, 자기수용, 성정체로 구성된다. 총체자아에서 초, 중, 고등학생의 49.8%, 네티즌의 56.7%가 자신을 선량한 사람으로 인정했다. 초, 중, 고등학생의 자아정체감은 학년에 따라 차이가 있으나, 성별에 따른 차이와 학년과 성별 간 상호작용 차이가 나타나지 않았다. 초등학교 5학년의 자아정체감 점수가 가장 높았고, 중학교 3학년의 자아정체감 점수가 유의미하게 가장 낮았다. 자아동일성의 경우 학년차와 성차가 있어 학년이 높을수록 자아의 동일성을 수용하는 비율이 감소했다. 남학생이 여학생보다 더 자아동일성을 인정했다. 자아항상성, 자아지속성, 자아고유성에는 학년차가 있으나, 성차는 없었다. 네티즌의 경우 집단 간 차이가 나타나지 않았다. 자아동일성에도 집단 간 차이가 없으나, 자아항상성, 자아지속성, 자아고유성에는 연령에 따른 차이가 있다. 연령이 높아짐에 따라 자아의 항상성 및 지속성이 증가하며, 반면 자신의 고유성을 인정하는 비율은 감소한다.

초, 중, 고등학생의 자기수용은 학년에 따라 차이가 있다. 초등학생의 자기수용이 가장 높고, 중학생이 가장 낮으며, 고등학생은 보통 수준이다. 네티즌의 자기수용 또한 연령에 따라 차이가 있다. 30대 이후의 자기수용이 비교적 높은 편이다. 특히 외모에 대한 수용에서 초등학교 아동의 외모 수용 비율이 높으며, 사춘기에 해당되는 중학교 3학년과 고등학교 2학년의 자기 외모 수용은 비교적 낮은 편이다. 네티즌 조사 결과에서도 사춘기에 해당하는 10대가 다른 연령대보다 자기 외모 수용을 거부한 비율이 가장 높다.

초, 중, 고등학생의 성정체는 학년에 따른 차이 및 성별과 학년의 상호작용 효과가 유의미하게 나타난다. 초등학교 5학년과 1학년에서는 여학생의 성정체가 더 높으나 다른 학년에서는 남학생의 성정체가 더 높다. 성항상성과 성수용성에서는 학년별, 성별 차이가 있다. 여학생이 성항상성에 있어 보다 진보적 의식을 가졌으며, 성수용성에 있어 자기 성에 대해서 만족하는 비율도 높았다. 네티즌의 성정체는 연령과 성에 따른 차이가 있다. 성정체는 연령이 높아지면 확실히 인식되고 여성이 남성보다 더 명료한 성정체를 가지고 있다. 성항상성에서 연령이 높을수록 보수적 사고를 하는 경향이 있으며, 여자가 남자보다 진보적 응답을 많이 했다. 성수용성에서는 초, 중, 고등학생 결과와 대조적으로 남자가 여자보다 자신의 성을 수용하는 비율이 더 높다. 성지속성은 네티즌 조사에서 연령, 성에 따른 차이가 없다.

가족정체는 인정감, 애착감, 친밀감, 성취기대와 지원신뢰로 구성된다. 초, 중, 고등학생의 경우 전반적으로 높은 가족정체를 보이며, 학년차가 있다. 초등학교 아동들은 대단히 높은 수준의 가족정체를 형성하고 있으며 중, 고등학교 청소년은 그보다는 다소 낮지만 여전히 높은 가족정체를 형성하고 있다. 청소년 시기에 접어들면 가족 외의 관계를 형성하고 부모의 품을 떠나 독립된 자아정체를 형성해관 아과정에서 상대적으로 가족정체가 다소 약화되는 경향이 있다. 소속감을 제외한 모든 문항에서 연령에 따른 차이가 뚜렷했다. 네티즌의 경우 역시 전반적으로 높은 가족정체를 보이며 연령에 따른 차이와 연령과 성별의 상호작용 효과가 유의하다. 10대에는 여자가 남자보다 가족정체의식이 더 크지만 30대가 되면 남자가 여자보다 가족정체의식이 더 크다. 특히 소속감, 성취기대, 역할인지에 연령에 따른 차이가 있었다. 연령이 높을수록 가족에 대한 소속감이 보다 확고하며, 가족의 일원으로서 성취기대를 무게감 있 티즌각하며, 자신이 가족을 위해 해야 할 역할을 인식하고, 책임감을 가지고 행동한 있다. 적으로 가족이 행복하게 살고 있다고 느끼는지 조사한 결과, 초등학교 시기에는 대부분의 아동이 자신의 가족이 행복하다고 응답했지만 감이 보다 확고하그 응답률이 낮아져 중학교 이후 청소년의 10%는 가족이 불행하다고 응답했다. 네티즌@뚜렷3.0%가 행복을 시인하였고, 11.1%는 부정했다. 우리 사회 사람들의 1/10은 가족 간에 행복을 느끼지 못하고 살아가는 듯하다.

민족정체는 소속감, 모국어애착, 역사인식, 혈연의식, 생활양식과 지속기대감 등으로 구성된다. 초, 중, 고등학생의 민족정체는 학년차, 성차 및 학년과 성별의 상호작용 효과가 유의하다. 중학교 1학년 이하의 민족정체는 높은 수준이나, 중학교 3학년의 민족정체는 가장 낮다가 고등학교 2학년에는 약간 회복된다. 초등학교 3학년과 고등학교 2학년에서는 여학생이 남학생보다 민족정체를 더 높게 형성하나 다른 연령에서는 유사한 수준이다. 민족정체에 대한 모든 문항에서 모르겠다고 답한 응답자는 모두 초등학생이었으며, 중학교, 고등학교 응답자는 한 명도 없었다. 민족정체는 초등학교 저학년 아동에게는 익숙하지 않은 개념이고 한 번도 그에 대해 고민하거나 생각해보지 못한 인지적 개념일 수 있다. 이처럼 민족정체는 청소년기에 해당되는 중학교시기에나 형성되는 개념이다. 반면 네티즌의 경우 민족정체에 연령차나 성차가 통계적으로 유의하지 않다.

국가정체는 국가소속감, 공간개념, 인적관련성, 의무감, 봉사감과 자부심으로 구성된다. 초, 중, 고등학생의 경우 학년차가 있으며, 네티즌의 경우 성차가 있다. 민족정체에 대한 결과와 동일하게 초, 중, 고등학생의 국가정체에 대해서 모르겠다는 응답을 한 경우는 모두 초등학생으로 나타나, 아동이 청소년보다는 국가정체에 대한 개념이 부족하고 국가정체성이 아직 덜 형성된 것으로 보인다. 네티즌의 국가정체에서 연령차는 큰 의미가 없었으며 영토개념, 인적관련성, 의무감, 봉사감에서 성차가 유의하게 나타났다. 즉 남성이 여성보다 상대적으로 투철한 국가정체를 형성하고 있었으며, 여성이 남성보다 비교적 실익을 고려한 판단을 하는 경향이 더 강하다.

5장

자아와 이념정향

1. 이념정향의 전반적 양상

이념은 개인의 사회 인지와 행동에 강력한 영향을 미치는 것으로 알려져 있다. 개인의 행동에 영향을 주는 이념으로 집합주의와 개인주의, 그리고 물질주의 대 정신주의 모델이 가능하다. 한국사회는 역사적으로 두 이념 모델을 경험했다고 해도 과언이 아니다. 전통적 유교사회에서 집합주의와 정신주의가 한국인의 사회 인지와 행동에 영향을 주는 이념으로 알려져 있다. 한국사회는 해방후 60년 동안 미국을 비롯한 서구사회의 자본주의를 경험하면서 개인주의와 물질주의의 영향을 받았다고 할 수 있다. 집합주의와 개인주의, 물질주의와 정신주의는 개념적으로 상반되어 한 개인 안에서 병존하기가 어려울 듯하지만 실제로 집합주의와 개인주의가 병존한다는 보고(이순형, 1996, 1997, 1999)가 있으므로 집합주의 대 개인주의, 물질주의 대 정신주의가 서로 어떠한 관계에서 자아에 영향을 주는지를 밝힐 필요가 있다.

1) 가족주의

초, 중, 고등학생의 이념정향을 알아보기 위해 가족주의에 포함된 문항에 대한 응답을 보면 아동과 청소년은 대체로 지나치게 편파적 진술은 부인하고 그렇지 않은 것에 동의하는 합리성을 보인다. 즉 부모가 허락하지 않는다면 자신이 좋아하는 일이라도 하지 않는다거나, 어느 집이든 아들이 없어서 대가 끊기는 것은 가족의 불행이라는 문항에는 다소 부인하지만, 힘든 공부를 하는 것이 부모를 즐겁게 해 주고 싶어서라는 문항이나 가까운 친척이 힘든 일을 겪을 때 최대한 돕겠다든가, 결혼할 사람은 부모의 기대에 부합된 사람이어야 한다는 문항에는 약간 동의했다. 그리고 어른이 되어 부모를 한 집에 모시거나 한 동네에서 살면서 모시겠다는 문항에는 매우 동의했다. 이 응답을 통해서 남아선호사상이 퇴색되었다는 것을 알 수 있으며, 여전히 아동과 청소년이 부모에 대한 효심을 지니고 있음을 알 수 있다.

네티즌들의 이념정향을 알아보기 위해 가족주의에 포함된 문항에 대한 응답을 분석한 결과에 의하면 네티즌들은 아동, 청소년과 유사한 이념정향을 가지고 있다. 부모가 허락하지 않는다면 자신이 좋아하는 일이라도 하지 않는다거나, 어느 집이든 아들이 없어서 대(代)가 끊기는 것은 가족의 불행이라는 문항에는 네티즌도 아동, 청소년과 마찬가지로 다소 부인하지만, 힘든 공부를 하는 것이 부모를 즐겁게 해주고 싶어서라는 문항과 가까운 친척이 힘든 일을 겪을 때 최대한 돕겠다든가 결혼할 사람은 부모의 기대에 부합된 사람이어야 한다는 문항에는 약간 동의했다. 그리고 어른이 되어 부모를 한 집에 모시거나 한 동네에서 살면서 모시겠다는 문항에는 매우 동의했다. 두 번의 조사 자료에서 공통적으로 밝혀진 것을 보면 우리 사회에서 남아선호사상이 퇴색되었다는 것과 여전히 부모에 대한 효성이 주요한 가치정향으로 자리 잡고 있음을 알 수 있다.

가족주의를 학년과 성별에 따라서 변량분석한 바에 의하면 학년변수의 주효과($f=28.16$, $df=4$, $p<.001$)가 유의하다. 그러나 성별 변수의 주효과나 학년과 성

별의 상호작용 효과가 유의하지 않다. 가족주의 의식은 초등학교, 중학교, 고등학교별로 차이가 있으며 중학교 3학년이 고등학교 2학년과 유사한 수준에 머물고 있다. 초등학교 아동들의 가족주의 의식은 비교적 높은 수준이다. 그러나 청소년의 가족주의 의식은 중학교 1학년은 초등학생보다는 다소 낮고, 3학년은 그보다 다소 낮지만 중간값을 웃돈다. 그렇지만 고등학교 2학년들의 가족주의 정향 점수는 중간값을 밑돈다.

네티즌의 이념정향으로 가족주의를 연령과 성별에 따라서 변량분석한 바에

〈표 5-1〉 초, 중, 고등학생과 네티즌의 가족주의 정향 빈도

조사 대상	문항	N	평균	표준 편차	최솟값	최댓값
초중고 등학생	나는 부모님이 허락하지 않는다면 내가 좋아하는 일이라도 하지 않는다.	636	2.89	1.300	1	5
	내가 힘든 공부를 하는 것은 부모님을 즐겁게 해드리고 싶어서이다.	635	3.18	1.279	1	5
	어느 집이든 아들이 없어서 대가 끊기는 것은 가족의 불행이다.	636	2.27	1.342	1	5
	나는 가까운 친척이 힘든 일을 겪을 때 최대한 돕는다.	634	3.28	1.121	1	5
	내가 어른이 되면 부모님을 모시고 한 집이나 한 동네에서 살 것이다.	633	4.03	1.096	1	5
	내가 결혼할 사람은 부모님의 기대에 맞는 사람이어야 한다.	635	3.44	1.283	1	5
네티즌	나는 부모님이 허락하지 않는다면 내가 좋아하는 일이라도 하지 않는다.	1,089	2.83	.947	1	5
	내가 힘든 공부를 하는 것은 부모님을 즐겁게 해드리고 싶어서이다.	1,089	3.21	.913	1	5
	어느 집이든 아들이 없어서 대가 끊기는 것은 가족의 불행이다.	1,089	2.78	1.109	1	5
	나는 가까운 친척이 힘든 일을 겪을 때 최대한 돕는다.	1,089	3.19	.870	1	5
	내가 어른이 되면 부모님을 모시고 한 집이나 한 동네에서 살 것이다.	1,089	3.48	.945	1	5
	내가 결혼할(결혼한) 사람은 부모님의 기대에 맞는 사람이어야 한다.	1,089	3.40	.872	1	5

〈표 5-2〉 초, 중, 고등학생의 학년과 성별에 따른 가족주의 변량분석

범주	변동원	자승합	자유도	평균자승	F
가족주의	학년	1638.589	4	409.647	28.16***
	성별	31.660	1	31.660	2.18
	학년×성별	64.002	4	16.001	1.10
	오차	8860.671	609	14.550	

*** p<.001

〈표 5-3〉 네티즌의 연령과 성별에 따른 가족주의 변량분석

범주	변동원	자승합	자유도	평균자승	F
가족주의	연령	272.504	4	68.126	5.71***
	성별	29.808	1	29.808	2.50
	연령×성별	63.935	4	15.984	1.34
	오차	12874.387	1079	11.932	

*** p<.001

의하면 연령 변수의 주효과(F=5.71, df=4, p<.001)가 유의하다. 가족주의는 네티즌 응답자들의 연령대에 따라서 차이가 있었다. 그러나 성별 변수의 주효과나 연령과 성별의 상호작용 효과는 없었다.

초, 중, 고등학생의 가족주의 이념정향을 측정하는 구체적 문항에 있어서, 우선 자신이 좋아하는 일이라도 부모가 허락하지 않는다면 하지 않겠다는 진술(<표 5-4>, 가족주의1)에 대해서 응답자의 34.1%가 시인하고 46.0%가 부정했다. 초등학교 3학년 62.3%, 5학년 49.1%, 중학교 1학년 32.9%, 3학년 20.0%, 고등학교 2학년 16.1%가 시인하여, 학년이 높으면 자신의 소망과 달리 부모의 뜻에 따르겠다는 의견이 현격히 감소한다. 이러한 결과는 '품 안의 자식'이라는 옛말을 떠올리게 한다. 이는 독자적 판단과 행동을 하려고 하며 독립성을 꾀하는 청소년의 모습이 반영된 것이다.

힘든 공부를 하는 것은 부모를 즐겁게 하기 위함이라는 진술(가족주의2)에 대해서 전체 응답 아동과 청소년의 41.8%가 시인하고 31.5%가 부정했다. 부인 응답자의 비율을 보면 초등학교 3학년 21.7%, 5학년 31.1%, 중학교 1학년

34.3%, 3학년 29.3%, 고등학교 2학년 38.5%이다. 청소년은 부모를 위해서가 아니라 자신을 위해서 힘든 공부를 하고 있다는 뜻이 강하다. 이는 점차 독립성을 이루려는 청소년의 의지를 반영한 것이다.

남아선호사상(가족주의3)에 대해서 어떻게 판단하는지를 조사한 진술에 대해서 초, 중, 고등학생 응답자의 18.8%가 시인하고 62.3%가 부인했다. 초등학교 3학년 25.5%, 5학년 18.9%, 중학교 1학년 14.2%, 3학년 23.8%, 고등학교 2학년 13.3%가 시인했다. 남학생의 27.8%, 여학생의 10.4%가 시인한 데 비해서 남학생의 46.4%와 여학생의 77.2%가 부정하여, 여학생은 남학생보다 남아선호사상에 부정적으로 응답한 비율이 매우 높은 편이다.

친척 간 부조의식을 묻는 진술, 가까운 친척이 힘든 일을 겪을 때 도움이 된다(가족주의4)는 내용에 대해서 전체 응답자의 42.3%가 동의하고 23.6%가 부인했다. 초등학교 3학년 55.7%, 5학년 51.9%, 중학교 1학년 39.5%, 3학년 38.5%, 고등학교 2학년 31.3%가 시인하여, 연령이 높을수록 친척 간 부조의식이 낮은 편이다.

부모봉양 의식에 관련하여 어른이 되면 부모를 모시고 한 집이나 한 동네에서 살 것이라는 진술(가족주의5)에 대해 응답자의 70.3%가 동의하고 9.8%가 부인했다. 부모봉양에 대해 긍정하는 비율은 초등학교 저학년 때 약 80%이나, 점차 감소하여 고등학교 2학년 때 약 60%에 미치지 못했다. 즉 학년이 높을수록 부모봉양 의식은 약화되고 있다. 그러나 학년에 상관없이 전체 응답자의 1/2 이상의 아동, 청소년이 부모를 가까이에서 봉양해야 한다는 생각을 가지고 있다.

부모의 배우자 동의에 관한 의식을 묻는 진술, 즉 내가 결혼할 사람은 부모님이 좋아하는 사람이어야 한다는 문항(가족주의6)에 대해서 응답자의 50.7%가 동의하고 23.7%가 부인했다. 초등학교 3학년 66.9%, 5학년 59.5%, 중학교 1학년 50.0%, 3학년 44.6%, 고등학교 2학년 38.5%가 시인하여 학년이 높을수록 부모의 배우자 동의권에 대해서 동의하는 비율이 낮아진다.

네티즌의 가족주의 정향에서, 남아선호사상에 대해서 어떻게 판단하는지를 묻는 진술(<표 5-5>, 가족주의3)에 대해 응답자의 27.1%가 남아선호사상을 지지

〈표 5-4〉 초, 중, 고등학생의 가족주의 단위: 명(%)

구분	조사대상		전혀 그렇지 않다	별로 그렇지 않다	그저 그렇다	조금 그렇다	매우 그렇다
가족주의1		전체	86(13.9)	199(32.1)	123(19.9)	115(18.6)	96(15.5)
	학년	초등 3	14(13.2)	9(8.5)	17(16.0)	22(20.8)	44(41.5)
		초등 5	9(8.5)	25(23.6)	20(18.9)	29(27.4)	23(21.7)
		중등 1	15(11.2)	44(32.8)	31(23.1)	21(15.7)	23(17.2)
		중등 3	21(16.2)	50(38.5)	33(25.4)	21(16.2)	5(3.8)
		고등 2	27(18.9)	71(49.7)	22(15.4)	55(15.4)	1(0.7)
	성별	남	49(16.4)	87(29.1)	59(19.7)	54(18.1)	50(16.7)
		여	37(11.6)	112(35.0)	64(20.0)	61(19.1)	46(14.4)
가족주의2		전체	73(11.8)	122(19.7)	165(26.7)	138(22.3)	121(19.5)
	학년	초등 3	17(16.0)	6(5.7)	23(21.7)	13(12.3)	47(44.3)
		초등 5	10(9.4)	23(21.7)	22(20.8)	21(19.8)	30(28.3)
		중등 1	20(14.9)	26(19.4)	36(26.9)	32(23.9)	20(14.9)
		중등 3	8(6.2)	30(23.1)	37(28.5)	39(30.0)	16(12.3)
		고등 2	18(12.6)	37(25.9)	47(32.9)	33(23.1)	8(5.6)
	성별	남	47(15.7)	60(20.1)	79(26.4)	61(20.4)	52(17.4)
		여	26(8.1)	62(19.4)	86(26.9)	77(24.1)	69(21.6)
가족주의3		전체	251(40.5)	135(21.8)	117(18.9)	58(9.4)	58(9.4)
	학년	초등 3	52(49.1)	8(7.5)	19(17.9)	11(10.4)	16(15.1)
		초등 5	44(41.5)	17(16.0)	25(23.6)	4(3.8)	16(15.1)
		중등 1	58(43.3)	34(25.4)	23(17.2)	7(5.2)	12(9.0)
		중등 3	45(34.6)	29(22.3)	25(19.2)	22(16.9)	9(6.9)
		고등 2	52(36.4)	47(32.9)	25(17.5)	14(9.8)	5(3.5)
	성별	남	74(24.7)	65(21.7)	77(25.8)	38(12.7)	45(15.1)
		여	177(55.3)	70(21.9)	40(12.5)	20(6.3)	13(4.1)
가족주의4		전체	44(7.1)	102(16.5)	211(34.1)	167(27.0)	95(15.3)
	학년	초등 3	7(6.6)	10(9.4)	30(28.3)	16(15.1)	43(40.6)
		초등 5	5(4.7)	11(10.4)	35(33.0)	39(36.8)	16(15.1)
		중등 1	12(9.0)	25(18.7)	44(32.8)	39(29.1)	14(10.4)
		중등 3	8(6.2)	23(17.7)	49(37.7)	34(26.2)	16(12.3)
		고등 2	12(8.4)	33(23.1)	53(37.1)	39(27.1)	6(4.2)
	성별	남	21(7.0)	52(17.4)	102(34.1)	77(25.8)	47(15.7)
		여	23(7.2)	50(15.6)	109(34.1)	90(28.1)	48(15.0)

〈표 5-4〉 계속

구분	조사대상		전혀 그렇지 않다	별로 그렇지 않다	그저 그렇다	조금 그렇다	매우 그렇다
가족주의5		전체	15(2.4)	46(7.4)	123(19.9)	148(23.9)	287(46.4)
	학년	초등 3	2(1.9)	3(2.8)	16(15.1)	15(14.2)	70(66.0)
		초등 5	4(3.8)	4(3.8)	11(10.4)	20(18.9)	67(63.2)
		중등 1	3(2.2)	15(11.2)	17(12.7)	27(20.1)	72(53.7)
		중등 3	3(2.3)	9(6.9)	38(29.2)	38(29.2)	42(32.3)
		고등 2	3(2.1)	15(10.5)	41(28.7)	48(33.6)	36(25.2)
	성별	남	10(3.3)	23(7.7)	65(21.7)	67(22.4)	134(44.8)
		여	5(1.6)	23(7.2)	58(18.1)	81(25.3)	153(47.8)
가족주의6		전체	57(9.2)	90(14.5)	158(25.5)	146(23.6)	168(27.1)
	학년	초등 3	13(12.3)	6(5.7)	16(15.1)	8(7.5)	63(59.4)
		초등 5	9(8.5)	5(4.7)	29(27.4)	22(20.8)	41(38.7)
		중등 1	12(9.0)	28(20.9)	27(20.1)	34(25.4)	33(24.6)
		중등 3	9(6.9)	24(18.5)	39(30.0)	43(33.1)	15(11.5)
		고등 2	14(9.8)	27(18.9)	47(32.9)	39(27.3)	16(11.2)
	성별	남	33(11.0)	42(14.0)	85(28.4)	71(23.7)	68(22.7)
		여	24(7.5)	48(15.0)	73(22.8)	75(23.4)	100(31.3)

하는 응답을 하였고, 39.2%는 그렇지 않았다. 10대 14.6%, 20대 20.8%, 30대 28.7%, 40대 34.2%, 50세 이상 37.2%는 남아선호사상을 지지하여, 연령이 증가하면 남아선호사상을 지지하는 경향이 증가함을 볼 수 있다. 성별로는 남자 32.0%, 여자 19.5%가 남아선호사상을 지지했고, 남자 32.3%, 여자 49.9%가 지지하지 않았다. 즉 여자가 남자보다 남아선호사상을 지지하지 않는 비율이 높았다.

친척 간 부조의식을 묻는 진술(가족주의4)에 대해 36.0%가 동의하고, 18.9%가 부인했다. 10대 19.5%, 20대 26.8%, 30대 38.0%, 40대 45.1%, 50세 이상 55.2%가 어려운 상황에 처한 친척을 최대한 돕겠다고 시인하였다. 또한 남자 39.7%, 여자 30.4%가 동의하고, 남자 14.2%, 여자 26.2%가 부정하였다.

부모봉양 의식을 묻는 진술 내용(가족주의5)에 대해 48.4%가 동의하고, 12.6%가 부인했다. 10대 39.0%, 20대 45.5%, 30대 50.2%, 40대 49.2%, 50

〈표 5-5〉 네티즌의 가족주의 단위: 명(%)

구분	조사대상		전혀 그렇지 않다	별로 그렇지 않다	그저 그렇다	조금 그렇다	매우 그렇다
가족주의3		전체	166(15.2)	261(24.0)	367(33.7)	238(21.9)	57(5.2)
	연령	10대	11(26.8)	11(26.8)	13(31.7)	3(7.3)	3(7.3)
		20대	73(19.8)	97(26.3)	122(33.1)	61(16.5)	16(4.3)
		30대	58(4.2)	95(23.3)	138(33.8)	95(23.3)	22(5.4)
		40대	20(10.4)	45(23.3)	62(32.1)	56(29.0)	10(5.2)
		50세 이상	4(5.1)	13(16.7)	32(41.0)	23(29.5)	6(7.7)
	성별	남	59(9.0)	153(23.3)	235(35.7)	166(25.2)	45(6.8)
		여	107(24.8)	108(25.1)	132(30.6)	72(16.7)	12(2.8)
가족주의4		전체	32(2.9)	174(16.0)	491(45.1)	335(30.8)	57(5.2)
	연령	10대	4(9.8)	14(34.1)	15(36.6)	7(17.1)	1(2.4)
		20대	12(3.3)	71(19.2)	187(50.7)	83(22.5)	16(4.3)
		30대	10(2.5)	64(15.7)	179(43.9)	135(33.1)	20(4.9)
		40대	4(2.1)	21(10.9)	81(42.0)	75(38.9)	12(6.2)
		50세 이상	2(2.6)	4(5.1)	29(37.2)	35(44.9)	8(10.3)
	성별	남	25(2.3)	78(11.9)	304(46.2)	219(33.3)	42(6.4)
		여	17(3.9)	96(22.3)	187(43.4)	116(26.9)	15(3.5)
가족주의5		전체	25(2.3)	112(10.3)	425(39.0)	364(33.4)	163(15.0)
	연령	10대	0(0)	11(26.8)	14(34.1)	11(26.8)	5(12.2)
		20대	9(2.4)	49(13.3)	143(38.8)	110(29.8)	58(15.7)
		30대	9(2.2)	33(8.1)	161(39.5)	149(36.5)	56(13.7)
		40대	6(3.1)	15(7.8)	77(39.9)	67(34.7)	28(14.5)
		50세 이상	1(1.3)	4(5.1)	30(38.5)	27(34.6)	16(20.5)
	성별	남	8(1.2)	57(8.7)	264(40.1)	233(35.4)	96(14.6)
		여	17(3.9)	55(12.8)	161(37.4)	131(30.4)	67(15.5)
가족주의6		전체	21(1.9)	120(11.0)	446(41.0)	402(36.9)	100(9.2)
	연령	10대	2(4.9)	12(29.3)	12(29.3)	11(26.8)	4(9.8)
		20대	6(1.6)	36(9.8)	160(43.4)	121(32.8)	46(12.5)
		30대	9(2.2)	52(12.7)	153(37.5)	167(40.9)	27(6.6)
		40대	4(2.1)	14(7.3)	88(45.6)	75(38.9)	12(6.2)
		50세 이상	0(0)	6(7.7)	33(42.3)	28(35.9)	11(14.1)
	성별	남	10(1.5)	77(11.7)	262(39.8)	255(38.8)	54(8.2)
		여	11(2.6)	43(10.0)	184(42.7)	147(34.1)	46(10.7)

세 이상 55.1%가 부모를 모시고 한 집이나 한 동네에서 살 것이라고 동의했다. 성별에 따라서는 남자 50.0%, 여자 45.9%가 동의하고, 남자 9.9%, 여자 16.7%가 부인했다. 즉, 친척 간 부조의식과 부모봉양의식에서 모두 높은 연령층과 남성들이 보다 뚜렷한 가족주의 정향을 보였다.

부모의 배우자 동의 허락을 묻는 진술(가족주의6)에 대해서 46.1%가 동의하고, 12.9%가 부정했다. 10대 36.6%, 20대 45.3%, 30대 47.5%, 40대 45.1%, 50세 이상 50.0%가 동의하여, 높은 연령층일수록 배우자를 고를 때 부모에게 허락을 받아야 한다는 응답이 많았다.

2) 물질주의

초, 중, 고등학생들의 물질주의 정향을 조사한 결과에 따르면 이들의 물질주의는 그리 높은 편은 아니다. 사람들이 열심히 일하는 것은 돈을 벌기 위해서라고 생각하거나 부자와 결혼하고 싶어 한다는 문항에서만 중앙값을 약간 웃도는 응답을 했을 뿐이다. 이들은 돈으로 안 되는 일은 없다고 해도 과언이 아니라든가, 물질로 사람을 평가한다든가, 가난한 사람은 행복하기가 어렵다든가, 사람들이 걱정이 많을 땐 돈이 없어서 그렇다든가 마음을 물질로 표현해야 한다는 데에는 동의하지 않았다. 한국의 아동, 청소년은 물질주의에 많이 물들지 않은 것으로 보인다. 특히 미안하거나 고마운 마음을 물질로 표현해야 한다는 문항에 대한 응답 점수가 가장 낮았다.

네티즌들의 물질주의 정향을 조사한 결과에 의하면 모든 문항에 동의했듯이 이들의 물질주의는 미약하지만 고루 높은 편이다. 특히 사람들이 부자와 결혼하고 싶어 한다는 문항에서 동의 정도가 높았다. 사람들이 열심히 일하는 것은 돈을 벌기 위해서라거나 돈으로 안 되는 일은 없다고 해도 과언이 아니라든가, 사람들이 물질로 사람을 평가한다든가, 가난한 사람은 행복하기가 어렵다든가, 사람들이 걱정이 많을 땐 돈이 없어서 그렇다든가, 마음을 물질로 표현해야 한다는 데에도 미약하지만 동의했다. 네티즌들이 아동, 청소년보다 현실에서 더 많은 영향을 받기 때문에 이처럼 물질주의적 응답이 나온 듯하다.

일반적으로 자본주의 사회에서 성장하는 아동, 청소년의 물질주의 정향이 높을 것으로 가정되지만 실제로 어떠한지는 별로 알려지지 않았다. 물질주의를 학년과 성별에 따라서 변량분석한 바에 의하면 학년변수의 주효과(F=23.15, df=4, p<.001)가 유의하다. 그러나 성별 변수의 주효과나 학년과 성별의 상호작용 효과가 유의하지 않다. 물질주의 정향은 학년별로 의미 있는 차이가 있다. 초등학교 5학년의 물질주의 정향이 가장 낮고, 그 다음 초등학교 3년생과 중학교 1학년이 유사하며, 중학교 1학년과 3년생이 유사한 수준이며, 고등학교 2학년이 높은 수준이다. 대체로 물질주의 정향은 중간값을 밑도는 다소 낮은 수준에 머물러 있지만 고등학교만이 중간값을 웃도는 다소 높은 수준에 있다.

네티즌의 물질주의 정향을 연령과 성별에 따라서 변량분석한 바에 의하면 연령변수의 주효과(F=3.04, df=4, p<.05)가 유의한 한편 성별 변수의 주효과는 유의하지 않다. 그러나 연령과 성별의 상호작용 효과(F=2.50, df=4, p<.05)는 유의하다. 물질주의 정향은 연령대에 따라 통계적으로 의미 있는 차이가 있다. 10대, 20대, 30대에는 물질주의 정향이 증가하다가 40대부터 감소하고 50대 이후에는 더 감소한다. 또한, 물질주의 정향이 연령대와 성별에 따라 의미 있는 차이가 있다. 여성이 남성보다 물질주의 정향이 더 높으며, 특히 30대 여성의 물질주의 정향이 남자보다 유의하게 더 높다. 오직 40대에서만 남자응답자들의 물질주의 정향이 더 높으나 유의한 수치는 아니다. 이는 40대 남성이 가지고 있는 가장의식과 그 책임의식과 관련 있을 것이다.

일의 목적을 물질이라고 생각하는지를 묻는 문항으로 사람들이 열심히 일하는 것은 돈을 벌기 위해서라고 생각한다(<표 5-9>, 물질주의1)는 진술에 대해 전체 초, 중, 고등학생의 57.0%가 시인하고 23.0%가 부인했다. 초등학교 3학년 45.0%, 5학년 47.6%, 중학교 1학년 54.5%, 3학년 61.9%, 고등학교 2학년 71.4%가 시인하여, 학년이 높을수록 직업을 물질적 보상으로 생각하는 비율이 높다.

황금만능주의적 사고를 묻는 문항으로 돈으로 안 되는 일은 거의 없다고 생각한다(물질주의2)는 진술에 대해서 전체 응답자의 36.5%가 시인하고 42.3%가

〈표 5-6〉 초, 중, 고등학생과 네티즌의 물질주의 정향 빈도

조사 대상	문항	N	평균	표준 편차	최솟값	최댓값
초중 고등 학생	나는 사람들이 열심히 일하는 것은 돈을 벌기 위해서라고 생각한다.	638	3.48	1.276	1	5
	나는 돈으로 안 되는 일은 없다고 해도 과언이 아니라고 생각한다.	636	2.85	1.359	1	5
	나는 사람들이 물질적인 것으로 그 사람을 평가한다고 생각한다.	636	2.76	1.373	1	5
	나는 가난한 사람이 행복한 경우는 드물다고 생각한다.	634	2.33	1.306	1	5
	나는 사람들이 걱정이 많을 때는 주로 돈이 없기 때문이라고 생각한다.	638	2.59	1.263	1	5
	나는 사람들이 부자와 결혼하고 싶어 한다고 생각한다.	639	3.31	1.289	1	5
	나는 고맙거나 미안할 때 물질로 마음을 표현하는 것이 당연하다고 생각한다.	640	2.18	1.147	1	5
네티즌	나는 사람들이 열심히 일하는 것은 돈을 벌기 위해서라고 생각한다.	1,089	3.67	.868	1	5
	나는 돈으로 안 되는 일은 없다고 해도 과언이 아니라고 생각한다.	1,089	3.56	.985	1	5
	나는 사람들이 물질적인 것으로 그 사람을 평가한다고 생각한다.	1,089	3.50	.982	1	5
	나는 가난한 사람이 행복한 경우는 드물다고 생각한다.	1,089	3.20	1.013	1	5
	나는 사람들이 걱정이 많을 때는 주로 돈이 없기 때문이라고 생각한다.	1,089	3.47	.928	1	5
	나는 사람들이 부자와 결혼하고 싶어 한다고 생각한다.	1,089	3.71	.898	1	5
	나는 고맙거나 미안할 때 물질로 마음을 표현하는 것이 당연하다고 생각한다.	1,089	3.08	.936	1	5

〈표 5-7〉 초, 중, 고등학생의 학년과 성별에 따른 물질주의 변량분석

범주	변동원	자승합	자유도	평균자승	F
물질주의	학년	2450.051	4	612.513	23.15***
	성별	.174	1	.174	.01
	학년×성별	100.717	4	25.179	.95
	오차	16405.971	620	26.461	

*** $p<.001$

〈표 5-8〉 네티즌의 연령과 성별에 따른 물질주의 변량분석

범주	변동원	자승합	자유도	평균자승	F
물질주의	연령	231.682	4	57.921	3.04*
	성별	52.814	1	52.814	2.77
	연령×성별	191.037	4	47.759	2.50*
	오차	20586.933	1079	19.080	

* $p<.05$

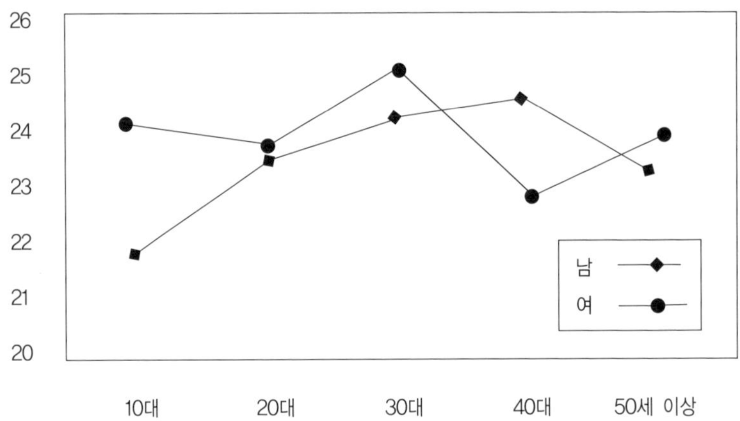

〈그림 5-1〉 네티즌의 연령과 성별에 따른 물질주의의 상호작용 효과

부인했다. 특히 중학교 3학년과 고등학교 2학년은 50%가 넘는 응답자가 이에 시인하였으며, 이를 부정한 응답자는 30% 아래로 낮은 수준이었다. 즉, 청소년기에 접어들면 돈의 위력을 인정하는 비율이 높아진다.

사람을 평가할 때 경제적 여건으로 평가하는가를 묻는 문항으로 사람들이 물질적인 것으로 그 사람을 판단한다고 생각한다(물질주의3)는 진술에 대해서 응답자의 36.0%가 시인하고 45.6%가 부인했다. 초등학교 3학년 30.4%, 5학년 11.4%, 중학교 1학년 39.0%, 3학년 35.9%, 고등학교 2학년 56.0%가 시인했으며, 초등학교 3학년 51.3%, 5학년 63.8%, 중학교 1학년 48.5%, 3학년 43.5%, 고등학교 2학년 26.6%가 부정했다. 5학년부터 학년이 높아질수록 돈의 위력을 인정하는 비율이 높아진다. 반면에 황금의 위력을 부정하는 비율은 5학년을 정점으로 학년이 증가할수록 완만히 감소한다. 남학생의 31.4%, 여학생의 40.3%가 시인하여, 대체로 여학생이 남학생보다 경제력으로 사람을 평가한다고 생각하는 경향이 더 크다.

가난한 사람이 행복한 경우는 드물다고 생각한다(물질주의4)는 진술에 대해서 전체 응답 아동과 청소년의 20.8%가 시인하고 61.4%가 부인했다. 가난과 행복의 관계는 별개라고 생각하는 듯하다. 응답한 중, 고등학교 청소년 중에 빈곤과 불행의 관련성을 인정하는 비율은 23% 내외다. 반면에 빈곤과 불행은 무관하다는 응답 비율은 1/2에 해당한다. 특히 초등학교 5학년은 약 70% 가량이 빈곤과 불행이 별개라고 응답하였다.

사람들이 걱정이 많을 때는 주로 돈이 없기 때문이라고 생각한다(물질주의5)는 진술에 대해서 전체 응답자의 26.2%가 시인하고 50.1%가 부인했다. 초등학교 3학년 19.2%, 5학생 13.3%, 중학교 1학년 29.4%, 3학년 31.3%, 고등학교 2학년 33.6%가 시인했다. 초등학교 5학년부터 학년이 높아질수록 빈곤과 걱정의 관련성을 인정하는 비율이 다소 높아진다. 반면에 빈곤과 걱정의 관계를 부정하는 비율은 학년이 높아질수록 완만히 감소한다.

사람들이 부자와 결혼하고 싶어 한다고 생각한다는 진술(물질주의6)에 대해서 49.2%가 시인하고 26.5%가 부인하여, 부자를 배우자로 선호한다고 생각하는 비율이 더 높다. 초등학교 3학년 38.3%, 5학년 26.7%, 중학교 1학년 50.7%, 3학년 55.7%, 고등학교 2학년 67.2%가 시인했으며, 초등학교 3학년 42.6%, 5학년 39.0%, 중학교 1학년 27.9%, 3학년 14.5%, 고등학교 2학년 17.6%가 부정했다. 5학년부터 학년이 높아질수록 혼인과 재산의 관련성을 인정하는 비율이 높아진다. 반면에 부자와 혼인하기를 바라지 않는다고 생각하는 비율은 학년이 높아질수록 완만히 감소한다.

물질로 마음을 표현하는 것이 당연하다고 생각한다는 진술(물질주의7)에 대해서 12.9%가 시인하고 66.2%가 부인했다. 물질과 마음은 별개라고 생각하는 아동, 청소년이 상대적으로 많이 있다. 초등학교 3학년 26.1%, 5학생 9.5%, 중학교 1학년 6.6%, 3학년 10.7%, 고등학교 2학년 12.6%가 시인했다. 5학년부터 학년이 높아질수록 물질주의적 응답은 10% 내외의 낮은 비율이면서 미미하게 증가한다. 이와 같이 물질주의 정향은 대체로 연령차가 유의하게 나타나 초등학교 5학년이 가장 낮았으며, 그 이후로는 학년이 높아질수록 높아지는 경향이 있다. 청소년에 접어들수록 물질주의적 사고를 하는 경향이 강하다.

네티즌의 물질주의 이념(<표 5-10>) 중 황금만능주의적 사고를 묻는 문항, 즉 돈으로 안 되는 일은 거의 없다(물질주의2)고 생각하는 진술에 대해서 전체 응답자의 54.8%가 시인하고, 13.1%가 부인했다. 남자 53.5%, 여자 56.6%가 황금만능주의적 사고에 동의하여, 여성이 남성보다 약간 더 시인하였다.

가난한 사람이 행복한 경우가 드물다고 생각한다(물질주의4)는 진술에 응답자 41.1%가 동의했고, 23.6%가 부정했다. 남자 40.6%, 여자 41.8%가 동의했고 남자 5.9%, 여자 26.2%가 부정하여, 여자가 부인하는 비율이 훨씬 더 높았다.

사람들이 걱정이 많을 때는 주로 돈이 없기 때문이라고 생각한다(물질주의5)는 진술에 대해 전체 응답자 중 51.0%가 시인하고 13.6%가 부정했다. 남자의 48.2%, 여자의 55.4%가 이에 동의하여, 여자의 동의율이 더 높은 편이다.

사람들이 부자와 결혼하고 싶어 한다(물질주의6)는 진술에 대해서 전체 응답자 중 61.4%가 시인하고, 8.0%가 부인했다. 부자를 배우자로 선호한다는 생각의 비율이 더 높다. 남자 58.5%, 여자 65.0%가 일반적으로 사람들이 부자와

〈표 5-9〉 초, 중, 고등학생의 물질주의 단위: 명(%)

구분	조사대상		전혀 그렇지 않다	별로 그렇지 않다	그저 그렇다	조금 그렇다	매우 그렇다
물질주의1	전체		67(10.6)	78(12.4)	126(20.0)	204(32.4)	155(24.6)
	학년	초등 3	29(25.2)	10(8.7)	24(20.9)	12(10.4)	40(34.6)
		초등 5	9(8.6)	22(21.0)	24(22.9)	27(25.7)	23(21.9)
		중등 1	17(12.5)	19(14.0)	26(19.1)	47(34.6)	27(19.9)
		중등 3	7(5.3)	15(11.5)	28(21.4)	53(40.5)	28(21.4)
		고등 2	5(3.5)	12(8.4)	24(16.8)	65(45.5)	37(25.9)
	성별	남	39(12.8)	33(10.8)	61(20.0)	93(30.5)	79(25.9)
		여	28(8.6)	45(13.8)	65(20.0)	111(34.2)	76(23.4)
물질주의2	전체		139(22.1)	128(20.3)	133(21.1)	142(22.5)	88(14.0)
	학년	초등 3	38(33.0)	21(18.3)	11(9.6)	19(16.5)	26(22.6)
		초등 5	45(42.9)	27(25.7)	20(19.0)	11(10.5)	2(1.9)
		중등 1	27(19.9)	38(27.9)	34(25.0)	20(14.7)	17(12.5)
		중등 3	13(9.9)	25(19.1)	37(28.2)	39(39.8)	17(13.0)
		고등 2	16(11.2)	17(11.9)	31(21.7)	53(37.1)	26(18.2)
	성별	남	73(23.9)	56(18.4)	59(19.3)	71(23.3)	46(15.1)
		여	66(20.3)	72(22.2)	74(22.8)	71(21.8)	42(12.9)
물질주의3	전체		161(25.6)	126(20.0)	116(18.4)	153(24.3)	74(11.7)
	학년	초등 3	44(38.3)	15(13.0)	21(18.3)	16(13.9)	19(16.5)
		초등 5	42(40.0)	25(23.8)	26(24.8)	8(7.6)	4(3.8)
		중등 1	41(30.1)	25(18.4)	17(12.5)	37(27.2)	16(11.8)
		중등 3	20(15.3)	37(28.2)	27(20.6)	31(23.7)	16(12.2)
		고등 2	14(9.8)	24(16.8)	25(17.5)	61(42.7)	19(13.3)
	성별	남	75(24.6)	59(19.3)	75(24.6)	62(20.3)	34(11.1)
		여	86(26.5)	67(20.6)	41(12.6)	91(28.0)	40(12.3)
물질주의4	전체		223(35.4)	164(26.0)	112(17.8)	75(11.9)	56(8.9)
	학년	초등 3	60(52.2)	20(17.4)	10(8.7)	6(5.2)	19(16.5)
		초등 5	61(58.1)	20(19.0)	15(14.3)	5(4.8)	4(3.8)
		중등 1	47(34.6)	34(25.0)	23(16.9)	18(13.2)	14(10.3)
		중등 3	29(22.1)	37(28.2)	34(26.0)	21(16.0)	10(7.6)
		고등 2	26(18.2)	53(37.1)	30(21.0)	25(17.5)	9(6.3)
	성별	남	103(33.8)	73(23.9)	68(22.3)	32(10.5)	29(9.5)
		여	120(36.9)	91(28.0)	44(13.5)	43(13.2)	27(8.3)

〈표 5-9〉 계속

구분	조사대상		전혀 그렇지 않다	별로 그렇지 않다	그저 그렇다	조금 그렇다	매우 그렇다
물질 주의5	전체		157(24.9)	159(25.2)	149(23.7)	113(17.9)	52(8.3)
	학년	초등 3	55(47.8)	23(20.0)	15(13.0)	8(7.0)	14(12.2)
		초등 5	36(34.3)	29(27.6)	26(24.8)	12(11.4)	2(1.9)
		중등 1	36(26.5)	32(23.5)	28(20.6)	25(18.4)	15(11.0)
		중등 3	17(13.0)	36(27.5)	37(28.2)	29(22.1)	12(9.2)
		고등 2	13(9.1)	39(27.3)	43(30.1)	39(27.3)	9(6.3)
	성별	남	80(26.2)	71(23.3)	76(24.9)	46(15.1)	32(10.5)
		여	77(23.7)	88(27.1)	73(22.5)	67(20.6)	20(6.2)
물질 주의6	전체		77(12.2)	90(14.3)	153(24.3)	176(27.9)	134(21.3)
	학년	초등 3	33(28.7)	16(13.9)	22(19.1)	11(9.6)	33(28.7)
		초등 5	18(17.1)	23(21.9)	36(34.3)	15(14.3)	13(12.4)
		중등 1	15(11.0)	23(16.9)	29(21.3)	43(31.6)	26(19.1)
		중등 3	5(3.8)	14(10.7)	39(29.8)	43(32.8)	30(22.9)
		고등 2	6(7.8)	14(9.8)	27(18.9)	64(44.8)	32(22.4)
	성별	남	42(13.8)	42(13.8)	79(25.9)	75(24.6)	67(22.0)
		여	35(10.8)	48(14.8)	74(22.8)	101(31.1)	67(20.6)
물질 주의7	전체		215(34.1)	202(32.1)	132(21.0)	46(7.3)	35(5.6)
	학년	초등 3	42(36.5)	24(20.9)	19(16.5)	10(8.7)	20(17.4)
		초등 5	47(44.8)	29(27.6)	19(18.1)	6(5.7)	4(3.8)
		중등 1	57(41.9)	42(30.9)	28(20.6)	6(4.4)	3(2.2)
		중등 3	33(25.2)	51(38.9)	33(25.2)	10(7.6)	4(3.1)
		고등 2	36(25.2)	56(39.2)	33(23.1)	14(9.8)	4(2.8)
	성별	남	98(32.1)	96(31.5)	66(21.6)	25(8.2)	20(6.6)
		여	117(36.0)	106(32.6)	66(20.3)	21(6.5)	15(4.6)

결혼하는 것을 원한다고 시인했다. 부자를 배우자로 선호한다는 생각을 하는 비율은 남자보다 여자가 더 높다.

물질로 마음을 표현하는 것이 당연하다고 생각한다(물질주의7)는 진술에 대해 전체 응답자 중에서 33.6%가 시인하고, 25.6%가 부인했다. 10대 19.5%, 20대 28.7%, 30대 36.0%, 40대 37.3%, 50세 이상 41.0%가 시인하여, 연령이 증가할수록 이에 동의하는 비율이 높았다.

〈표 5-10〉 네티즌의 물질주의

단위: 명(%)

구분	조사대상		전혀 그렇지 않다	별로 그렇지 않다	그저 그렇다	조금 그렇다	매우 그렇다
물질주의2		전체	32(2.9)	111(10.2)	350(32.1)	409(37.6)	187(17.2)
	연령	10대	3(7.3)	4(9.8)	13(31.7)	11(26.8)	10(24.4)
		20대	12(3.3)	33(8.9)	117(31.7)	133(36.0)	74(20.1)
		30대	9(2.2)	37(9.1)	140(34.3)	155(38.01)	67(16.4)
		40대	2(1.0)	28(14..5)	56(29.0)	79(40.9)	28(14.5)
		50세 이상	6(7.7)	9(11.5)	24(30.8)	31(39.7)	8(10.3)
	성별	남	21(3.2)	64(9.7)	221(33.6)	257(39.1)	95(14.4)
		여	11(2.6)	47(10.9)	129(29.9)	152(35.3)	92(21.3)
물질주의4		전체	61(5.6)	196(18.0)	385(35.4)	356(32.7)	91(8.4)
	연령	10대	4(9.8)	5(12.2)	17(41.5)	14(34.1)	1(2.4)
		20대	26(7.0)	72(19.5)	131(35.5)	108(29.3)	32(8.7)
		30대	16(3.9)	64(15.7)	144(35.3)	144(35.3)	40(9.8)
		40대	11(5.7)	38(19.7)	61(31.6)	69(35.8)	14(7.3)
		50세 이상	4(5.1)	17(21.8)	32(41.0)	21(26.9)	4(5.1)
	성별	남	27(4.1)	117(1.8)	247(37.5)	217(33.0)	50(7.6)
		여	34(7.9)	79(18.3)	138(32.0)	139(32.3)	41(9.5)
물질주의5		전체	28(2.6)	120(11.0)	385(35.4)	427(39.2)	129(11.8)
	연령	10대	2(4.9)	5(12.2)	16(39.0)	13(31.7)	5(12.2)
		20대	11(3.0)	40(10.8)	139(37.7)	145(39.6)	33(8.9)
		30대	11(2.7)	36(8.8)	141(34.6)	156(38.2)	64(10.9)
		40대	1(0.5)	30(15.5)	60(31.1)	81(42.0)	21(10.9)
		50세 이상	3(3.8)	9(11.5)	29(37.2)	31(39.7)	6(7.7)
	성별	남	15(2.3)	75(11.4)	251(38.1)	248(37.7)	69(10.5)
		여	13(3.0)	45(10.4)	134(31.1)	179(41.5)	60(13.9)
물질주의6		전체	17(1.6)	70(6.4)	333(30.6)	464(42.6)	205(18.8)
	연령	10대	2(4.9)	4(9.8)	11(26.8)	12(29.3)	12(29.3)
		20대	6(1.6)	32(8.7)	107(29.0)	161(43.6)	63(17.1)
		30대	6(1.5)	18(4.4)	133(32.6)	172(42.2)	79(19.4)
		40대	2(1.0)	12(6.2)	59(30.6)	85(44.0)	35(18.1)
		50세 이상	1(1.3)	4(5.1)	23(29.5)	34(43.6)	16(20.5)
	성별	남	8(1.2)	45(6.8)	216(32.8)	281(42.1)	108(16.4)
		여	9(2.1)	25(5.8)	117(27.1)	183(42.5)	97(22.5)

〈표 5-10〉 계속

구분	조사대상		전혀 그렇지 않다	별로 그렇지 않다	그저 그렇다	조금 그렇다	매우 그렇다
물질주의7		전체	53(4.9)	225(20.7)	446(41.0)	312(28.7)	53(4.9)
	연령	10대	4(9.8)	14(34.1)	15(36.6)	6(14.6)	2(4.9)
		20대	19(5.1)	100(27.1)	144(39.0)	92(24.9)	14(3.8)
		30대	19(4.7)	60(14.7)	182(44.6)	125(30.6)	22(5.4)
		40대	8(4.1)	41(21.2)	72(37.3)	63(32.6)	9(4.7)
		50세 이상	3(3.8)	10(12.8)	433(42.3)	26(33.3)	6(7.7)
	성별	남	26(4.0)	125(19.0)	286(43.5)	187(28.4)	34(5.2)
		여	27(6.3)	100(23.2)	160(37.1)	125(29.0)	19(4.4)

3) 정신주의

초, 중, 고등학생들은 정신주의 문항에서도 일관된 응답 양상을 보였다. 이들은 출세하려는 야심을 버려야 진실한 사람이라는 문항과 타인이 잘못했을 때 자신도 그에 대한 책임이 있다고 생각한다는 문항에 동의했다. 그리고 친구와의 우정을 지키기 위해서 자신을 희생할 필요가 있다고 생각했다. 그러나 부자는 순수한 사랑을 하기 어렵다거나 가난한 사람일수록 욕심 때문에 부끄러운 일을 저지른다는 데에는 동의하지 않았다. 우리 사회의 아동, 청소년은 일관성 있게 정신주의적 사고를 하고 있다. 물론 동의하거나 부정하거나 간에 이 점수들은 중앙값 3점에 근접하여 수렴되므로 심각한 편파성을 보이지는 않는다. 초, 중, 고등학생의 이념정향을 조사한 결과를 통해서 아동과 청소년이 나름대로 명확한 기준을 가지고 판단하는 객관성을 지니고 있음을 확인할 수 있다.

한편 네티즌들은 정신주의 문항에서 타인이 잘못을 했을 때 자신도 그에 대한 책임이 있다고 생각한다는 문항에만 다소 동의했다. 그리고 이들은 출세하려는 야심을 버려야 진실한 사람이라거나, 친구와의 우정을 지키기 위해서 자신을 희생할 필요가 있다거나, 부자는 순수한 사랑을 하기 어렵다거나, 가난한 사람일수록 욕심 때문에 부끄러운 일을 저지른다는 데에는 동의하지 않았다.

우리 사회의 네티즌들은 일관성 있게 현실적 사고를 하고 있다. 물론 동의하거나 부정하거나 간에 이 점수들은 중앙값 3점에 근접하여 수렴되므로 심각한 편파성을 보이지는 않는다. 즉 네티즌들이 나름대로 명확한 기준을 가지고 판단하는 객관성을 지니고 있음을 확인할 수 있다.

초, 중, 고등학생의 정신주의를 학년과 성별에 따라서 변량분석한 바에 의하면 학년변수의 주효과가 유의하다. 그러나 성별 변수의 주효과나 학년과 성별의 상호작용 효과가 유의하지 않다. 정신주의 정향 점수는 전 학년 모두 중간값 15점을 넘어 다소 높은 정신주의 정향을 보인다. 정신주의 정향은 학년별로 의미 있는 차이(F=3.75, df=4, p<.01)가 있으나 점수 분포는 다소 일관성이 없는 양상을 보인다. 고등학교 2학년 집단의 정신주의 정향 점수가 가장 낮고 초등학교 5학생의 정신주의 점수가 가장 높으며, 나머지 학년들은 두 집단의 점수 분포 사이에 있다. 한편, 네티즌의 정신주의 정향을 연령과 성별에 따라서 변량분석한 바에 의하면 두 변수의 주효과와 상호작용 효과가 유의하지 않다.

<표 5-13>에서 보듯이 가난한 사람일수록 욕심 때문에 부끄러운 일을 저지른다는 진술(정신주의2)에 대해서 전체 응답자의 14.2%가 동의하고 59.9%가 부정했다. 초등학교 3학년 56.7%, 5학년 58.3%, 중학교 1학년 62.0%, 3학년 54.3%, 고등학교 2학년 66.5%가 부정하여, 응답 아동과 청소년의 1/2 이상이 가난한 사람의 과욕과 부끄러운 일 사이에 관련이 없다고 생각했다.

출세 욕망을 가진 사람과 진실한 사람 사이의 관련성(정신주의3)을 질문했을 때, 전체 응답자의 44.6%가 그렇다고 응답했고, 41.6%는 그렇지 않다고 응답했다. 초등학교 3학년 59.4%, 초등학교 5학년 65.8%, 중학교 1학년 40.8%, 중학교 3학년 38.8%, 고등학교 1학년 25.9%가 높은 자리에 오르려는 욕심을 버려야 진실한 사람이라고 생각한다고 응답하여, 초등학교 5학년을 정점으로 그 이후 감소하는 양상을 보인다. 남자 25.8%, 여자 29.5%는 출세 욕망을 버려야 진실한 사람이라고 답하였다.

개인은 타인의 잘못에도 스스로 책임감을 느낀다. 다른 사람이 잘못을 했을 때 자신에게도 그 책임이 있다고 생각하는지 묻는 진술(정신주의4)에 대해 전체

〈표 5-11〉 초, 중, 고등학생과 네티즌의 정신주의 정향 빈도

조사 대상	문항	N	평균	표준 편차	최솟값	최댓값
초중고등학생	나는 부자는 순수한 사랑을 하기 어렵다고 생각한다.	639	2.71	1.293	1	5
	나는 가난한 사람일수록 욕심 때문에 부끄러운 일을 저지른다고 생각한다.	637	2.30	1.134	1	5
	나는 높은 지위에 오르려는 야심을 버려야 진실한 사람이라고 생각한다.	637	3.30	1.314	1	5
	나는 다른 사람이 잘못을 했을 때 내게도 그에 대한 책임이 있다고 생각한다.	635	3.29	1.128	1	5
	나는 친구와의 우정을 지키기 위해서 자신을 희생할 필요는 없다고 생각한다.	637	2.54	1.247	1	5
네티즌	나는 부자는 순수한 사랑을 하기 어렵다고 생각한다.	1,089	2.98	.978	1	5
	나는 가난한 사람일수록 욕심 때문에 부끄러운 일을 저지른다고 생각한다.	1,089	2.79	1.020	1	5
	나는 높은 지위에 오르려는 야심을 버려야 진실한 사람이라고 생각한다.	1,089	2.91	.986	1	5
	나는 다른 사람이 잘못을 했을 때 내게도 그에 대한 책임이 있다고 생각한다.	1,089	3.11	.799	1	5
	나는 친구와의 우정을 지키기 위해서 자신을 희생할 필요는 없다고 생각한다.	1,089	2.85	.821	1	5

〈표 5-12〉 초등학생의 학년과 성별에 따른 정신주의 변량분석

범주	변동원	자승합	자유도	평균자승	F
정신주의	학년	114.045	4	28.511	3.75**
	성별	23.029	1	23.029	3.03
	학년×성별	11.838	4	2.959	.39
	오차	4,703.763	618	7.611	

** $p<.01$

〈표 5-13〉 초, 중, 고등학생의 정신주의

단위: 명(%)

구분	조사대상		전혀 그렇지 않다	별로 그렇지 않다	그저 그렇다	조금 그렇다	매우 그렇다
정신 주의1	전체		138(22.0)	152(24.2)	165(26.3)	98(15.6)	75(11.9)
	학년	초등 3	34(30.6)	10(9.0)	30(27.0)	12(10.8)	25(22.5)
		초등 5	22(20.4)	24(22.2)	35(32.4)	17(15.7)	10(9.3)
		중등 1	24(17.5)	38(27.7)	32(23.4)	26(19.0)	17(12.4)
		중등 3	26(20.2)	32(24.8)	37(28.7)	24(18.6)	10(7.8)
		고등 2	32(22.4)	48(33.6)	31(21.7)	19(13.3)	13(9.1)
	성별	남	62(20.3)	69(22.5)	81(26.5)	45(14.7)	49(16.0)
		여	76(23.6)	83(25.8)	84(26.1)	53(16.5)	26(8.1)
정신 주의2	전체		185(29.5)	191(30.4)	163(26.0)	57(9.1)	32(5.1)
	학년	초등 3	54(48.6)	9(8.1)	29(26.1)	8(7.2)	11(9.9)
		초등 5	36(33.3)	27(25.0)	36(33.3)	4(3.7)	5(4.6)
		중등 1	34(24.8)	51(37.2)	30(21.9)	15(10.9)	7(5.1)
		중등 3	26(20.2)	44(34.1)	37(28.7)	18(14.0)	4(3.1)
		고등 2	35(24.5)	60(42.0)	31(21.7)	12(8.4)	5(3.5)
	성별	남	75(24.5)	99(32.4)	80(26.1)	33(10.8)	19(6.2)
		여	110(34.2)	92(28.6)	83(25.8)	24(7.5)	13(4.0)
정신 주의3	전체		72(11.5)	102(30.1)	174(27.7)	126(20.1)	154(24.5)
	학년	초등 3	19(17.1)	5(4.5)	21(18.9)	16(14.4)	50(45.0)
		초등 5	5(4.6)	10(9.3)	22(20.4)	30(27.8)	41(38.0)
		중등 1	11(8.0)	19(13.9)	51(37.2)	28(20.4)	28(20.4)
		중등 3	9(7.0)	25(19.4)	45(34.9)	29(22.5)	21(16.3)
		고등 2	28(19.6)	43(30.1)	35(24.5)	23(16.1)	14(9.8)
	성별	남	41(13.4)	38(12.4)	82(26.8)	59(19.3)	86(28.1)
		여	31(9.6)	64(19.9)	92(28.6)	67(20.8)	68(21.1)
정신 주의4	전체		57(9.1)	75(11.9)	213(33.9)	195(31.1)	88(14.0)
	학년	초등 3	24(21.6)	6(5.4)	24(21.6)	27(24.3)	30(27.0)
		초등 5	8(7.4)	14(13.0)	38(35.2)	31(28.7)	17(15.7)
		중등 1	7(5.1)	23(16.8)	37(27.0)	52(38.0)	18(13.1)
		중등 3	7(5.4)	16(12.4)	53(41.1)	38(29.5)	15(11.6)
		고등 2	11(7.7)	16(11.2)	61(42.7)	47(32.9)	8(5.6)
	성별	남	23(7.5)	29(9.5)	117(38.2)	90(29.4)	47(15.4)
		여	34(10.6)	46(14.3)	96(29.8)	105(32.6)	41(12.7)

〈표 5-13〉 계속

구분	조사대상		전혀 그렇지 않다	별로 그렇지 않다	그저 그렇다	조금 그렇다	매우 그렇다
정신주의5		전체	143(22.8)	207(33.0)	151(24.0)	59(9.4)	68(10.8)
	학년	초등 3	22(19.8)	18(16.2)	22(19.8)	12(10.8)	37(33.3)
		초등 5	20(18.5)	31(28.7)	34(31.5)	10(9.3)	13(12.0)
		중등 1	39(28.5)	50(36.5)	25(18.2)	16(11.7)	7(5.1)
		중등 3	36(27.9)	43(33.3)	32(24.8)	10(7.8)	8(6.2)
		고등 2	26(18.2)	65(45.5)	38(26.6)	11(7.7)	3(2.1)
	성별	남	81(26.5)	88(28.8)	77(25.2)	27(8.8)	33(10.8)
		여	62(19.3)	119(37.0))	74(23.0)	32(9.9)	35(10.9)

응답자의 45.1%가 긍정했고, 21.0%는 부정했다. 초등학교 3학년 51.3%, 초등학교 5학년 44.4%, 중학교 1학년 51.1%, 중학교 3학년 41.1%, 고등학교 2학년 38.5%가 이 진술에 대해서 긍정하였다.

우정과 자기희생이란 셰익스피어 작품의 주제가 되듯이 고전적 명제다. 현대 아동, 청소년이 우정과 자기희생에 대해서 어떻게 생각하는지를 질문했을 때, 친구와의 우정을 지키기 위해 자신이 피해볼 필요가 없다(정신주의5)고 생각하는 응답자는 전체 아동, 청소년 중 20.2%에 해당하고 그렇지 않다고 생각하는 응답자는 전체의 55.8%에 해당한다. 우정과 자기희생의 관계를 수용하는 아동, 청소년이 2배가 된다. 초등학교 3학년 36.0%, 초등학교 5학년 47.2%, 중학교 1학년 65.0%, 중학교 3학년 61.2%, 고등학교 2학년 63.7%가 우정과 자기희생의 정적인 관계를 시인했다.

<표 5-14>에서 보듯이, 네티즌은 가난한 사람일수록 욕심 때문에 부끄러운 일을 저지른다는 진술(정신주의2)에 대해서 전체 응답자의 24.1%가 동의하고 37.5%가 부정했다. 남자 25.0%, 여자 22.7%가 동의했고, 남자 35.7%, 여자 40.1%가 부정했다. 여자들이 빈곤한 사람들이 욕심 때문에 부끄러운 일을 저지른다는 데에 대해서 더 민감하게 반응하고 배려적인 것을 알 수 있다.

집단책임감을 묻는 문항으로 다른 사람이 잘못을 했을 때 내게도 그에 대한 책임이 있다고 생각한다(정신주의4)는 진술에 대해 응답자 중 29.9%가 시인했

〈표 5-14〉 네티즌의 정신주의 단위: 명(%)

구분	조사대상		전혀 그렇지 않다	별로 그렇지 않다	그저 그렇다	조금 그렇다	매우 그렇다
정신주의2		전체	124(11.4)	284(26.1)	418(38.4)	218(20.0)	45(4.1)
	연령	10대	9(22.0)	10(24.4)	15(36.6)	5(12.2)	2(4.9)
		20대	49(13.3)	103(27.9)	137(37.1)	67(18.2)	13(3.5)
		30대	38(9.3)	108(26.5)	168(41.2)	78(19.1)	16(3.9)
		40대	19(9.8)	50(25.9)	66(34.2)	47(24.4)	11(5.7)
		50세 이상	9(11.5)	13(16.7)	32(41.0)	21(26.9)	3(3.8)
	성별	남	74(11.2)	161(24.5)	258(39.2)	145(22.0)	20(3.0)
		여	50(11.6)	123(28.5)	160(37.1)	73(16.9)	25(5.8)
정신주의4		전체	35(3.2)	162(14.9)	567(52.1)	298(27.4)	27(2.5)
	연령	10대	0(0)	10(24.4)	16(39.0)	14(34.1)	1(2.4)
		20대	10(2.7)	63(17.1)	193(52.3)	94(25.5)	9(2.4)
		30대	15(3.7)	56(13.7)	222(54.4)	107(26.2)	8(2.0)
		40대	5(2.6)	25(13.0)	95(49.2)	61(31.6.)	7(3.6)
		50세 이상	5(6.4)	8(10.3)	41(52.6)	22(28.2)	2(2.6)
	성별	남	16(2.4)	83(12.6)	341(51.8)	204(31.0)	14(2.1)
		여	19(4.4)	79(18.3)	226(52.4)	94(21.8)	13(3.0)
정신주의5		전체	47(4.3)	293(26.9)	543(49.9)	183(16.8)	23(2.1)
	연령	10대	1(2.4)	17(41.5)	14(34.1)	8(19.5)	1(2.4)
		20대	10(2.7)	106(28.7)	187(50.7)	60(16.3)	6(1.6)
		30대	22(5.4)	111(27.2)	192(47.1)	74(18.1)	9(2.2)
		40대	10(5.2)	49(25.4)	101(52.3)	27(14.0)	6(3.1)
		50세 이상	4(5.1)	10(12.8)	49(62.8)	14(17.9)	1(1.3)
	성별	남	34(5.2)	192(29.2)	320(48.6)	98(14.9)	14(2.1)
		여	13(3.0)	101(23.4)	223(51.7)	85(19.7)	9(2.1)

고, 18.1%는 부인했다. 남자 33.1%, 여자 24.8%가 시인했고, 남자 15.0%, 여자 22.7%가 부인했다. 남자 중에 집단책임감을 가지고 있는 사람이 더 많다.

친구와의 우정을 지키기 위해 자신을 희생할 필요가 없다고 생각하는지를 묻는 진술(정신주의5)에 대해 네티즌 응답자 18.9%가 시인했고, 31.2%가 부인했다. 일반적으로 친구와의 우정을 지키기 위해서 자신을 희생할 수 있다고 생각하는 경향이 강하다. 남자 34.4%, 여자 26.4%가 희생할 필요가 있다고 응답하여, 남자가 더 많다.

4) 집합주의

집합주의를 나타내는 조사 문항으로 혼자서 일하기보다는 여러 사람과 함께 일하는 것이 좋다는데 초, 중, 고등학생들은 대부분 크게 동의했다. 그리고 부모는 개인적 즐거움을 찾기에 앞서 책임을 다하도록 아이를 가르쳐야 한다는 데에도 기꺼이 동의했다. 나는 하고 싶지 않은 일이라도 학급이나 친구를 위해서는 기꺼이 한다는 문항에도 동의했다. 그러나 자신이 속한 집단을 위해 희생하라든지, 타인과 생각이 다를 때 말하지 않는다는 것은 부인했다. 또한 집단을 위해 희생하지 않고 이견이 있을 때에는 반대 의견을 말해야 한다는 생각을 지니고 있다.

집합주의를 나타내는 조사 문항으로 네티즌은 다른 사람과 의견이 다를 때 자기 의견을 말하지 않는다는 문항에서만 부인하고 나머지 문항에는 모두 동의했다. 네티즌들은 혼자서 일하기보다는 여러 사람과 함께 일하는 것이 좋고, 부모는 개인적 즐거움을 찾기에 앞서 책임을 다하도록 아이를 가르쳐야 하며, 자신이 하고 싶지 않은 일이라도 학급이나 친구를 위해서는 기꺼이 해야 하고, 자신이 속한 집단을 위해 희생해야 한다고 생각한다. 물론 동의 정도가 미약하므로 찬성이든 반대든 심각한 수준은 아니므로, 집합주의적 사고가 상존하더라도 객관성, 합리적 판단에 장애가 될 것 같지는 않다.

한국사회의 아동, 청소년의 집합주의 정향은 높은 것으로 알려져 있다. 모든 학년에서 응답자들은 중간값 15점을 넘는 다소 높은 집합주의 정향이 안정되어 있다. 집합주의 정향은 학년에 따라 의미 있는 차이가 있으나 그 차이가 미미하므로, 발달적으로 일관된 경향을 보여주지 않는다. 초등학교 5학년 집단의 집합주의 정향 점수가 가장 낮고 중학교 1학년 집단의 점수가 가장 높다. 나머지 집단의 점수는 둘 사이에 있다. 이 결과는 한국사회에서 성장하는 아동,

〈표 5-15〉 초, 중, 고등학생과 네티즌의 집합주의 정향 빈도

조사 대상	문항	N	평균	표준 편차	최솟값	최댓값
초중고등학생	나는 내가 속한 집단을 위해서 희생해야 한다.	640	2.67	1.157	1	5
	부모는 개인적 즐거움을 찾기에 앞서 책임을 다하도록 아이를 가르쳐야 한다.	635	3.58	1.151	1	5
	나는 혼자서 일하기보다는 여러 사람들과 함께 일하는 것이 좋다.	635	4.13	1.061	1	5
	나는 다른 사람들과 생각이 다를 때 내 생각을 말하지 않는다.	639	2.51	1.228	1	5
	나는 내가 하고 싶지 않은 일이라도 학급이나 친구를 위해서는 기꺼이 한다.	639	3.09	1.073	1	5
네티즌	나는 내가 속한 집단을 위해서 희생해야 한다.	1,089	3.03	.788	1	5
	부모는 개인적 즐거움을 찾기에 앞서 책임을 다하도록 아이를 가르쳐야 한다.	1,089	3.72	.841	1	5
	나는 혼자서 일하기보다는 여러 사람들과 함께 일하는 것이 좋다.	1,089	3.39	.861	1	5
	나는 다른 사람들과 생각이 다를 때 내 생각을 말하지 않는다.	1,089	2.86	.911	1	5
	나는 내가 하고 싶지 않은 일이라도 학급이나 친구를 위해서는 기꺼이 한다.	1,089	3.23	.771	1	5

청소년이 일찍이 집합주의 정향을 형성하였으며 나이가 들면서도 그러한 정향은 변화되지 않은 채 안정적으로 유지된다는 사실을 의미한다. 아동, 청소년의 집합주의 정향은 성별에 따라 차이가 없다. 한편, 네티즌의 집합주의를 연령과 성별에 따라서 변량분석한 바에 의하면 연령변수의 주효과($F=4.25$, $df=4$, $p<.01$)가 유의하다. 그러나 성별 변수의 주효과나 연령과 성별의 상호작용 효과는 유의하지 않다.

<표 5-18>에서 보듯이 집단을 위해 자신을 희생해야 한다고 생각하는지를 묻는 진술(집합주의1)에 대해 초, 중, 고등학생의 24.4%가 시인했고, 40.9%가 부인했다. 초등학교 3학년 12.8%, 초등학교 5학년 10.2%, 중학교 1학년 32.8%, 중학교 3학년 32.5%, 고등학교 2학년 28.5%가 시인했다. 학년이 높아

〈표 5-16〉 초, 중, 고등학생의 학년별, 성별 집합주의 평균값 비교

구분		N	M	SD	F	Scheffe´검증
전체		631	15.98	2.86		
연령	초등 3	110	15.75	3.48	3.107*	ab
	초등 5	108	15.37	2.42		a
	중등 1	137	16.56	2.75		b
	중등 3	132	16.19	3.06		ab
	고등 2	144	15.85	2.46		ab
구분		N	M	SD	t	
성별	남	307	16.11	2.87	1.176	
	여	324	15.85	2.86		

* p<.05

〈표 5-17〉 네티즌의 연령과 성별에 따른 집합주의 변량분석

범주	변동원	자승합	자유도	평균자승	F
집합주의	연령	93.194	4	23.299	4.25**
	성별	18.116	1	18.116	3.31
	연령×성별	26.144	4	6.536	1.19
	오차	5910.643	1079	5.478	

** p<.01

질수록 집합주의 성향, 즉 개인은 집단을 위해 희생해야 한다는 의무감을 가진 비율이 더 높다.

부모가 자녀에게 개인적 쾌락보다는 책임감을 우선하여 가르쳐야 한다고 생각하는지를 묻는 진술(집합주의2)에 대해 응답 아동과 청소년의 54.5%가 그렇다고 시인했고, 16.3%가 그렇지 않다고 부인했다. 초등학교 3학년 58.1%, 초등학교 5학년 55.5%, 중학교 1학년 52.5%, 중학교 3학년 50.0%, 고등학교 2학년 56.9%가 시인했다.

혼자 일하는 것보다 다른 사람들과 같이 일하는 것을 더 선호하는지 묻는

진술(집합주의3)에 대해 76.5%가 긍정했고, 8.9%가 부정했다. 초등학교 3학년 83.6%, 초등학교 5학년 74.1%, 중학교 1학년 83.2%, 중학교 3학년 67.5%, 고등학교 2학년 75.0%가 긍정했다.

다른 사람들과 생각이 다를 때 자신의 생각을 말하지 않는지에 대한 진술(집합주의4)에 대해 응답자의 24.3%가 그렇다고 응답했고, 54.7%가 그렇지 않다고 응답했다. 초등학교 3학년 30.0%, 초등학교 5학년 22.3%, 중학교 1학년 27.0%, 중학교 3학년 28.0%, 고등학교 2학년 15.3%가 다른 사람들과 생각이 다를 때 자신의 생각을 말하지 않는다고 응답했다. 남자 26.0%, 여자 22.5%가 자신의 생각을 말하지 않는다고 응답했고, 남자 49.1%, 여자 59.9%는 그렇지 않다고 응답했다. 타인과 자신의 의견이 다를 때 여학생이 남학생보다 자기의 의견을 더 말하는 경향이 있다. '용기 있는 소년'이라는 말에서 반영해오던 남성과 용기에 대한 명제가 우리 사회에 더 이상 부합되지 않음을 알 수 있다.

학급이나 친구를 위해서라면 자신이 하고 싶지 않은 일이라도 기꺼이 할 수 있는지 묻는 진술(집합주의5)에 대해 32.7%가 긍정했고, 27.8%가 부정했다. 초등학교 3학년 43.6%, 초등학교 5학년 37.1%, 중학교 1학년 28.4%, 중학교 3학년 28.8%, 고등학교 2학년 28.5%가 긍정했다.

<표 5-19>에서 보듯이 네티즌 응답자 중 27.0%가 집단을 위해서 자신이 희생하는 것(집합주의1)을 인정하였고, 22.5%가 부정했다. 10대 12.2%, 20대 23.0%, 30대 28.0%, 40대 33.1%, 50세 이상 33.4%로 나타나서 연령이 높을수록 집단의 가치를 긍정하는 응답비율이 더 높은 것을 볼 수 있다. 남자 29.9%, 여자 22.5%가 집단에 자신보다 가치를 더 두는 응답을 했고, 남자 16.7%, 여자 31.4%가 부정하는 응답을 하였다. 남자가 여자보다 집단 가치를 더 중요하게 여긴다.

집합주의 사회에서 부모는 개인의 쾌락보다는 공적 책임을 다하도록 교육시켜야 한다. 부모는 개인적 즐거움을 찾기에 앞서 책임을 다하도록 아이를 가르쳐야 한다(집합주의2)는 데 네티즌 응답자의 61.0%가 동의하고, 6.6%가 동의하지 않았다. 남자 60.8%, 여자 61.3%가 부모는 자녀에게 공적 책임을 먼저 가

〈표 5-18〉 초, 중, 고등학생의 집합주의 단위: 명(%)

구분	조사대상		전혀 그렇지 않다	별로 그렇지 않다	그저 그렇다	조금 그렇다	매우 그렇다
집합주의1	전체		132(20.9)	126(20.0)	219(34.7)	120(19.0)	34(5.4)
	학년	초등 3	53(48.2)	18(16.4)	25(22.7)	7(6.4)	7(6.4)
		초등 5	44(40.7)	29(26.9)	24(22.2)	11(10.2)	0(0.0)
		중등 1	14(10.2)	26(19.0)	52(38.0)	31(22.6)	14(10.2)
		중등 3	10(7.6)	24(18.2)	55(41.7)	32(24.2)	11(8.3)
		고등 2	11(7.6)	29(20.1)	63(43.8)	39(27.1)	2(1.4)
	성별	남	67(21.8)	60(19.5)	97(31.6)	62(20.2)	21(6.8)
		여	65(20.1)	66(20.4)	122(37.7)	58(17.9)	13(4.0)
집합주의2	전체		38(6.0)	65(10.3)	184(29.2)	183(29.0)	161(25.5)
	학년	초등 3	19(17.3)	7(6.4)	20(18.2)	15(13.6)	49(44.5)
		초등 5	4(3.7)	11(10.2)	33(30.6)	36(33.3)	24(22.2)
		중등 1	5(3.6)	18(13.1)	42(30.7)	38(27.7)	34(24.8)
		중등 3	7(5.3)	13(9.8)	46(34.8)	40(30.3)	26(19.7)
		고등 2	3(2.1)	16(11.1)	43(29.9)	54(37.5)	28(19.4)
	성별	남	18(5.9)	34(11.1)	93(30.3)	84(27.4)	78(25.4)
		여	20(6.2)	31(9.6)	91(28.1)	99(30.6)	83(25.6)
집합주의3	전체		20(3.2)	36(5.7)	92(14.6)	178(28.2)	305(48.3)
	학년	초등 3	9(8.2)	4(3.6)	5(4.5)	10(9.1)	82(74.5)
		초등 5	4(3.7)	4(3.7)	20(18.5)	22(20.4)	58(53.7)
		중등 1	1(0.7)	5(3.6)	17(12.4)	40(29.2)	74(54.0)
		중등 3	5(3.8)	12(9.1)	26(19.7)	41(31.1)	48(36.4)
		고등 2	1(0.7)	11(7.6)	24(16.7)	65(45.1)	43(29.9)
	성별	남	10(3.3)	21(6.8)	46(15.0)	83(27.0)	47(47.9)
		여	10(3.1)	15(4.6)	46(14.2)	95(29.3)	158(48.8)
집합주의4	전체		159(25.2)	186(29.5)	133(21.1)	111(17.6)	42(6.7)
	학년	초등 3	50(45.5)	13(11.8)	14(12.7)	12(10.9)	21(19.1)
		초등 5	31(28.7)	27(25.0)	26(24.1)	18(16.7)	6(5.6)
		중등 1	30(21.9)	37(27.0)	33(24.1)	30(21.9)	7(5.1)
		중등 3	22(16.7)	35(26.5)	38(28.8)	32(24.2)	5(3.8)
		고등 2	26(18.1)	74(51.4)	22(15.3)	19(13.2).	3(2.1)
	성별	남	64(20.8)	87(28.3)	76(24.8)	52(16.9)	28(9.1)
		여	95(29.3)	99(30.6)	57(17.6)	59(18.2)	14(4.3)
집합주의5	전체		47(7.4)	129(20.4)	249(39.5)	138(21.9)	68(10.8)
	학년	초등 3	19(17.3)	18(16.4)	25(22.7)	16(14.5)	32(29.1)
		초등 5	8(7.4)	21(19.4)	39(36.1)	29(26.9)	11(10.2)
		중등 1	6(4.4)	32(23.4)	60(43.8)	31(22.6)	8(5.8)
		중등 3	7(5.3)	28(21.2)	59(44.7)	30(22.7)	8(6.1)
		고등 2	7(4.9)	30(20.8)	66(45.8)	32(22.2)	9(6.3)
	성별	남	24(7.8)	60(19.5)	114(37.1)	77(25.1)	32(10.4)
		여	23(7.1)	69(21.3)	135(41.7)	61(18.8)	36(11.1)

〈표 5-19〉 네티즌의 집합주의 단위: 명(%)

구분	조사대상		전혀 그렇지 않다	별로 그렇지 않다	그저 그렇다	조금 그렇다	매우 그렇다
집합주의1		전체	33(3.0)	212(19.5)	550(50.5)	281(25.8)	13(1.2)
	연령	10대	4(9.8)	8(19.5)	24(58.5)	4(9.8)	1(2.4)
		20대	13(3.5)	90(24.4)	181(49.1)	78(21.1)	7(1.9)
		30대	11(2.7)	65(15.9)	218(53.4)	112(27.5)	2(0.5)
		40대	4(2.1)	34(17.6)	91(47.2)	63(32.6)	1(0.5)
		50세 이상	1(1.3)	15(19.2)	36(46.2)	24(30.8)	2(2.6)
	성별	남	12(1.8)	98(14.9)	351(53.3)	187(28.4)	10(1.5)
		여	21(4.9)	114(26.5)	199(46.2)	94(21.8)	3(0.7)
집합주의2		전체	3(0.3)	69(6.3)	363(32.4)	467(42.9)	197(18.1)
	연령	10대	0(0.0)	6(14.6)	16(39.0)	13(31.7)	6(14.6)
		20대	2(0.5)	24(6.5)	133(36.0)	155(42.0)	55(14.9)
		30대	0(0.0)	27(6.6)	124(30.4)	176(43.1)	81(19.9)
		40대	1(0.5)	8(4.1)	60(31.1)	86(44.6)	38(19.7)
		50세 이상	0(0.0)	4(5.1)	20(25.6)	37(47.4)	17(21.8)
	성별	남	2(0.3)	32(4.9)	224(34.0)	268(40.7)	132(20.1)
		여	1(0.2)	37(8.6)	129(29.9)	199(46.2)	65(15.1)
집합주의3		전체	20(1.8)	123(11.3)	449(41.2)	406(37.3)	91(8.4)
	연령	10대	3(7.3)	5(12.2)	20(48.8)	12(29.3)	1(2.4)
		20대	10(2.7)	53(14.4)	157(42.5)	115(31.2)	34(9.2)
		30대	5(1.2)	43(10.5)	171(41.9)	157(38.5)	32(7.8)
		40대	2(1.0)	15(7.8)	75(38.9)	88(45.6)	13(6.7)
		50세 이상	0(0.0)	7(9.0)	26(33.3)	34(43.6)	11(14.1)
	성별	남	12(1.8)	58(8.8)	282(42.9)	246(37.4)	60(9.1)
		여	8(1.9)	65(15.1)	167(38.7)	160(37.1)	31(7.2)
집합주의4		전체	60(5.5)	323(29.7)	445(40.9)	228(20.9)	33(3.0)
	연령	10대	3(7.3)	9(22.0)	18(43.9)	9(22.0)	2(4.9)
		20대	21(5.7)	97(26.3)	162(43.9)	78(21.1)	11(3.0)
		30대	25(6.1)	121(29.7)	160(39.2)	92(22.5)	10(2.5)
		40대	9(4.7)	67(34.7)	76(39.4)	36(18.7)	5(2.6)
		50세 이상	2(2.6)	29(37.2)	29(37.2)	13(16.7)	5(6.4)
	성별	남	35(5.3)	201(30.5)	270(41.0)	135(20.5)	17(2.6)
		여	25(5.8)	122(28.3)	175(40.6)	93(21.6)	16(3.7)
집합주의5		전체	17(1.6)	138(12.7)	546(50.1)	351(32.2)	37(3.4)
	연령	10대	0(0.0)	9(22.0)	19(46.3)	11(26.8)	2(4.9)
		20대	12(3.3)	61(16.5)	182(49.3)	101(27.4)	13(3.5)
		30대	2(0.5)	35(8.6)	214(52.5)	146(35.8)	11(2.7)
		40대	2(1.0)	22(11.4)	90(46.6)	72(37.3)	7(3.6)
		50세 이상	1(1.3)	11(14.1)	41(52.6)	21(26.9)	4(5.1)
	성별	남	5(0.8)	62(9.4)	341(51.8)	229(34.8)	21(3.2)
		여	12(2.8)	76(17.6)	205(47.6)	122(28.3)	16(3.7)

르쳐야 한다고 시인했고, 남자 5.2%, 여자 8.8%는 부인했다. 나는 혼자서 일하기보다는 여러 사람과 함께 일하는 것이 좋다는 진술(집합주의3)에 네티즌 응답자 중 45.7%가 시인했고, 13.1%가 그렇지 않다고 부인했다. 10대 31.7%, 20대 40.4%, 30대 46.3%, 40대 52.3%, 50세 이상 57.7%가 혼자서 일하기보다는 여러 사람이 함께 일하는 것이 좋다고 시인했다.

다른 사람들과 생각이 다를 때 자신의 생각을 말하지 않는다는 진술(집합주의4)에 네티즌의 23.9%가 동의했고, 35.2%가 부인했다. 남자의 23.1%, 여자의 25.3%가 동의했고, 남자의 35.8%, 여자의 34.1%가 부인했다.

자기가 하고 싶지 않은 일이라도 학급이나 친구를 위해서는 기꺼이 한다는 진술(집합주의5)에 전체 응답자 중 35.6%가 동의했고, 14.3%가 부정했다. 10대 31.7%, 20대 30.9%, 30대 38.5%, 40대 40.9%, 50세 이상 32.0%가 하고 싶지 않은 일이라도 친구들 위해 한다고 응답했다. 남자 38.0%, 여자 32.0%가 그렇게 한다고 동의했다.

5) 개인주의

개인주의를 나타내는 문항으로 자신의 행복이 무엇보다도 중요하고 우선시되어야 한다는 데 초, 중, 고등학생들은 높은 동의율을 보였다. 그리고 모든 사람들은 다른 사람보다 자기 자신을 먼저 생각한다는 사실에도 동의했다. 단지 남을 위해서 자신의 이익을 희생한다는 것은 가식이라는 진술은 반대했다. 그리고 독립적 인생을 말하는 두 문항, 다른 사람과 독립적으로 자신의 삶을 살아간다거나, 누가 뭐라고 하던 자신의 방식대로 살아간다는 진술에도 반대했다. 우리 사회의 아동, 청소년은 집합주의적 사고를 지니고 있으며 개인주의적 가치와 이념정향을 진정으로 획득하지 못하고 있다.

집합주의 문항에 대체로 찬성하는 네티즌들은 개인주의를 나타내는 모든 문항에도 동의하고 있다. 네티즌들은 자신의 행복이 무엇보다도 중요하고 우선시되어야 한다고 생각하고 모든 사람들은 다른 사람보다 자기 자신을 먼저 생각한다는 사실에도 동의했다. 그리고 남을 위해서 자신의 이익을 희생한다는 것은 가식이라는 진술에도 동의하고, 독립적 인생을 의미하는 두 문항, 다른 사람과 독립적으로 자신의 삶을 살아간다거나, 누가 뭐라고 하던 자신의 방식대로 살아간다는 진술에도 동의했다. 우리 사회의 네티즌에게 집합주의 사고와 개인주의 사고가 병존한다는 사실을 재확인해준다. 이 사실은 선행연구(이순형, 2005)에서도 밝혀진 것으로 연구자는 아직 그 현상에 대한 명료한 설명을 할 수는 없지만, 집합주의가 개인주의에 의해서 밀려나지 않은 채 병존하는 것으로 보인다.

집합주의 정향이 일찍 획득되어 안정적으로 유지되는지와 개인주의 정향이 언제 형성되어 어떻게 발달되는지는 의문이다. 초, 중, 고등학생의 개인주의를 학년과 성별에 따라서 변량분석한 바에 의하면 학년 변수의 주효과($F=11.32$, $df=4$, $p<.001$)와 성별 변수의 주효과($F=3.99$, $df=1$, $p<.05$)가 유의하다. 그러나 학년과 성별의 상호작용 효과는 유의하지 않다. 학년별 개인주의를 분석한 바에 따르면 개인주의 정향점수는 초등학교 시기에는 낮지만 중학교 1학년 이후에는 높은 상태다. 흥미로운 점은 중학교 초기에 형성된 개인주의 정향은 이후 안정적으로 유지된다는 사실이다.

네티즌의 개인주의를 연령과 성별에 따라서 변량분석한 바에 의하면 성별변수의 주효과($F=10.01$, $df=1$, $p<.01$)가 유의하다. 그러나 연령 변수의 주효과나 연령과 성별의 상호작용 효과는 유의하지 않다.

<표 5-23>에서 보듯이, 모든 사람들이 다른 사람보다 자기 자신을 먼저 생각한다고 여기는가를 묻는 진술(개인주의1)에 대해 초, 중, 고등학생 응답자의 46.3%가 시인했고, 22.5%는 부인했다. 초등학교 3학년 33.3%, 초등학교 5학년 34.3%, 중학교 1학년 52.2%, 3학년 49.2%, 고등학교 2학년 56.3%는 시인하여, 초등학생 응답자는 모든 사람이 자기 자신을 먼저 생각한다고 여기는 비율이 다소 낮았다.

다른 사람을 위해 자신의 이익을 희생하는 것을 진심이 아닌 가식으로 생각하는지 묻는 진술(개인주의2)에 대해 27.1%가 가식이라고 응답했고, 39.8%는

〈표 5-20〉 초, 중, 고등학생과 네티즌의 개인주의 정향 빈도

조사 대상	문항	N	평균	표준 편차	최솟값	최댓값
초중고등학생	모든 사람들은 다른 사람보다 자기 자신을 먼저 생각한다.	637	3.31	1.143	1	5
	남을 위해서 자신의 이익을 희생한다는 것은 가식이다.	637	2.85	1.228	1	5
	내가 행복하게 사는 것이 무엇보다도 중요하다.	632	3.90	1.146	1	5
	사람은 다른 사람과 독립적으로 자신의 삶을 살아간다.	632	2.82	1.186	1	5
	나는 누가 뭐라 해도 내가 하고 싶은 대로 살아간다.	638	2.85	1.235	1	5
네티즌	모든 사람들은 다른 사람보다 자기 자신을 먼저 생각한다.	1,089	3.60	.868	1	5
	남을 위해서 자신의 이익을 희생한다는 것은 가식이다.	1,089	3.05	.922	1	5
	내가 행복하게 사는 것이 무엇보다도 중요하다.	1,089	3.95	.895	1	5
	사람은 다른 사람과 독립적으로 자신의 삶을 살아간다.	1,089	3.50	.867	1	5
	나는 누가 뭐라 해도 내가 하고 싶은 대로 살아간다.	1,089	3.35	.838	1	5

가식이 아니라고 응답했다. 초등학교 3학년 37.8%, 5학년 32.3%, 중학교 1학년 25.7%, 3학년 21.9%, 고등학교 2학년 20.9%는 자신을 희생하는 것이 가식이라고 응답했다. 학년이 올라가면서 타인의 희생을 가식으로 생각하는 비율이 낮아지는 반면, 그대로 수용하고 인정하는 비율이 증가하는 것은 바람직한 현상이다.

자신의 행복한 삶이 무엇보다 중요하다(개인주의3)는 문항을 제시했을 때 응답자의 66.7%가 자신이 행복하게 사는 것이 무엇보다 중요하다고 응답했고, 11.7%는 그렇지 않다고 응답했다. 초등학교 3학년 67.6%, 5학년 64.7%, 중학

〈표 5-21〉 초, 중, 고등학생의 학년과 성별에 따른 개인주의 변량분석

범주	변동원	자승합	자유도	평균자승	F
개인주의	학년	505.276	4	126.319	11.32***
	성별	44.547	1	44.547	3.99*
	학년×성별	18.053	4	4.513	.40
	오차	6819.730	611	11.162	

* p<.05, *** p<.001

〈표 5-22〉 네티즌의 연령과 성별에 따른 개인주의 변량분석

범주	변동원	자승합	자유도	평균자승	F
개인주의	연령	19.935	4	4.984	.61
	성별	81.912	1	81.912	10.01**
	연령×성별	60.682	4	15.171	1.86
	오차	8825.623	1079	8.179	

** p<.01

교 1학년 56.6%, 3학년 71.9%, 고등학교 2학년 72.2%는 자신의 행복이 가장 중요하다고 응답했다.

사람은 혼자의 힘으로 살아가는 독립적 존재라고 생각하는지 묻는 진술(개인주의4)에 대해 응답자의 28.7%는 긍정했고, 36.2%는 부정했다. 초등학교 3학년 21.6%, 5학년 8.8%, 중학교 1학년 36.0%, 3학년 35.1%, 고등학교 2학년 35.4%가 긍정하여, 초등학생 응답자보다 중, 고등학생 응답자에서 사람은 독립적 존재라는 응답률이 높은 편이다.

자기 결정을 인정하는 문항에 대해서 다른 사람들의 평가나 기대보다도 자신의 의지와 결정이 중요하다고 생각하는지 묻는 진술(개인주의5)에 대해 응답자의 31.5%가 긍정했고, 41.6%는 부정했다. 초등학교 3학년 18.0%, 5학년 13.7%, 중학교 1학년 30.2%, 3학년 43.0%, 고등학교 2학년 45.8%가 긍정했다. 즉, 학년이 높을수록 자기 결정권에 대한 인식이 증가하는 경향이 있다.

<표 5-24>에서 보듯이, 네티즌의 개인주의 정향에서, 일반적으로 사람이

〈표 5-23〉 초, 중, 고등학생의 개인주의 단위: 명(%)

구분	조사대상		전혀 그렇지 않다	별로 그렇지 않다	그저 그렇다	조금 그렇다	매우 그렇다
개인주의1	전체		48(7.7)	92(14.8)	194(31.2)	186(30.0)	101(16.3)
	학년	초등 3	22(19.8)	19(17.1)	33(2.7)	11(9.9)	26(23.4)
		초등 5	9(8.8)	17(16.7)	41(40.2)	20(19.6)	15(14.7)
		중등 1	8(5.9)	20(14.7)	37(27.2)	43(31.6)	28(20.6)
		중등 3	5(3.9)	20(15.6)	40(31.3)	51(39.8)	12(9.4)
		고등 2	4(2.8)	16(11.1)	43(29.9)	61(42.4)	20(13.9)
	성별	남	25(8.4)	42(14.1)	99(33.2)	87(29.2)	45(15.1)
		여	23(7.1)	50(15.5)	95(29.4)	99(30.7)	56(17.3)
개인주의2	전체		96(15.5)	151(24.3)	206(33.2)	90(14.5)	78(12.6)
	학년	초등 3	31(27.9)	13(11.7)	25(22.5)	9(8.1)	33(29.7)
		초등 5	13(12.7)	18(17.6)	38(37.3)	14(13.7)	19(18.6)
		중등 1	22(12.7)	28(20.6)	51(37.5)	23(16.9)	12(8.8)
		중등 3	15(11.7)	42(32.8)	43(33.6)	20(15.6)	8(6.3)
		고등 2	15(10.4)	50(34.7)	49(34.0)	24(16.7)	6(4.2)
	성별	남	55(18.5)	71(23.8)	102(34.2)	39(13.1)	31(10.4)
		여	41(12.7)	80(24.8)	104(32.2)	51(15.8)	47(14.6)
개인주의3	전체		28(4.5)	45(7.2)	134(21.6)	162(26.1)	252(40.6)
	학년	초등 3	11(9.9)	9(8.1)	16(14.4)	14(12.6)	61(55.0)
		초등 5	6(5.9)	12(11.8)	18(17.6)	21(20.6)	45(44.1)
		중등 1	7(5.1)	11(8.1)	41(30.1)	32(23.5)	45(33.1)
		중등 3	2(1.6)	7(5.5)	27(21.1)	42(32.8)	50(39.1)
		고등 2	2(1.4)	6(4.2)	32(22.2)	53(36.8)	51(35.4)
	성별	남	16(5.4)	23(7.7)	72(24.2)	70(23.5)	117(39.3)
		여	12(3.7)	22(6.8)	62(19.2)	92(28.5)	135(41.8)
개인주의4	전체		110(17.7)	115(18.5)	218(35.1)	127(20.5)	51(8.2)
	학년	초등 3	50(45.0)	20(18.0)	17(15.3)	9(8.1)	15(13.5)
		초등 5	31(30.4)	31(30.4)	31(30.4)	6(5.9)	3(2.9)
		중등 1	9(6.6)	22(16.2)	56(41.2)	35(25.7)	14(10.3)
		중등 3	10(7.8)	27(21.1)	46(35.9)	36(28.1)	9(7.0)
		고등 2	10(6.9)	15(10.4)	68(47.2)	41(28.5)	10(6.9)
	성별	남	53(17.8)	51(17.1)	113(37.9)	58(19.5)	23(7.7)
		여	57(17.6)	64(19.8)	105(32.5)	69(21.4)	28(8.7)

〈표 5-23〉 계속

구분	조사대상		전혀 그렇지 않다	별로 그렇지 않다	그저 그렇다	조금 그렇다	매우 그렇다
개인주의5	전체		101(16.3)	157(25.3)	167(26.9)	130(20.9)	66(10.6)
	학년	초등 3	48(43.2)	22(19.8)	21(18.9)	9(8.1)	11(9.9)
		초등 5	27(26.5)	36(36.3)	25(24.5)	5(4.9)	9(8.8)
		중등 1	16(11.8)	37(27.2)	42(30.9)	28(20.6)	13(9.6)
		중등 3	7(5.5)	27(21.1)	39(30.5)	39(30.5)	16(12.5)
		고등 2	3(2.1)	35(24.3)	40(27.8)	49(34.0)	17(11.8)
	성별	남	50(16.8)	76(25.5)	76(25.5)	62(20.8)	34(11.4)
		여	51(15.8)	81(25.1)	91(28.2)	68(21.1)	32(9.9)

〈표 5-24〉 네티즌의 개인주의

단위: 명(%)

구분	조사대상		전혀 그렇지 않다	별로 그렇지 않다	그저 그렇다	조금 그렇다	매우 그렇다
개인주의1	전체		11(1.0)	84(7.7)	395(36.3)	437(40.1)	162(14.9)
	연령	10대	0(0.0)	1(2.4)	11(26.8)	17(41.5)	12(29.3)
		20대	4(1.1)	30(8.1)	140(37.9)	13(37.1)	58(15.7)
		30대	5(1.2)	31(7.6)	153(37.5)	162(39.7)	57(14.0)
		40대	2(1.0)	14(7.3)	65(33.7)	91(47.2)	21(10.9)
		50세 이상	0(0.0)	8(10.3)	26(33.3)	30(38.5)	14(17.9)
	성별	남	7(1.1)	51(7.8)	245(37.2)	277(42.1)	78(11.9)
		여	4(0.9)	33(7.7)	150(34.8)	160(37.1)	84(19.5)

다른 사람보다 자기 자신을 먼저 생각한다는 진술(개인주의1)에 있어 응답자의 55.0%가 개인주의에 동의했다. 남자 54.0%, 여자 56.6%가 일반적으로 사람들이 다른 사람보다 자기 자신을 먼저 생각하는 것은 당연하다고 응답했으나, 여자의 경우 매우 그렇다고 대답한 비율이 남자에 비해 높았다. 이 문항을 제외한 나머지 개인주의를 묻는 문항에 있어서는 연령별, 성별에 따른 차이가 없이 비슷한 양상을 보였다.

2. 자아정체와 이념정향의 관계

1) 자기개념, 정체의식과 이념정향 간의 관계

초, 중, 고등학생의 자기개념, 자기신뢰감, 자기만족감과 정체의식 간의 관계에서 대부분의 변수 간에 정적인 상관관계가 나타났다. 특히 자아정체감과 자기수용은 자기개념, 자기신뢰감, 자기만족감과 높은 정적 상관이 있었다. 가족정체와 민족정체는 자기개념, 자기신뢰감, 자기만족감 모두와 정적 상관관계가 있으나, 높은 수준은 아니다.

네티즌의 경우, 자기개념과 자기신뢰감은 자아정체감, 성정체, 자기수용, 가족정체와 정적인 상관관계가 있다. 자기만족감은 민족정체를 제외한 모든 정체의식 하위변수와 정적인 상관관계에 있으나, 그리 높은 수준은 아니다.

성정체의 경우 초, 중, 고등학생의 경우 자기만족감에서만 정적 상관이 나타났으나, 네티즌의 경우, 자기개념, 자기신뢰감, 자기만족감과 모두 정적인 상관을 보였다.

초, 중, 고등학생의 자기개념, 자기신뢰감, 자기만족감과 이념정향의 관계에서, 가족주의는 자기개념, 자기신뢰감, 자기만족감 모두와 정적인 상관관계를 보인다. 그러나 물질주의는 자기개념, 자기신뢰감, 자기만족감과 각각 부적인 상관관계가 있는 것으로 나타났다.

네티즌의 경우 가족주의와 집합주의는 자기개념, 자기신뢰감, 자기만족감과 모두 정적인 상관관계가 있다. 한편 개인주의는 초, 중, 고등학생의 경우 자기만족감과 부적인 상관관계가 있으나, 네티즌의 경우 자기신뢰감, 자기만족감, 자기개념 모두와 각각 정적인 상관관계를 보였다.

초, 중, 고등학생의 정체의식과 이념정향 간의 관계를 살펴보면 가족주의는 성정체를 제외한 모든 정체의식 하위변수와 각각 정적인 상관관계가 있으며,

〈표 5-25〉 자기개념, 자기신뢰감, 자기만족감과 정체의식 간의 상관관계

조사 대상	구분	정체의식					
		자아정체감	성정체	자기수용	가족정체	민족정체	국가정체
초중 고등 학생	자기개념	.33***	n.s	.51***	.11**	.13**	.09*
	자기신뢰감	.27***	n.s	.40***	.16***	.12**	.10*
	자기만족	.45***	.19***	.55***	.15***	.14***	n.s
네티즌	자기개념	.36***	.35***	.57***	.21***	-.13***	-.18***
	자기신뢰감	.39***	.35***	.47***	.28***	-.17***	-.17***
	자기만족감	.16***	.10**	.14***	.13***	n.s	.07*

*p<.05, **p<.01, ***p<.001

〈표 5-26〉 자기개념, 자기신뢰감, 자기만족감과 이념정향 간의 상관관계

조사 대상	구분	이념정향				
		가족주의	물질주의	정신주의	집합주의	개인주의
초중 고등 학생	자기개념	.31***	-.21***	.16***	.13**	n.s
	자기신뢰감	.28***	-.20***	.08*	n.s	n.s
	자기만족감	.23***	-.29***	.10*	n.s	-.11**
네티즌	자기개념	.26***	-.09**	.07*	.27***	.07*
	자기신뢰감	.20***	n.s	n.s	.27***	.24***
	자기만족감	.13***	.12***	n.s	.13***	.11***

* p<.05, ** p<.01, *** p<.001

특히 가족정체, 자기수용과 높은 상관이 있다. 반면 물질주의는 자기수용, 자아정체감, 민족정체, 성정체와 각각 부적 상관관계가 있으며, 특히 자기수용과 다소 낮은 상관이 있다.

네티즌의 경우 가족주의는 가족정체, 자기수용, 성정체, 자아정체감과는 정적인 상관관계에 있으며, 특히 가족정체, 자기수용과 높은 상관이 있다. 집합주의와 개인주의 또한 가족정체, 성정체, 자기수용, 자아정체감과 각각 정적인 상관관계를 지닌다. 물질주의는 대부분의 정체의식 하위 변수와 낮은 부적 관계

〈표 5-27〉 정체의식과 이념정향 간의 상관관계

조사대상	구분		이념정향				
			가족주의	물질주의	정신주의	집합주의	개인주의
초중고등학생	정체의식	자아정체감	.14***	-.13**	n.s	n.s	n.s
		성정체	n.s	-.09*	.13**	n.s	n.s
		자기수용	.26***	-.23***	.12**	.n.s	n.s
		가족정체	.43***	n.s	.10*	.09*	n.s
		민족정체	.18***	-.11**	n.s	-.13**	-.16***
		가족정체	.14**	n.s	-.14**	-.18***	n.s
네티즌	정체의식	자아정체감	.18***	-.09**	n.s	.14***	.10**
		성정체	.19***	.09**	.08**	.27***	.20***
		자기수용	.28***	-.08*	.11***	.26***	.15***
		가족정체	.52***	.22***	n.s	.29***	.28***
		민족정체	-.15***	-.06*	-.07*	-.10**	-.08*
		가족정체	-.09**	n.s	-.11***	-.13***	n.s

*p<.05, **p<.01, ***p<.001

를 보인 것과 달리, 가족정체와는 정적인 상관관계를 보인다는 점이 특기할 만하다.

2) 자기개념, 정체의식과 관련 변수의 설명력

초, 중, 고등학생과 네티즌의 자기개념을 형성하는 변수들이 무엇인가를 찾아내기 위해서 단계적 회귀분석을 실시하였다. 자기개념에서 초, 중, 고등학생의 자기개념에는 자기신뢰감, 자기만족감, 자기수용의 설명력이 의미 있게 큰 것으로 나타났으며, 이는 자기개념 분산의 50.3%를 설명하였다. 아동, 청소년이 자기개념을 형성하는 데에 자기신뢰감이 가장 중요하며 다음으로 자기만족감과 자기수용이 중요한 것으로 밝혀졌다. 네티즌의 자기개념에는 자기수용, 자기신뢰감의 설명력이 의미 있게 큰 것으로 나타났으며, 이는 자기개념 분산의 43.5%를 설명하였다. 네티즌의 자기개념은 자기를 수용하고 자신에 대한 신뢰가 높을수록 높다. 아동, 청소년기에 자기개념이 자기신뢰감, 자기수용이 크게 좌우하는 것과 동일한 맥락으로 네티즌의 자기개념도 자기수용, 자기신뢰감이 큰 영향을 미친다.

정체의식 중 자아정체성에 대한 회귀분석결과에 의하면, 초, 중, 고등학생들의 자아정체감은 자기만족감, 자기수용과 집합주의 3개 변수에 의해서 크게 영향을 받는 것으로 나타났다. 이들 변수의 설명력은 23.3%이다. 아동, 청소년의 자아정체성은 자기만족감과 자기수용에 주로 의존하며 집합주의도 자아정체성의 형성에 관련되는 것으로 보인다. 네티즌들의 자아정체성은 자기수용, 자기신뢰감, 자기만족감에 의해서 크게 영향을 받으며, 이는 분산의 24.9%를 설명할 수 있다. 즉 개인의 자아정체성은 자기수용을 할수록, 자기신뢰감과 자기만족감이 높을수록, 긍정적으로 형성되는 경향이 있다.

가족정체에서 초, 중, 고등학생의 가족정체는 가족주의, 연령이 주로 영향을 미치는 것으로 밝혀졌으며, 이는 분산의 25.8%를 설명한다. 아동, 청소년의 가족정체는 연령이 높을수록 가족주의와 관계가 높아졌다. 네티즌의 가족정체는 가족주의, 개인주의가 주로 영향을 미치는 것으로 나타났으며, 이는 분산의 33.6%를 설명하였다. 가족정체가 가족주의 정향에 크게 좌우되는 것은 아동, 청소년을 대상으로 조사한 결과와 유사하다. 네티즌의 가족정체는 가족주의, 개인주의 정향이 견고하게 형성한다고 볼 수 있다.

민족정체는 초, 중, 고등학생의 경우 국가정체와 연령이 크게 영향을 미친다는 사실을 알 수 있다. 이는 민족정체의 51.3%의 설명력을 가진다. 즉 아동, 청소년의 민족정체 의식은 연령이 높을수록 국가정체 의식과 높아진다. 네티즌의 민족정체에도 국가정체가 크게 영향을 미치며, 이는 분산의 28.0%를 설명한다. 이는 초, 중, 고등학교 조사 결과와 동일하며, 민족정체와 국가정체 사이에 높은 상관성이 있음을 확인할 수 있다.

국가정체에는 조사대상에 관계없이 민족정체의 설명력이 가장 높은 것으로 나타났다. 초, 중, 고등학생과 네티즌의 민족정체는 국가주의의 분산의 각각 40.1%와 28.0%를 설명하였다. 이를 통해 민족정체는 국가정체를 설명하는 가

〈표 5-28〉 자기개념에 대한 단계적 회귀분석결과

조사대상	모형	B	β	R	F	R^2
초중 고등 학생	상수	16.737				
	자기신뢰감	1.226	.425			
	자기만족감	1.079	.261			
	자기수용	.977	.186	.710	172.044	.503
네티즌	상수	19.481				
	자기수용	1.984	.396			
	자기신뢰감	1.018	.374	.659	417.603	.435

〈표 5-29〉 자아정체감에 대한 단계적 회귀분석결과

조사대상	모형	B	β	R	F	R^2
초중 고등 학생	상수	6.898				
	자기만족감	.454	.056			
	자기수용	.197	.071			
	집합주의	.083	.036	.483	51.501	.233
네티즌	상수	4.651				
	자기수용	.560	.332			
	자기신뢰감	.204	.223			
	자기만족감	.223	.087	.499	120.085	.249

〈표 5-30〉 가족정체에 대한 단계적 회귀분석결과

조사대상	모형	B	β	R	F	R^2
초중	상수	-15.559				
고등	가족주의	.379	.041			
학생	연령	.263	.062	.485	78.500	.258
네티즌	상수	6.190				
	가족주의	.590	.510			
	개인주의	.368	.260	.580	275.244	.336

〈표 5-31〉 민족정체에 대한 단계적 회귀분석결과

조사대상	모형	B	β	R	F	R^2
초중	상수	-44.272				
고등	국가정체	.739	.512			
학생	연령	.526	.355	.716	268.117	.513
네티즌	상수	8.347				
	국가정체	.377	.529	.529	423.019	.280

〈표 5-32〉 국가정체에 대한 단계적 회귀분석결과

조사대상	모형	B	β	R	F	R^2
초중	상수	7.036				
고등학생	민족정체	.439	.634	.634	342.660	.401
네티즌	상수	3.267				
	민족정체	.743	.529	.529	423.019	.280

장 강력한 변수임을 알 수 있다. 아동, 청소년 및 네티즌의 국가정체는 민족정체가 높을수록 높아진다.

3. 소결

아동, 청소년이나 네티즌들이 가지고 있는 자기개념이나 자아정체가 이념정향과 어떠한 관계가 있는지는 의문이었다. 자기개념을 높게 가지고 자아정체가 잘 형성되어 있는 사람이 개인주의적이고 물질주의적 정향을 보이는지 아니면 가족주의적이고 집합주의 정향을 보일지는 연구의 관심사였다. 그동안 연구자들은 물질주의에 대해서는 관심을 두었지만 개념적으로 물질주의에 상반되는 것으로 생각되는 정신주의에 대해서는 연구된 바가 없으므로 이 연구에서 정신주의를 상정하고 그 문항을 구성해서 비교 연구를 시도했다.

이 장에서는 아동, 청소년과 네티즌의 자기개념, 성정체, 민족정체, 국가정체 등을 포함한 자아정체와 다섯 가지 이념정향, 즉 가족주의, 물질주의, 정신주의, 집합주의, 개인주의 사이의 관계를 살펴보았다.

가족주의에서 초, 중, 고등학생은 학년에 따른 차이가 있다. 초, 중, 고등학생의 가족주의 의식은 학년이 증가할수록 대체로 감소하며, 초등학교, 중등학교, 고등학교별로 차이가 있다. 학년이 증가하면 자신의 소망과 달리 부모의 뜻에 따르겠다는 의견이나 부모를 위해서 힘든 공부를 하겠다는 의견이 현격히 감소하여, 이는 점차 독립성을 취하는 청소년의 의지를 반영한다. 친척 간 부조의식, 부모봉양 의식 및 부모의 배우자 동의권에 동의하는 비율이 점점 낮아진다. 그러나 학년에 상관없이 전체 응답자의 1/2 이상의 아동, 청소년이 부모를 가까이에서 봉양해야 한다는 생각을 가지고 있다. 한편, 남아선호사상에 있어서는 연령차와 성차가 모두 나타나 여학생은 남학생보다 남아선호사상에 부정적으로 응답한 비율이 매우 높은 편이다.

네티즌의 가족주의는 연령에 따른 차이가 있다. 네티즌은 대체로 연령이 증가할수록 가족주의가 감소한다. 그리고 연령이 높을수록 남아선호사상을 지지하며, 여자가 남자보다 남아선호사상을 지지하지 않는 비율이 높았다. 친척 간 부조의식과 부모봉양의식에서 높은 연령층과 남성이 보다 뚜렷한 가족주의 정향을 보였다. 부모의 배우자 동의권에서도 연령 차이가 있어서, 높은 연령층일수록 배우자를 고를 때 부모에게 허락을 받아야 한다는 응답이 많았다.

물질주의는 연령에 따른 차이가 있는데, 초, 중, 고등학생은 학년에 따른 차이가 있었으며, 네티즌은 연령에 따른 차이와 함께 연령과 성별에 따른 차이도 있었다. 초, 중, 고등학생의 물질주의는 대체로 학년이 높아짐에 따라 증가한다. 네티즌의 물질주의 정향은 10대, 20대, 30대에는 증가하다가 40대부터 감소하고 50대 이후에는 더 감소한다. 대체로 여성이 남성보다 물질주의 정향이 더 높으며, 특히 30대 여성의 물질주의 정향이 남자의 것보다 유의하게 더 높다. 오직 40대에서만 남자응답자들의 물질주의 정향이 더 높으나 유의한 수치는 아니다. 초, 중, 고등학생의 물질주의 의식에서 학년이 높아질수록 직업을 물질적 보상으로 여기거나 황금만능주의적 사고를 하는 경우와 빈곤과 불행의 관련성, 빈곤과 걱정의 관련성, 혼인과 재산의 관련성, 물질과 마음의 관련성을 인정하는 비율이 높아진다. 경제력으로 사람을 평가한다는 생각도 학년이 높을수록 증가한다. 대체로 여학생이 남학생보다 경제력으로 사람을 평가한다고 생각하는 경향이 더 크다. 문항별 분석에서 초등학교 5학년이 물질주의적 응답을 한 비율이 가장 낮았고, 중·고등학교 시기에는 그 비율이 점점 높아진다. 네티즌의 물질주의 의식에서 여성이 남성에 비하여 황금만능주의적 사고, 빈곤과 불행의 관련성, 빈곤과 걱정의 관련성 및 혼인과 재산의 관련성을 인정하는 비율이 더 높으며, 물질과 마음의 관련성에서는 연령이 높을수록 이에 동의하는 비율이 높았다.

정신주의의 경우, 초, 중, 고등학생은 학년에 따른 차이가 있었으나, 네티즌은 연령과 성별 두 변수에 따른 차이가 없었다. 초, 중, 고등학생의 정신주의 정향에서 초등학교 5학년 집단이 가장 높으며, 고등학교 2학년 집단이 가장 낮다. 구체적으로 학년이 높을수록 부자도 순수한 사랑을 할 수 있다는 응답이 많으며, 여학생이 남학생보다는 부자의 순애(純愛) 가능성을 더 높게 시인했다. 출세 욕망을 가진 사람과 진실한 사람의 관계에서 초등학교 5학년 이후 이를 긍정하는 비율이 감소했으며, 남자가 여자에 비하여 출세 욕망을 버려야 진실한 사람이라고 응답했다. 우정과 자기희생의 관계를 시인하는 비율은 학년이 높아짐에 따라 감소했다. 네티즌의 정신주의 의식에서 여자는 남자에 비해 빈곤한 사람들이 욕심 때문에 부끄러운 일을 저지른다는 것을 부인한 비율이 높으며, 반면 남자는 여자에 비해 집단 책임감을 느끼거나 우정을 위해 자신을 희생할 수 있다고 생각하는 비율이 더 높다.

집합주의의 경우 초, 중, 고등학생은 학년에 따른 차이가 있었으며, 네티즌은 연령에 따른 차이가 있었다. 초, 중, 고등학생의 집합주의는 학년에 따라 의미 있는 차이가 있으나 발달적으로 일관된 경향을 보이지 않아, 초등학교 5학년 집단의 집합주의 정향 점수가 가장 낮고 중학교 1학년 집단의 점수가 가장 높으며, 나머지 응답집단의 점수는 둘 사이에 있다. 학년이 높을수록 개인은 집단을 위해 희생해야 한다는 의무감을 가진 비율이 더 높다. 반면, 부모가 자녀에게 개인적 쾌락보다는 책임감을 우선하여 가르쳐야 한다는 생각은 학년이 높을수록 감소하다가 고등학생 때 약간 증가한다. 또한 학급이나 친구를 위해서라면 자신이 하고 싶지 않은 일이라도 기꺼이 할 수 있다는 생각은 초등학생이 중, 고등학생보다 더 많이 가지고 있다. 한편, 타인과 자신의 의견이 다를 때 여학생이 남학생보다 자기의 의견을 더 말하는 경향이 있다. 네티즌의 집합주의 의식에서 집단 가치를 중시하는 생각은 연령이 높을수록 증가하였으며, 남자가 여자보다 더 중시 여겼다. 또한 연령이 증가할수록 혼자서 일하기보다는 여러 사람이 함께 일하는 것이 좋다는 의견이 증가한다. 자기가 하고 싶지 않은 일이라도 학급이나 친구를 위해서는 기꺼이 한다는 생각은 30대, 40대 및 남자의 동의 비율이 높은 편이었다. 한편, 다른 사람들과 생각이 다를 때 자신의 생각을 말하지 않는다는 의견은 여자가 남자보다 약간 더 많아, 초, 중, 고등학생 조사 결과와 유사한 양상을 보인다.

개인주의의 경우 초, 중, 고등학생은 학년에 따른 차이와 성별에 따른 차이가 있었으며, 네티즌은 성별에 따른 차이가 있었다. 초, 중, 고등학생의 개인주의는 중, 고등학생이 초등학생보다 높으며, 여학생이 남학생보다 약간 높은 편이다. 학년이 증가하면서 모든 사람이 자기 자신을 먼저 생각한다고 여기거나 사람은 독립적인 존재라는 생각, 자기 결정권에 대한 인식이 증가하는 경향이 있다. 반면, 학년이 증가하면서 타인의 희생을 가식으로 생각하는 비율이 낮아지나, 그대로 수용하고 인정하는 비율이 증가한다. 네티즌의 개인주의 정향을 보면 일반적으로 사람이 다른 사람보다 자기 자신을 먼저 생각한다고 여기는 비율이 여성이 남성보다 더 높으며, 나머지 문항에서는 연령별, 성별에 따른 차이 없이 비슷한 양상을 보였다.

이 장에서는 초, 중, 고등학생과 네티즌의 자기개념과 정체의식을 형성하는 변수들을 찾아내기 위해 단계적 회귀분석을 실시하였다. 초, 중, 고등학생의 자기개념에는 자기신뢰감, 자기만족감, 자기수용의 설명력이 크다. 이들의 자아정체감은 자기신뢰감, 자기만족감, 집합주의가 크게 작용한다. 이들의 가족정체는 가족주의와 연령의 영향력이 크다. 이들의 민족정체는 국가정체, 연령의 영향이 크다. 국가정체는 민족정체의 영향이 크다.

네티즌이 자기개념을 결정짓는 데 가장 영향력 있는 변수는 자기수용과 자기신뢰감이다. 자아정체감 형성에는 자기수용, 자기신뢰감과 자기만족감이 가장 큰 영향을 미친다. 가족정체의 경우 가족주의와 개인주의의 설명력이 의미 있게 큰 것으로 나타났다. 또한 민족정체의 경우 국가정체의 설명력이 크고, 국가정체의 경우 민족정체의 설명력이 크다.

6장

가상자아와 실자아

가상공간은 컴퓨터네트워크 속에 존재하는 공간으로 기존의 삼차원 공간과 달리 새로운 공간으로서 본질적 차이가 있다. 가상공간은 여러 특성을 지니고 있는데, 초고속성과 대인관계의 확대, 탈공간성, 익명성과 가상성을 가지고 있다. 가상공간의 이러한 특성으로 가상공간에서 위축된 자아가 해방되고, 자아가 확장될 수 있다. 이와 동시에 자아는 다중자아로서 기능할 수 있다. 즉 가상자아는 단일 성(性)이 아니라 이중 성(性) 정체와 다중(多重) 자아(自我)를 형성할 수 있다. 가상세계는 실재하는 세계가 아니라 컴퓨터 안에서 존재하는 세계이므로 어쩌면 실제 세계에서보다도 더 현실적 세계를 구현한다는 측면에서 초현실성(hyper reality)을 추구한다고 지각할 수 있다. 게다가 사이버 세계는 편집이 가능하므로 스스로의 능력에 대한 자신감을 더욱 확장할 수 있어서 자기정체를 위장할 수 있다. 아직까지는 국내에서 급증하는 네티즌의 정체성에 대한 어떠한 종류의 연구도 실시된 적이 없다. 인터넷 이용자들의 정체성이 사이버공간에서의 성과 관련한 담론과 어떠한 관계가 있는지도 의문이다.

1. 인터넷 접속

1) 인터넷 접속 빈도와 시간

개인은 인터넷을 통해 가상의 공간 속으로 진입하여 여러 가지 활동을 한다. 하루에 한 번 이상 가상공간에 들어가는 경우, 즉 인터넷 접속 빈도를 조사한 결과, 학년이 높을수록 접속 빈도가 증가한다. 초등학교 아동의 경우에 절반에 미치지 못하지만 고등학교 2학년이 되면 71.5%에 이른다. 이러한 분포는 초등학교 아동기와 중, 고등학교 청소년기에 인터넷 사용자에 차이가 있으며, 특히 청소년기에 나이가 들수록 인터넷 사용자가 훨씬 많아진다는 사실을 의미한다. 인터넷에 접속하는 남학생은 69.9%로 여학생 52.1%보다 인터넷 사용자 수가 더 많다.

아동과 청소년의 1일 온라인 활동 평균시간은 100.95분이다. 학년이 높아짐에 따라 인터넷 사용시간은 증가하는 경향이 있어 초등학교 3학년은 평균 71.31분이지만, 중학교 3학년은 120.36분, 고등학교 2학년은 115.76분을 인터넷에 사용한다. 남학생의 인터넷 사용시간은 113.78분이지만 여학생은 89.06분으로 성별에 따른 차이도 크다.

네티즌에게 하루에 인터넷을 여러 번 접속하는지 물었을 때, 전체 응답자 중 69.0%가 그렇다고 답하였고, 6.7%가 그렇지 않다고 응답했다. 10대 63.4%, 20대 71.3%, 30대 69.1%, 40대 71.6%, 50세 이상 53.8%가 하루에 여러 번 접속한다. 연령대별로 인터넷 접속 빈도는 고루 높으나, 50세 이상에는 접속하지 않는 비율이 상대적으로 낮은 편이다. 일반적으로 남자가 여자보다 인터넷 접속과 종속성이 강한 것으로 알려져 왔으나, 이 조사에서는 인터넷 접속에 성차가 유의하게 나타나지 않아 실제 접속만 놓고 보았을 때 그 가정이 틀린 것이었음을 알 수 있다.

〈표 6-1〉 초, 중, 고등학생의 인터넷 접속 빈도 단위: 명(%)

	구분	그렇다	아니다	df	X^2
	전체	388(60.7)	251(39.3)		
학년	초등 3	54(46.6)	62(53.4)	4	33.805***
	초등 5	49(45.0)	60(55.0)		
	중등 1	90(65.2)	48(34.8)		
	중등 3	92(69.7)	40(30.3)		
	고등 2	103(71.5)	41(28.5)		
성별	남	216(69.9)	93(30.1)	1	21.155***
	여	172(52.1)	158(47.9)		

*** p<.001

〈표 6-2〉 초, 중, 고등학생의 인터넷 접속 시간 (단위: 분)

	구분	N	평균	표준편차	최솟값	최댓값	df	F
	전체	630	100.95	77.26	0	600		
학년	초등 3	112	71.31	63.78	0	420	4	8.349***
	초등 5	107	90.57	77.99	0	600		
	중등 1	138	99.43	77.86	0	575		
	중등 3	129	120.36	82.44	0	600		
	고등 2	144	115.76	73.27	0	390		
							df	t
성별	남	303	113.78	5.02	0	600		
	여	327	89.06	3.57	0	420	628	4.061**

** p<.01, *** p<.001

네티즌이 하루에 인터넷을 하며 보내는 시간은 10대 157.39분, 20대 239.60분, 30대 222.55분, 40대 184.51분, 50세 이상 161.35분으로, 20대와 30대가 상대적으로 긴 시간을 가상공간 속에서 보내며, 10대가 가장 짧은 시간을 보낸다. 이는 10대가 학교 수업 때문에 시간의 제약을 받기 때문으로 추정된다.

〈표 6-3〉 네티즌의 인터넷 접속 빈도 단위: 명(%)

구분		전혀 그렇지 않다	별로 그렇지 않다	그저 그렇다	조금 그렇다	매우 그렇다	df	χ^2
	전체	7(0.6)	66(6.1)	265(24.3)	415(38.1)	336(30.9)		
연령	10대	0(0.0)	4(9.8)	11(26.8)	16(39.0)	10(24.4)	16	45.168***
	20대	2(0.5)	19(5.1)	85(23.0)	121(32.8)	142(38.5)		
	30대	1(0.2)	21(5.1)	104(25.5)	159(39.0)	123(30.1)		
	40대	1(0.5)	12(6.2)	42(21.8)	91(47.2)	47(24.4)		
	50세 이상	3(3.8)	10(12.8)	23(29.5)	28(35.9)	14(17.9)		
성별	남	1(0.2)	32(4.9)	172(26.1)	257(39.1)	196(29.8)	4	13.398**
	여	6(1.4)	34(7.9)	93(21.6)	158(36.7)	140(32.5)		

** p<.01, *** p<.001

〈표 6-4〉 네티즌의 인터넷 접속 시간 (단위: 분)

구분		N	평균	표준편차	최솟값	최댓값	df	F
	전체	1,089	214.75	140.24	5	902		
연령	10대	41	157.39	77.38	60	390	4	10.342***
	20대	369	239.60	149.27	60	900		
	30대	408	222.55	146.65	30	902		
	40대	193	184.51	117.65	5	780		
	50세 이상	78	161.35	99.48	30	510		
							df	t
성별	남	658	215.66	140.52	5	900	1087	263
	여	431	213.37	139.97	30	902		

*** p<.001

2) 인터넷 활동 종류

이순형(2002)의 선행조사에 따르면 우리 사회의 네티즌은 컴퓨터를 이용해서 하는 일로, 필요한 정보 수집(21.1%), 전자우편(20%), 문서작성(16.1%), 오락게임

(13.2%), 채팅(12.6%), 특별히 정한 것 없이 이곳저곳 들어가 살펴본 경우(10.5%), 쇼핑(4.2%), 해킹(.3%), 증권 거래(2.0%), 도박(.1%)의 순으로 답하였다. 남성응답자들은 주로 전자우편 보내기, 문서작성, 오락게임에 참여하고, 여성응답자들은 주로 전자우편 보내기, 정보찾기와 채팅에 참여하고 있다. 이 조사에서는 빠르게 변화하고 있는 정보화시대에서 인터넷을 사용하는 아동, 청소년 및 네티즌의 온라인 활동의 종류가 어떠한지 알아보기 위해 채팅, 정보검색, 게임, 쇼핑을 하는지 여부를 조사하였다.

초, 중, 고등학생의 온라인 활동에서 채팅의 경우 초등학생은 10%를 웃도는 한편, 중학교 이상 청소년은 20-30%에 달해 학년에 따른 차이가 의미 있는 것으로 나타났다. 정보검색의 경우, 중학교 1학년까지는 50% 내외의 비율이나 중학교 3학년과 고등학생은 65% 이상이 정보검색을 한다고 응답했다. 선행조사 결과(이순형, 2002)에서는 아동, 청소년의 정보검색이 채팅보다 적었던 것에 비해서, 이 조사에서는 채팅보다 정보검색의 빈도수가 더 높았다. 그만큼 인터넷을 통해서 제공되는 정보가 대폭 증가했다는 사실을 의미하며, 또한 최근 연령이 낮은 아동기부터 청소년기를 막론하고 인터넷을 통해 많은 정보를 검색하는 일이 일상화되었음을 반영한다.

전자게임의 경우에 아동, 청소년의 절반 이상이 인터넷으로 게임을 한다고 응답하였다. 흥미로운 것은 인터넷의 게임 활동에 성차가 유의하다는 사실로 남자 아동, 청소년의 77.6%가 게임 활동에 몰입하는 한편, 여자 아동, 청소년의 36.1%만이 그러하다. 선행연구(이순형, 2002)에서 아동, 청소년이 인터넷을 게임으로 많이 사용한다는 결과와 달리 이 조사에서 전자게임의 빈도가 다소 낮은 것은 그만큼 인터넷의 사용기능이 다양화되었으며, 그 기능 중에 정보탐색의 기능이 아동, 청소년 사이에 활용되고 있음을 추정할 수 있다. 한편, 인터넷을 통해 물건을 사는 활동을 하는 경우는 전체 응답자의 21.2%에 해당된다. 초등학생은 10% 미만이나 학년에 따라 점차 증가하여 고등학교 2학년 42.3%가 인터넷으로 쇼핑을 한다. 아동, 청소년의 인터넷을 통한 소비 행동의 빈도가 이처럼 높게 나타난 것은 전례가 없는 최근의 사회 현상으로 보인다.

〈표 6-5〉 초, 중, 고등학생의 인터넷 활동 종류 단위: 명(%)

구분	조사대상		그렇다	아니다	χ^2
채팅		전체	138(21.6)	500(78.4)	
	학년	초등 3	13(11.3)	102(88.7)	18.216**
		초등 5	18(16.5)	91(83.5)	
		중등 1	37(26.8)	101(73.2)	
		중등 3	41(31.1)	91(68.9)	
		고등 2	29(20.1)	115(79.9)	
	성별	남	58(18.8)	251(81.2)	2.891
		여	80(24.3)	249(75.7)	
정보 검색		전체	362(56.7)	277(43.3)	
	학년	초등 3	56(48.3)	60(51.7)	18.845**
		초등 5	56(51.4)	53(48.6)	
		중등 1	67(48.6)	71(51.4)	
		중등 3	86(65.2)	46(34.8)	
		고등 2	97(67.4)	47(32.6)	
	성별	남	162(52.3)	148(47.7)	4.731*
		여	200(60.8)	129(39.2)	
게임		전체	359(56.1)	281(43.9)	
	학년	초등 3	67(57.3)	50(42.7)	2.489
		초등 5	77(55.8)	61(44.2)	
		중등 1	68(51.5)	64(48.5)	
		중등 3	80(55.6)	64(44.4)	
		고등 2	359(56.1)	281(43.9)	
	성별	남	240(77.4)	70(22.6)	111.017***
		여	119(36.1)	211(63.9)	
쇼핑		전체	135(21.2)	503(78.8)	
	학년	초등 3	11(9.4)	106(90.6)	73.667***
		초등 5	6(5.5)	103(94.5)	
		중등 1	19(13.8)	119(86.2)	
		중등 3	39(29.5)	93(70.5)	
		고등 2	60(42.3)	82(57.7)	
	성별	남	56(18.2)	252(81.8)	3.166
		여	79(23.9)	251(76.1)	

* $p<.05$, ** $p<.01$, *** $p<.001$

〈표 6-6〉 네티즌의 인터넷 활동 종류

단위: 명(%)

구분	조사대상		전혀 그렇지 않다	별로 그렇지 않다	그저 그렇다	조금 그렇다	매우 그렇다	X^2
채팅	전체		367(33.7)	282(25.9)	304(27.9)	120(11.0)	16(1.5)	
	연령	10대	14(34.1)	9(22.0)	15(36.6)	1(2.4)	2(4.9)	32.215**
		20대	113(30.6)	93(25.2)	110(29.8)	46(12.5)	7(1.9)	
		30대	134(32.8)	95(23.3)	126(30.9)	51(12.5)	2(0.5)	
		40대	73(37.8)	64(33.2)	36(18.7)	16(8.3)	4(2.1)	
		50세 이상	33(42.3)	21(26.9)	17(21.8)	6(7.7)	1(1.3)	
	성별	남	203(30.9)	173(26.3)	206(31.3)	68(10.3)	8(1.2)	12.392*
		여	164(38.1)	109(25.3)	98(22.7)	52(12.1)	8(1.9)	
정보검색	전체		13(1.2)	43(3.9)	293(26.9)	485(44.5)	255(23.4)	
	연령	10대	0(0.0)	1(2.4)	15(36.6)	13(31.7)	12(29.3)	17.218
		20대	4(1.1)	15(4.1)	100(27.1)	162(43.9)	88(23.8)	
		30대	4(1.0)	13(3.2)	103(25.2)	189(46.3)	99(24.3)	
		40대	2(1.0)	10(5.2)	47(24.4)	90(46.6)	44(22.8)	
		50세 이상	3(3.8)	4(5.1)	28(35.9)	31(39.7)	12(15.4)	
	성별	남	7(1.1)	26(4.0)	184(28.0)	293(44.5)	148(22.5)	1.533
		여	6(1.4)	17(3.9)	109(25.3)	192(44.5)	107(24.8)	
게임	전체		157(14.4)	198(18.2)	367(33.7)	293(26.9)	74(6.8)	
	연령	10대	7(17.1)	5(12.2)	17(41.5)	9(22.0)	3(7.3)	23.426
		20대	51(13.8)	77(20.9)	114(30.9)	94(25.5)	33(8.9)	
		30대	54(13.2)	64(15.7)	137(33.6)	130(31.9)	23(5.6)	
		40대	29(15.0)	43(22.3)	68(35.2)	43(22.3)	10(5.2)	
		50세 이상	16(20.5)	9(11.5)	31(39.7)	17(21.8)	5(6.4)	
	성별	남	61(9.3)	106(16.1)	248(37.7)	196(29.8)	47(7.1)	47.749***
		여	96(22.3)	92(21.3)	119(27.6)	97(22.5)	27(6.3)	
쇼핑	전체		109(10.0)	202(18.5)	416(38.2)	301(27.6)	61(5.6)	
	연령	10대	7(17.1)	8(19.5)	13(31.7)	11(26.8)	2(4.9)	27.551*
		20대	26(7.0)	60(16.3)	151(40.9)	103(27.9)	29(7.9)	
		30대	42(10.3)	68(16.7)	155(38.0)	121(29.7)	22(5.4)	
		40대	23(11.9)	43(22.3)	70(36.3)	52(26.9)	5(2.6)	
		50세 이상	11(14.1)	23(29.5)	27(34.6)	14(17.9)	3(3.8)	
	성별	남	77(11.7)	143(21.7)	262(39.8)	153(23.3)	23(3.5)	39.727***
		여	32(7.4)	59(13.7)	154(35.7)	148(34.3)	38(8.8)	

* $p<.05$, ** $p<.01$, *** $p<.001$

네티즌들은 인터넷에서 주로 채팅을 하는지를 묻는 진술에 대해 12.5%가 시인했고, 59.6%는 부인했다. 20대가 14.4%, 30대가 13.0%로 20-30대의 비중이 비교적 높았다. 남자 11.5%, 여자 14.0%는 인터넷에서 주로 채팅을 하는 반면 남자 57.2%, 여자 63.4%는 그렇지 않다고 답해, 여자의 경우 주로 채팅을 한다고 응답한 비율도 높지만 하지 않는다고 답한 비율도 높은 편이다. 인터넷에서 주로 정보를 검색하는지 묻는 진술에 대해 네티즌 응답자 67.9%가 시인했고, 5.1%는 부인했다.

주로 전자게임을 하는지 묻는 진술에 대해 네티즌 33.7%가 시인했고, 32.6%는 부인했다. 남자 36.9%, 여자 28.8%가 인터넷에서 주로 게임을 한다고 답하여, 초, 중, 고등학생 응답 결과와 동일하게 남자가 게임을 하는 비율이 더 높다. 인터넷에서 주로 쇼핑을 하는지 묻는 진술에 대해서는 33.2%가 시인했고, 28.5%가 부인했다. 20-30대가 35% 이상으로 상대적 비중이 높으며, 50세 이상은 20%를 약간 웃도는 수치다. 여자가 남자에 비해 인터넷에서 주로 쇼핑을 한다는 응답이 더 많았다.

2. 온라인에서 자아 변신 여부

1) 인격 변신

사람들은 가상공간 속에서 다른 인격의 인물로 변화할 수 있는 가능성이 있다(이순형, 2002). 아동, 청소년을 대상으로 인터넷을 할 때 나는 전혀 다른 사람이 된다는 문항으로 온라인에서 인격 변신 여부를 질문했을 때 전체 응답자의 10.3%가 그렇다고 응답했다. 상대적으로 연령이 어린 초등학생의 인격 변신 경험의 응답률이 높으나, 통계적으로 유의하지 않았다. 한편, 나는 인터넷을 할 때면 내가 평소와 다른 사람이 되었다고 느낀다는 진술로 온라인에서의 인격 변신을 느끼는지의 여부를 질문했을 때 전체 응답자의 14.3%가 그렇다고 응답하여, 앞 문항에 비해 동의한 응답자 수가 다소 증가하였다. 인격 변신을 느낀다고 대답한 남학생은 18.4%인 데 비해서 여학생은 10.6%로 성별에 따른 차이가 의미 있게 나타났다. 앞의 진술에 비해 동의한 남학생의 수는 37명에서 55명으로 증가했으나 동의한 여학생의 수는 27명에서 34명으로 증가하여, 실제 인격 변신을 경험했다고 인정하지는 않았으나 인격 변신의 느낌을 받았는지에 대한 진술에 시인한 동의자 수는 대부분 남학생 응답자였음을 알 수 있다.

네티즌 조사에서 인터넷을 할 때 자신이 전혀 다른 사람이 되는지를 묻는 진술에 15.5%가 시인했고, 56.4%가 부인했다. 온라인에서 인격 변신을 하는 비율은 대략 15% 내외로 이는 선행조사 결과와 유사한 양상을 보인다(이순형, 2002). 10대와 40대는 10% 미만으로 인격 변신을 비교적 적게 시인하였으나, 30대는 약 20%에 근접하여 인격 변신의 경험을 가장 많이 보고한다. 또한 인

〈표 6-7〉 초, 중, 고등학생의 온라인에서의 인격 변신 단위: 명(%)

구분	조사대상		그렇다	아니다	X^2
인격 변신 여부		전체	64(10.3)	557(89.7)	
	학년	초등 3	18(16.7)	90(83.3)	6.499
		초등 5	11(10.2)	97(89.8)	
		중등 1	14(10.2)	123(89.8)	
		중등 3	10(7.9)	117(92.1)	
		고등 2	11(7.8)	130(92.2)	
	성별	남	37(12.4)	262(87.6)	2.669
		여	27(8.4)	295(91.6)	
인격 변신 느낌		전체	89(14.3)	532(85.7)	
	학년	초등 3	19(17.6)	89(82.4)	4.675
		초등 5	12(11.1)	96(88.9)	
		중등 1	25(18.2)	112(81.8)	
		중등 3	17(13.4)	110(86.6)	
		고등 2	16(11.3)	125(88.7)	
	성별	남	55(18.4)	244(81.6)	7.753**
		여	34(10.6)	288(89.4)	

** $p<.01$

〈표 6-8〉 네티즌의 온라인에서 인격 변신 단위: 명(%)

구분	조사대상		전혀 그렇지 않다	별로 그렇지 않다	그저 그렇다	조금 그렇다	매우 그렇다	X^2
인격 변신 여부	전체		349(32.0)	266(24.4)	306(28.1)	138(12.7)	30(2.8)	
	연령	10대	10(24.4)	11(26.8)	16(39.0)	4(9.8)	0(0.0)	30.064*
		20대	126(34.1)	79(21.4)	110(29.8)	43(11.7)	11(3.0)	
		30대	130(31.9)	96(23.5)	103(25.2)	67(16.4)	12(2.9)	
		40대	56(29.0)	65(33.7)	53(27.5)	17(8.8)	2(1.0)	
		50세 이상	27(34.6)	15(19.2)	24(30.8)	7(9.0)	5(6.4)	
	성별	남	174(26.4)	172(26.1)	198(30.1)	95(14.4)	19(2.9)	24.835***
		여	175(40.6)	94(21.8)	108(25.1)	43(10.0)	11(2.6)	
인격 변신 느낌	전체		1400(36.7)	271(24.9)	266(24.4)	134(12.3)	18(1.7)	
	연령	10대	14(34.1)	10(24.4)	10(24.4)	7(17.1)	0(0.0)	19.719
		20대	141(38.2)	87(23.6)	87(23.6)	45(12.2)	9(2.4)	
		30대	154(37.7)	91(22.3)	99(24.3)	59(14.5)	5(1.2)	
		40대	62(32.1)	64(33.2)	50(25.9)	13(6.7)	4(2.1)	
		50세 이상	29(37.2)	19(24.4)	20(25.6)	10(12.8)	0(0.0)	
	성별	남	216(32.8)	161(24.5)	181(27.5)	86(13.1)	14(2.1)	16.537**
		여	184(42.7)	110(25.5)	85(19.7)	48(11.1)	4(0.9)	

* $p<.05$, ** $p<.01$, *** $p<.001$

터넷에서 남자 17.3%, 여자 12.6%가 변신을 한다고 시인했고, 남자 52.5%, 여자 62.4%가 부인하여, 남자의 인격 변신 경험이 여자에 비해 비교적 많은 편이었다. 한편, 가상공간에서 인격 변신의 느낌을 받았는지 질문했을 때 14.0%가 이를 시인했고, 61.6%가 부인했다. 위의 문항과 동일하게 남자가 여자보다 인격 변신의 느낌을 더 많이 느끼는 것으로 나타났다. 남자의 15.2%, 여자의 12.0%가 자기정체 변화를 시인한 반면, 남자의 57.3%, 여자의 68.2%는 부인했다.

2) 성(性), 연령, 직업 변신

아동, 청소년들은 온라인상에서 얼마나 성, 연령, 직업 변신을 경험하는가? 초, 중, 고등학생 응답자의 3.7%가 성 변신을 경험했다고 응답했다. 이는 연령별, 성별 간에 의미 있는 차이가 없이 동일한 양상을 보인다. 연령 변신을 경험하는 아동, 청소년 수는 전체의 7.7%에 해당한다. 남학생 연령 변신자 수는 여학생에 비해 많다. 온라인에서의 직업 변신과 관련하여 인터넷에서 학생이 아니라 다른 직업을 가진 사람으로 자신을 변신시켜 노출시킨다고 응답한 비율은 전체의 5.6%이다. 남학생 직업 변신자 수는 여학생 수보다 더 많다.

네티즌에게 가상공간에서의 성 변신을 묻는 진술에 대해 전체 응답자 중 66.5%는 그렇지 않다고 응답했지만, 9.7%는 그렇다고 응답했다. 인터넷을 할 때 연령 변신을 경험하는지를 묻는 진술에 대해 63.1%가 그렇지 않다고 응답했지만, 10.5%는 그렇다고 응답했다. 직업 변신을 경험하는지를 묻는 진술에 대해 10.0%가 그렇다고 응답했고, 65.4%가 그렇지 않다고 응답했다. 한편 연령과 직업 변신을 경험한다고 응답한 남성 응답자의 비율이 여성 응답자 비율보다 높게 나타난다.

이순형(2002)의 선행조사에서는 응답자의 8~14% 정도가 온라인상에서 자신의 성별을 사실대로 알리지 않는 성별 위장자로 나타났다. 온라인에서 자신의 혼인상태를 사실대로 알리는 자기정체 제시자는 약 40%에 불과하며, 가상의 세계에서는 혼인관계를 허위로 밝히는 경우가 약 60%선에 이른다고 하겠다. 또한 응답자의 38.5~48.8%는 자신의 직업을 사실대로 말하지 않는 것으로 나타났다. 선행 연구 결과는 이 조사 결과와 상당히 차이가 있는데 5년이 지난 지금 네티즌들이 자기를 사실대로 규명하는 비율이 높아진 것은 가상공간의 투명성을 높인 결과로 보인다.

〈표 6-9〉 초, 중, 고등학생의 온라인에서의 성, 연령, 직업 변신 단위: 명(%)

구분	조사대상		그렇다	아니다	χ^2
성 변신		전체	23(3.7)	598(96.3)	
	학년	초등 3	7(6.5)	101(93.5)	4.686
		초등 5	4(3.7)	104(96.3)	
		중등 1	6(4.4)	131(95.6)	
		중등 3	4(3.1)	123(96.9)	
		고등 2	2(1.4)	139(98.6)	
	성별	남	12(4.0)	287(96.0)	.155
		여	11(3.4)	311(96.6)	
연령 변신		전체	48(7.7)	573(92.3)	
	학년	초등 3	6(5.6)	102(94.4)	3.970
		초등 5	10(9.3)	98(90.7)	
		중등 1	15(10.9)	122(89.1)	
		중등 3	9(7.1)	118(92.9)	
		고등 2	8(5.7)	133(94.3)	
	성별	남	36(12.0)	263(88.0)	15.024***
		여	12(3.7)	310(96.3)	
직업 변신		전체	35(5.6)	586(94.4)	
	학년	초등 3	6(5.6)	102(94.4)	9.920
		초등 5	10(9.3)	98(90.7)	
		중등 1	10(7.3)	127(92.7)	
		중등 3	8(6.3)	119(93.7)	
		고등 2	1(0.7)	140(99.3)	
	성별	남	25(8.4)	274(91.6)	8.052**
		여	10(3.1)	312(96.9)	

** $p<.01$, *** $p<.001$

〈표 6-10〉 네티즌의 온라인에서의 성, 연령, 직업 변신 단위: 명(%)

구분	조사대상		전혀 그렇지 않다	별로 그렇지 않다	그저 그렇다	조금 그렇다	매우 그렇다	X^2
성 변신		전체	520(47.8)	204(18.7)	259(23.8)	94(8.6)	12(1.1)	
	연령	10대	26(63.4)	4(9.8)	8(19.5)	2(4.9)	1(2.4)	18.321
		20대	180(48.8)	65(17.6)	87(23.6)	33(8.9)	4(1.1)	
		30대	194(47.5)	67(16.4)	105(25.7)	39(9.6)	3(0.7)	
		40대	89(46.1)	48(24.9)	38(19.7)	15(7.8)	3(1.6)	
		50세 이상	31(39.7)	20(25.6)	21(26.9)	5(6.4)	1(1.3)	
	성별	남	292(44.4)	132(20.1)	165(25.1)	60(9.1)	9(1.4)	8.218
		여	228(52.9)	72(16.7)	94(21.8)	34(7.9)	3(0.7)	
연령 변신		전체	469(43.1)	218(20.0)	288(26.4)	103(9.5)	11(1.0)	
	연령	10대	21(51.2)	6(14.6)	11(26.8)	3(7.3)	0(0.0)	15.229
		20대	167(45.3)	70(19.0)	102(27.6)	29(7.9)	1(0.3)	
		30대	176(43.1)	76(18.6)	108(26.5)	43(10.5)	5(1.2)	
		40대	78(40.4)	48(24.9)	43(22.3)	20(10.4)	4(2.1)	
		50세 이상	27(34.6)	18(23.1)	24(30.8)	103(9.5)	1(1.3)	
	성별	남	252(38.3)	137(20.8)	191(29.0)	69(10.5)	9(1.4)	17.467**
		여	217(50.3)	81(18.8)	97(22.5)	34(7.9)	2(0.5)	
직업 변신		전체	499(45.8)	213(19.6)	268(24.6)	96(8.8)	13(1.2)	
	연령	10대	27(65.9)	3(7.3)	9(22.0)	1(2.4)	1(2.4)	21.455
		20대	164(44.4)	70(19.0)	97(26.3)	34(9.2)	4(1.1)	
		30대	186(45.6)	73(17.9)	105(25.7)	38(9.3)	6(1.5)	
		40대	90(46.6)	50(25.9)	34(17.6)	17(8.8)	2(1.0)	
		50세 이상	32(41.0)	17(21.8)	23(29.5)	6(7.7)	0(0.0)	
	성별	남	277(42.1)	126(19.1)	180(27.4)	64(9.7)	11(1.7)	15.017**
		여	222(51.5)	87(20.2)	88(20.4)	32(7.4)	2(0.5)	

** $p<.01$

3) 자아 변신 후 평가

가상공간에서 다른 사람으로 자아가 변화된 후에 어떤 느낌을 가지는지를 물었다. 초, 중, 고등학생 응답자의 4.6%가 무섭다는 느낌, 8.0%가 자유로운 느낌, 6.9%가 신기한 느낌을 보고했다. 네티즌 응답자의 21%가 자유로운 느낌, 8.2%가 신기한 느낌, 6.5%가 무섭다는 느낌을 보고했다. 별 다른 느낌이 없었다고 답한 경우는 초, 중, 고등학생의 25.5%, 네티즌의 27.8%였다. 가상공간이 아동, 청소년과 네티즌에게 어떠한 경험을 하게 하는가는 이 문항에 대한 응답에서 미루어 알 수 있다. 자유로운 느낌을 주는 것이나 신기한 느낌을 주는 것은 긍정적 또는 중립적 경험을 한다고 볼 수 있으나 무섭다는 느낌은 부정적 경험 후 느낌에 틀림없다. 자아 변신 후 경험하는 느낌에 있어서 연령, 성에 따른 차이는 나타나지 않았다.

3. 온라인에서 인성 변화

온라인의 인터넷 사용으로 인해 인성이 변화될 수 있다. 선행조사(이순형, 2002)에서 네티즌의 9.3%는 성격변화를 보고했다. 5년 후 지금도 아동과 청소년, 그리고 일반 네티즌들이 온라인에서 성격이 변화된다고 느끼는지를 조사했다. 초, 중, 고등학생 대상 조사에서 온라인의 인터넷에 들어가면 평소의 성격과 달리 과격해진다는 응답자는 전체 11.3%이다. 자신들의 인성이 거칠어진다고 스스로 평가한 남학생의 수는 여학생보다 현저히 많아, 성별에 따른 차이가 유의했다. 인터넷에서 인성 변화로 성적 각성이 유발되는지를 물었을 때 전체 4.2%가 그렇다고 응답했다. 초등학생의 2% 미만인 데 비해서 중, 고등학생의 6% 미만이 그렇다고 응답했으나 통계적으로 의미 있는 차이가 아니다.

가상공간 속에서 공격적이 되는지를 알기 위해서 인터넷에서 평소와 달리 다른 사람을 험담하는지를 질문하였을 때 초, 중, 고등학생의 11.4%가 그렇다고 응답했다. 흥미있는 사실은 온라인에서 타인을 험담한다고 응답한 남학생이 여학생보다 유의하게 많다는 사실이다. 가상공간의 익명성으로 인한 심리변화를 묻는 질문으로 인터넷의 익명성 때문에 스스로 신이 난다고 응답한 사람은 전체 응답자 중 11.9%이다. 특히 다른 연령대에서는 이에 시인한 응답자가 10% 내외이나, 중학교 1학년의 경우 22.6%로 두 배 이상 많았다. 또한 남자 응답자의 14.7%와 여자 응답자의 9.3%가 그렇다고 응답해 성에 따라 의미 있는 차이를 보고했다.

네티즌의 경우 인터넷을 할 때 평소와 다르게 자신의 성정이 과격해지는지를 묻는 진술에 대해 전체 응답자 중 11.8%가 시인했고, 63.4%가 부인했다. 성격 변화 비율은 선행연구 결과(이순형, 2002)와 오차 범위 내에 있어 유사한 양상을 보인다. 성격 변화에 성차가 특히 유의하여, 남자가 여자보다 인터넷에서 과격해지는 경우가 더 많았다. 즉, 성격 변화를 시인한 응답자는 남자 14.5%, 여자 7.7%로 나타났으며, 남자 58.0%, 여자 71.7%는 이를 부인했다. 한편, 가상공간에서 성적 각성이 증가되는지를 묻는 진술에 대해 전체 응답자 중 11.4%가 그렇다고 응답했고, 58.3%는 그렇지 않다고 응답했다. 남자 15.0%, 여자 6.0%가 인터넷을 접속할 때 자신이 야해진다고 보고했고, 남자 50.6%, 여자 70.1%는 그렇지 않다고 보고하여 초, 중, 고등학생 조사 결과와 달리 인터넷과 성적 각성의 관계에서 성차가 유의하게 드러났다.

인터넷을 할 때 평소와 다르게 누군가를 비난하는지를 묻는 진술에 대해 전체 응답자 중 11.1%가 그렇다고 응답했고, 61.3%가 그렇지 않다고 응답했다. 남자 12.5%, 여자 9.1%가 누군가를 비난하게 된다고 응답한 반면, 남자 56.1%, 여자 69.1%가 그렇지 않다고 응답했다. 즉, 남자가 여자보다 인터넷에서 더 공격적 성향이 있는 것으로 나타났으며, 이는 초, 중, 고등학생 조사결과와 동일하다. 한편, 인터넷에서 상대방이 내가 누군지 모른다고 생각하면 신이 나는지를 묻는 진술에 대해 전체 응답자 중 12.2%가 시인했고, 56.4%는 부인했다. 남자 13.6%, 여자 10.2%가 익명성으로 인한 심리 변화를 시인했고, 남

〈표 6-11〉 초, 중, 고등학생의 온라인에서의 인성 변화 단위: 명(%)

구분	조사대상		그렇다	아니다	χ^2
과격한 성격으로 변화		전체	70(11.3)	551(88.7)	
	학년	초등 3	9(8.3)	99(91.7)	3.313
		초등 5	11(10.2)	97(89.8)	
		중등 1	20(14.6)	117(85.4)	
		중등 3	12(9.4)	115(90.6)	
		고등 2	18(12.8)	123(87.2)	
	성별	남	51(17.1)	248(82.9)	19.293***
		여	19(5.9)	303(94.1)	
성적 각성의 증가		전체	26(4.2)	595(95.8)	
	학년	초등 3	1(0.9)	107(99.1)	6.596
		초등 5	2(1.9)	106(98.1)	
		중등 1	8(5.8)	129(94.2)	
		중등 3	7(5.5)	120(94.5)	
		고등 2	8(5.7)	133(94.4)	
	성별	남	17(5.7)	282(94.3)	3.229
		여	9(2.8)	313(97.2)	
타인 비난과 험담의 증가		전체	71(11.4)	550(88.6)	
	학년	초등 3	7(6.5)	101(93.5)	6.750
		초등 5	11(10.2)	97(89.8)	
		중등 1	22(16.1)	115(83.9)	
		중등 3	12(9,4)	115(90.6)	
		고등 2	19(13.5)	122(86.5)	
	성별	남	52(17.4)	247(82.6)	20.216***
		여	19(5.9)	303(94.1)	
익명성으로 인한 심리 변화		전체	74(11.9)	547(88.1)	
	학년	초등 3	7(6.5)	101(93.5)	20.208***
		초등 5	9(8.3)	99(91.7)	
		중등 1	31(22.6)	106(77.4)	
		중등 3	13(10.2)	114(89.8)	
		고등 2	14(9.9)	127(90.1)	
	성별	남	44(14.7)	255(85.3)	4.305*
		여	30(9.3)	292(90.7)	

* $p<.05$, *** $p<.001$

〈표 6-12〉 네티즌의 온라인에서의 인성 변화　　단위: 명(%)

구분	조사대상		전혀 그렇지 않다	별로 그렇지 않다	그저 그렇다	조금 그렇다	매우 그렇다	X^2
과격한 성격으로 변화	전체		497(45.6)	194(17.8)	270(24.8)	114(10.5)	14(1.3)	
	연령	10대	23(56.1)	6(14.6)	11(26.8)	1(2.4)	0(0.0)	20.630
		20대	163(44.2)	66(17.9)	90(24.4)	48(13.0)	2(0.5)	
		30대	180(44.1)	65(15.9)	109(26.7)	46(11.3)	8(2.0)	
		40대	98(50.8)	41(21.2)	39(20.2)	13(6.7)	2(1.0)	
		50세 이상	33(42.3)	16(20.5)	21(26.9)	6(7.7)	2(2.6)	
	성별	남	268(40.7)	114(17.3)	181(27.5)	84(12.8)	11(1.7)	24.254***
		여	229(53.1)	80(18.6)	89(20.6)	30(7.0)	3(0.7)	
성적 각성의 증가	전체		441(40.5)	194(17.8)	329(30.2)	105(9.6)	20(1.8)	
	연령	10대	20(48.8)	6(14.6)	14(34.1)	1(2.4)	0(0.0)	17.789
		20대	143(38.8)	61(16.5)	120(32.5)	35(9.5)	10(2.7)	
		30대	161(39.5)	67(16.4)	127(31.1)	46(11.3)	7(1.7)	
		40대	84(43.5)	45(23.3)	44(22.8)	18(9.3)	2(1.0)	
		50세 이상	33(42.3)	15(19.2)	24(30.8)	5(6.4)	1(1.3)	
	성별	남	217(33.0)	116(17.6)	226(34.3)	83(12.6)	16(2.4)	51.079***
		여	224(52.0)	78(18.1)	103(23.9)	22(5.1)	4(0.9)	
타인 비난과 험담의 증가	전체		404(37.1)	263(24.2)	301(27.6)	110(10.1)	11(1.0)	
	연령	10대	13(31.7)	13(31.7)	13(31.7)	2(4.9)	0(0.0)	15.370
		20대	136(36.9)	77(20.9)	106(28.7)	44(11.9)	6(1.6)	
		30대	151(37.0)	94(23.0)	117(28.7)	43(10.5)	3(0.7)	
		40대	74(38.3)	57(29.5)	48(24.9)	13(6.7)	1(0.5)	
		50세 이상	30(38.5)	22(28.2)	17(21.8)	8(10.3)	1(1.3)	
	성별	남	209(31.8)	160(24.3)	207(31.5)	73(11.1)	9(1.4)	25.278***
		여	195(45.2)	103(23.9)	94(21.8)	37(8.6)	2(0.5)	
익명성으로 인한 심리 변화	전체		380(34.9)	234(21.5)	342(31.4)	119(10.9)	14(1.3)	
	연령	10대	16(39.0)	7(17.1)	12(29.3)	6(14.6)	0(0.0)	19.511
		20대	128(34.7)	62(16.8)	127(34.4)	47(12.7)	5(1.4)	
		30대	145(35.5)	86(21.1)	130(31.9)	41(10.0)	6(1.51)	
		40대	61(31.6)	58(30.1)	53(27.5)	19(9.8)	2(1.0)	
		50세 이상	30(38.5)	21(26.9)	20(25.6)	6(7.7)	1(1.3)	
	성별	남	201(30.5)	151(22.9)	217(33.0)	78(11.9)	11(1.7)	15.201**
		여	179(41.5)	83(19.3)	125(29.0)	41(9.5)	3(0.7)	

** $p<.01$, *** $p<.001$

자 53.4%, 여자 60.8%가 이를 부인하여, 남자가 여자보다 익명성으로 인한 심리 변화를 보다 즐기는 경향이 나타났다.

4. 가상공간과 실제공간의 연계

가상공간에서 보내는 횟수와 시간이 증가하면서 가상공간과 실제공간의 연계가 이루어질 수 있다. 이 조사에서는 초, 중, 고등학생과 네티즌에게 가상공간과 실공간에서 인간의 접촉이 연계되는지를 알아보기 위해서 처음 만나 알게 된 사람을 오프라인에서도 만나는지를 질문하였다. 또한 가상공간에 익숙해지면서 실제 이성보다 인터넷 캐릭터가 더 매력 있다고 느끼는지를 질문하였다.

초, 중, 고등학생 대상 조사에서 온라인에서 처음 만나 알게 된 사람을 오프라인에서도 만난다고 시인한 응답자는 전체의 15.9%이다. 중학교 3학년까지는 15% 미만으로 낮은 비율이나, 중학교 3학년은 20.5%와 고등학교 2학년은 23.4%로 그 비율이 점차 증가하는 것으로 밝혀졌다. 이는 선행연구(이순형 · 이경화, 2000)에서 성인 네티즌의 온라인과 오프라인에서의 인적 연계가 1/4에 이른다는 사실과 일치한다. 고등학교 학생들의 경우에 인터넷으로 처음 알게 된 사람을 오프라인에서 실제로 만나고 있다. 성인들 사이에서 이루어지는 일이 고등학교 학생들 사이에서도 그대로 일어나고 있다는 사실을 알 수 있다.

가상공간에 익숙해지면 사이버 캐릭터에 애착을 느끼는 일이 발생할 수 있다. 사이버 캐릭터의 외모가 누구나 아름답게 여기는 공통분모로 만들어진 점도 있지만 사이버 캐릭터에 오랫동안 함께 있다고 느끼고 스스로에게 순응한다고 느끼는 점이 실제 이성을 보는 것보다 인터넷의 캐릭터에 더 매력과 애착을 느끼게 할 수 있기 때문이다. 실제 이성보다 사이버 캐릭터가 더 매력 있다고 느끼는지를 질문했을 때 초, 중, 고등학생 응답자의 15%가 그렇다고 응답했다. 초등학교 3학년 25.9%가 그렇다고 응답했으나 그 이상의 연령에서는 20% 미만이 시인하여, 어린 연령의 학생들이 가상공간에서 사이버 캐릭터에 대한 애

〈표 6-13〉 초, 중, 고등학생의 가상공간과 현실공간의 연계 단위: 명(%)

구분	조사대상		그렇다	아니다	χ^2
온라인-오프라인 인적연계		전체	99(15.9)	522(84.1)	
	학년	초등 3	13(12.0)	95(88.0)	16.431**
		초등 5	7(6.5)	101(93.5)	
		중등 1	20(14.6)	117(85.4)	
		중등 3	26(20.5)	101(79.5)	
		고등 2	33(23.4)	108(76.6)	
	성별	남	54(18.1)	245(81.9)	1.931
		여	45(14.0)	277(86.0)	
사이버 캐릭터에 매력 느낌		전체	93(15.0)	528(85.0)	
	학년	초등 3	28(25.9)	80(74.1)	20.495***
		초등 5	17(15.7)	91(84.3)	
		중등 1	25(18.2)	112(81.8)	
		중등 3	13(10.2)	114(89.8)	
		고등 2	10(10.8)	131(92.9)	
	성별	남	43(14.4)	256(85.6)	.160
		여	50(15.5)	272(84.5)	

** $p<.01$, *** $p<.001$

착이 더 강한 것으로 나타났다.

네티즌 대상 조사에서 인터넷으로 처음 알게 된 이성을 실제로 만난 적이 있는지를 묻는 진술에 대해 응답자의 20.1%가 그렇다고 답하였고 55.9%가 그렇지 않다고 응답했다. 20대와 30대는 20% 이상이 그렇다고 응답하여 그 비율이 다른 연령대에 비해 높았다. 또한 남자 21.5%, 여자 18.1%가 이를 시인했고 남자 51.3%, 여자 62.9%가 이를 부인하여, 남자가 여자보다 인터넷에서 알게 된 이성을 실제로 만난 비율이 더 높다. 선행연구(이순형 · 이경화, 2000)에서도 전체 네티즌의 40%가 한 번 이상 가상공간에서 만난 인물을 실공간에서 만났다는 보고가 있다. 이 조사결과도 선행 조사와 상통하는 것이다.

실제 이성보다 사이버 캐릭터에 성적 매력을 더 느끼는지 묻는 진술에 대해

〈표 6-14〉 네티즌의 가상공간과 실공간의 연계 단위: 명(%)

구분	조사대상		전혀 그렇지 않다	별로 그렇지 않다	그저 그렇다	조금 그렇다	매우 그렇다	X^2
온라인-오프라인 인적 연계		전체	456(41.9)	153(14.0)	261(24.0)	174(16.0)	45(4.1)	
	연령	10대	27(65.9)	7(17.1)	7(17.1)	0(0.0)	0(0.0)	45.469***
		20대	130(35.2)	47(12.7)	105(28.5)	68(18.4)	19(5.1)	
		30대	163(40.0)	53(13.0)	97(23.8)	78(19.1)	17(4.2)	
		40대	97(50.3)	29(15.0)	38(19.7)	23(11.9)	6(3.1)	
		50세 이상	39(50.0)	17(21.8)	14(17.9)	5(6.4)	3(3.8)	
	성별	남	243(36.9)	95(14.4)	179(27.2)	111(16.9)	30(4.6)	18.708**
		여	213(49.4)	58(13.5)	82(19.0)	63(14.6)	15(3.5)	
사이버 캐릭터에 성적 매력 느낌		전체	557(51.1)	169(15.5)	267(24.5)	86(7.9)	10(0.9)	
	연령	10대	24(58.5)	6(14.6)	9(22.0)	1(2.4)	1(2.4)	19.596
		20대	196(53.1)	43(11.7)	90(24.4)	37(10.0)	3(0.8)	
		30대	210(51.5)	62(15.2)	99(24.3)	33(8.1)	4(1.0)	
		40대	93(48.2)	41(21.2)	49(25.4)	9(4.7)	1(0.5)	
		50세 이상	34(43.6)	17(21.8)	20(25.6)	6(7.7)	1(1.3)	
	성별	남	303(46.0)	109(16.6)	177(26.9)	63(9.6)	6(0.9)	19.396**
		여	254(58.9)	60(13.9)	90(20.9)	23(5.3)	4(0.9)	
온라인을 통한 성관계 경험 여부		전체	652(59.9)	94(8.6)	226(20.8)	95(8.7)	22(2.0)	
	연령	10대	32(78.0)	3(7.3)	6(14.6)	0(0.0)	0(0.0)	26.837*
		20대	221(59.9)	25(6.8)	85(23.0)	28(7.6)	10(2.7)	
		30대	226(55.4)	36(8.8)	94(23.0)	42(10.3)	10(2.5)	
		40대	124(64.2)	19(9.8)	28(14.5)	20(10.4)	2(1.0)	
		50세 이상	49(62.8)	11(14.1)	13(16.7)	5(6.4)	0(0.0)	
	성별	남	349(53.0)	72(10.9)	153(23.3)	68(10.3)	16(2.4)	34.585***
		여	303(70.3)	22(5.1)	73(16.9)	27(6.3)	6(1.4)	

* $p<.05$, ** $p<.01$, *** $p<.001$

8.8%가 그렇다고 응답했고, 66.6%는 그렇지 않다고 응답했다. 남자 10.5%, 여자 6.2%가 이에 시인한 반면 남자 62.6%, 여자 72.8%는 이를 부인하여, 남자가 여자보다 사이버 이성 캐릭터에 성적 매력을 느낀다고 더 많이 응답했다.

네티즌 조사에서 추가된 문항으로 채팅으로 알게 되어 실공간에서 만난 이성과 성관계를 가진 적이 있는지 묻는 진술에 대해 응답자 중 10.7%가 시인했고, 68.5%가 부인했다. 10.7%라는 보고는 선행조사 결과(이순형 · 이경화, 2000)에 비해서 상대적으로 낮은 비율이지만 사건 발생의 사실성을 재확인한 것이다. 10대와 50대는 10% 미만으로 그 비율이 낮았으나, 20-40대에서 10% 내외의 비율로 이 사실을 시인했다. 한편, 남자 12.7%, 여자 7.7%가 이를 시인했고 남자 63.9%, 여자 75.4%가 이를 부인하여, 남자가 여자에 비해 가상공간에서 만난 사람과 성관계를 가진 적이 있다고 더 많이 응답했다.

5. 인터넷 중독 평가

스스로 자신을 인터넷 중독이라고 평가하는 초, 중, 고등학생은 전체의 25.4%이다. 이미 초등학교 3학년에 자신을 인터넷 중독자로 평가한 아동의 비율은 13.9%이며, 초등학교 5학년 이후에는 모두 25% 이상에 달했다. 특히 중학교 1학년 31.4%가 자신을 인터넷 중독으로 평가했다. 남학생의 34.4%가 자신을 인터넷 중독으로 평가한 데 비해서 여학생의 17.1%가 그렇게 평가하여 성차도 의미 있게 드러났다. 네티즌 응답자의 경우 21.7%가 자신을 인터넷 중독으로 평가했고, 48.6%가 그렇지 않다고 평가했다. 특히 인터넷 사용률이 높은 20-30대에서 인터넷 중독이라고 평가한 비율은 20% 이상으로 다른 연령대에 비해 높은 수준이다.

〈표 6-15〉 초, 중, 고등학생의 인터넷 중독 평가 단위: 명(%)

	구분	그렇다	아니다	X^2
	전체	158(25.4)	463(74.6)	
학년	초등 3	15(13.9)	93(86.1)	11.076*
	초등 5	27(25.0)	81(75.0)	
	중등 1	43(31.4)	94(68.6)	
	중등 3	37(29.1)	90(70.9)	
	고등 2	36(25.5)	105(74.5)	
성별	남	103(34.4)	196(65.6)	24.652***
	여	55(17.1)	267(82.9)	

* p<.05, *** p<.001

〈표 6-16〉 네티즌의 인터넷 중독 평가 단위: 명(%)

	구분	전혀 그렇지 않다	별로 그렇지 않다	그저 그렇다	조금 그렇다	매우 그렇다	X^2
	전체	291(26.7)	238(21.9)	324(29.8)	188(17.3)	48(4.4)	
연령	10대	15(36.6)	8(19.5)	13(31.7)	3(7.3)	2(4.9)	23.994
	20대	82(22.2)	74(20.1)	114(30.9)	76(20.6)	23(6.2)	
	30대	112(27.5)	85(20.8)	122(29.9)	73(17.9)	16(3.9)	
	40대	59(30.6)	49(25.4)	55(28.5)	27(14.0)	3(1.6)	
	50세 이상	23(29.5)	22(28.2)	20(25.6)	9(11.5)	4(5.1)	
성별	남	158(24.0)	142(21.6)	201(30.5)	128(19.5)	29(4.4)	9.595*
	여	133(30.9)	96(22.3)	123(28.5)	60(13.9)	19(4.4)	

* p<.05

6. 인터넷 사용 후 자기 평가

인터넷을 하고 난 후 스스로 어떤 자기개념을 가지거나 느끼는가? 자기무력감과 자기혐오에 빠지는 경우는 없는가? 먼저 초, 중, 고등학교 조사 결과에서, 자기무력감을 느끼는 응답자의 비율은 14.8%에 이른다. 중학교 1학년의

22.6%, 중학교 3학년의 16.5%가 그렇다고 응답하여, 초등학생 및 고등학생 응답자보다 더 자기무력감을 많이 느끼는 것으로 보고했다. 가상공간에서 나와서 실제 자신의 모습을 비춰볼 때 자기혐오감을 느끼는 경우는 전체 응답자의 6.8%에 이른다. 학년과 성별에 상관없이 아동, 청소년이 인터넷을 마친 후에 느끼는 자기혐오감은 동일하다. 한편, 가상공간에서 인터넷을 통해 무엇인가를 한 후에 실제 자기 모습을 보고 안도감을 느끼는 경우는 30.9%에 이른다. 초등학교학생들은 약 50%에 가까우며, 중학교 1학년은 35.0%이며, 중학교 3학년 이상은 15% 내외로 거의 변동이 없다. 남학생의 35.8%가 안도감을 느끼는데 여학생의 26.4%가 그러하다. 즉 초등학생 및 남학생이 인터넷 사용 후 실제 자신의 모습을 보고 안도감을 느끼는 경우가 더 많은 것으로 보고했다.

네티즌의 인터넷 사용 후 자기 평가에 있어서, 인터넷 사용 후 무력감을 느끼는지를 질문한 결과, 13.0%의 응답자가 인정했고, 56.6%가 부정했다. 무력감을 느끼는 경우는 남녀 간 약 13%로 비슷한 비율이나 남자 53.7%, 여자 61.3%가 무력감을 느끼지 않는다고 응답하여, 여자가 남자보다 인터넷을 하고서 무력감을 느끼는 경험이 더 적다는 것을 알 수 있다. 인터넷 사용 후 자기혐오를 느끼는지에 대해서 네티즌 10.2%가 시인했고, 61.4%가 부정했다. 이를 시인한 20-30대는 10% 이상으로 다른 연령대보다 약간 많았으며, 50세 이상은 70.5%가 그렇지 않다고 응답하여 자기혐오를 가장 덜 느끼는 것으로 드러났다. 자기혐오를 보고한 남자는 10.7%, 여자는 9.6%로 엇비슷하나, 남자의 57.6%와 여자의 67.2%가 이를 부인하여 여자 네티즌이 인터넷 사용 후 자기혐오를 보다 덜 느끼는 편이었다.

반면, 인터넷을 마치고 나서 실제의 자신을 보면 마음이 놓이는지 묻는 진술에 대해 네티즌 응답자의 12.0%가 긍정했고, 44.9%가 부정했다. 인터넷을 마친 후 안도하는 네티즌 12%는 가상공간 속에서 심리적으로 불안을 경험한 듯하다. 이는 정체의 전환, 혹은 타인에 대한 폭력을 주고받음으로써 불안을 초래한 결과일 수 있다. 네티즌 중에 남자 14.3%, 여자 8.3%가 심리적 안도감을 느낀다고 인정했고, 남자 39.5%, 여자 53.4%가 이를 부정했다. 즉, 남자 네티

〈표 6-17〉 초, 중, 고등학생의 인터넷 사용 후 자기 평가 단위: 명(%)

구분	조사대상		그렇다	아니다	X^2
무력감		전체	92(14.8)	529(85.2)	
	학년	초등 3	13(12.0)	95(88.0)	10.708*
		초등 5	12(11.1)	96(88.9)	
		중등 1	31(22.6)	106(77.4)	
		중등 3	21(16.5)	106(83.5)	
		고등 2	15(10.6)	126(89.4)	
	성별	남	49(16.4)	250(83.6)	1.131
		여	43(13.4)	279(86.6)	
자기 혐오감		전체	42(6.8)	579(93.2)	
	학년	초등 3	6(5.6)	102(94.4)	3.439
		초등 5	7(6.5)	101(93.5)	
		중등 1	14(10.2)	123(89.8)	
		중등 3	7(5.5)	120(94.5)	
		고등 2	8(5.7)	133(94.3)	
	성별	남	22(7.4)	277(92.6)	.323
		여	20(6.2)	302(93.8)	
안도감		전체	192(30.9)	429(69.1)	
	학년	초등 3	51(47.2)	57(52.8)	57.222***
		초등 5	51(47.2)	57(52.8)	
		중등 1	48(35.0)	89(65.0)	
		중등 3	21(16.5)	106(83.5)	
		고등 2	21(14.9)	120(85.1)	
	성별	남	107(35.8)	192(64.2)	6.398*
		여	85(26.4)	237(73.6)	

* $p<.05$, *** $p<.001$

〈표 6-18〉 네티즌의 인터넷 사용 후 자기 평가

단위: 명(%)

구분	조사대상		전혀 그렇지 않다	별로 그렇지 않다	그저 그렇다	조금 그렇다	매우 그렇다	X^2
무력감	전체		415(38.1)	202(18.5)	331(30.4)	124(11.4)	17(1.6)	
	연령	10대	15(36.6)	8(19.5)	13(31.7)	5(12.2)	0(0.0)	25.090
		20대	137(37.1)	46(12.5)	125(33.9)	52(14.1)	9(2.4)	
		30대	163(40.0)	79(19.4)	118(28.9)	43(10.5)	5(1.2)	
		40대	72(37.3)	49(25.4)	54(28.0)	16(8.3)	2(1.0)	
		50세 이상	28(35.9)	20(25.6)	21(26.9)	8(10.3)	1(1.3)	
	성별	남	225(34.2)	128(19.5)	220(33.4)	72(10.9)	13(2.0)	14.588**
		여	190(44.1)	74(17.2)	111(25.8)	52(12.1)	4(0.9)	
자기혐오감	전체		439(40.3)	230(21.1)	309(28.4)	93(8.5)	18(1.7)	
	연령	10대	17(41.5)	10(24.4)	10(24.4)	3(7.3)	1(2.4)	31.754*
		20대	143(38.8)	62(16.8)	120(32.5)	34(9.2)	10(2.7)	
		30대	172(42.2)	79(19.4)	114(27.9)	41(10.0)	2(0.5)	
		40대	78(40.4)	53(27.5)	49(25.4)	11(5.7)	2(1.0)	
		50세 이상	29(37.2)	26(33.3)	16(20.5)	4(5.1)	3(3.8)	
	성별	남	238(36.2)	141(21.4)	209(31.8)	57(8.7)	13(2.0)	14.954**
		여	201(46.6)	89(20.6)	100(23.2)	36(8.4)	5(1.2)	
안도감	전체		288(26.4)	202(18.5)	469(43.1)	115(10.6)	15(1.4)	
	연령	10대	13(31.7)	11(26.8)	13(31.7)	4(9.8)	0(0.0)	10.789
		20대	99(26.8)	70(19.0)	158(42.8)	37(10.0)	5(1.4)	
		30대	116(28.4)	64(15.7)	181(44.4)	42(10.3)	5(1.2)	
		40대	44(22.8)	40(20.7)	83(43.0)	23(11.9)	3(1.6)	
		50세 이상	16(20.5)	17(21.8)	34(43.6)	9(11.5)	2(2.6)	
	성별	남	141(21.4)	119(18.1)	304(46.2)	83(12.6)	11(1.7)	27.498**
		여	147(34.1)	83(19.3)	165(38.3)	32(7.4)	4(0.9)	

* $p<.05$, ** $p<.01$

즌이 여자 네티즌보다는 불안을 경험하는 사람이 더 많은 듯하다.

7. 소결

가상공간은 초고속성과 대인관계의 확대, 탈공간성, 익명성과 가상성을 가지고 있다. 이러한 가상공간의 특성으로 가상공간에서는 위축된 자아가 해방되고 자아가 확장될 수 있는 동시에 다중자아로서 기능할 수 있다. 또한 가상공간에서는 자기정체의 위장(僞裝)이 가능하다. 이 장에서는 연구대상자들이 가상공간에서 기능하는 가상자아가 어떻게 변신하고 기능하는지, 가상자아와 실제자아 사이에 어떠한 차이가 있는지를 알아보았다.

우선 인터넷 접속 빈도와 시간에서 초, 중, 고등학생의 경우 학년이 높을수록 인터넷 사용자가 훨씬 많아지며, 남학생이 여학생보다 인터넷에 더 많이 접속한다. 접속 시간은 학년이 높아짐에 따라 길어지는 양상이 있으며, 남학생이 여학생보다 접속 시간이 더 길다. 네티즌의 경우 50세 이상에는 인터넷에 접속하지 않는 비율이 다른 연령대에 비해 상대적으로 낮다. 접속 시간에서는 20대와 30대가 상대적으로 긴 시간을 가상공간 속에서 보낸다. 인터넷 활동 종류에 있어서는 초, 중, 고등학생의 경우 채팅 21.6%, 정보검색 56.7%, 게임 56.1%, 쇼핑 21.2%로 나타났다. 네티즌의 경우 채팅 12.5%, 정보검색 67.9%, 게임 33.7%, 쇼핑 33.2%로 나타났다.

온라인상의 가상자아는 실자아와 달리 인격, 성, 연령, 직업을 변신시키며 실제 자아의 모습을 위장할 가능성이 있다. 초, 중, 고등학생의 인격 변신 경험은 10.3%, 인격 변신의 느낌을 받은 경우는 14.3%이다. 인격 변신 경험은 집단 간 유의한 차이가 없으나 인격 변신의 느낌을 남학생이 여학생보다 더 많이 인정하였다. 네티즌의 경우 인격 변신 경험은 15.5%, 인격 변신의 느낌을 받은 경우는 14.0%이다. 30대가 인격 변신의 경험을 가장 많이 보고했다. 인격 변신 경험에서 남자의 인격 변신 경험이 여자보다 더 많았고, 인격 변신의 느낌에서도 남자가 여자보다 더 많이 느끼는 것으로 드러났다. 초, 중, 고등학생의 성 변신 경험은 3.7%, 연령 변신 경험은 7.7%, 직업 변신 경험은 5.6%이다. 네티즌의 성 변신 경험은 9.7%, 연령 변신 경험은 10.5%, 직업 변신 경험은 10.0%이다. 초, 중, 고등학생 및 네티즌 모두의 성 변신에 연령에 따른 차이는 나타나지 않는다. 그러나 연령 변신 및 직업 변신에서는 모두 성차가 유의하다. 남자 초, 중, 고등학생 및 네티즌이 온라인상에서 연령 및 직업 변신을 더 많이 보고한다.

또한 온라인상의 가상자아는 실자아와 달리 그 인성이 변화할 가능성이 있다. 초, 중, 고등학생의 경우 과격한 성격으로 변화하는 경우 11.3%, 성적 각성이 증가하는 경우 4.2%, 타인에 대한 험담과 비난이 증가하는 경우 11.4%, 인터넷의 익명성으로 인해 신이 나는 경우 11.9%이다. 네티즌의 경우 과격한 성격으로 변화하는 경우 11.8%, 성적 각성이 증가하는 경우 11.4%, 타인에 대한 험담과 비난이 증가하는 경우 11.1%, 인터넷의 익명성으로 인해 신이 나는 경우 11.2%이다. 대부분의 문항에서 성차가 유의하게 드러났다. 남자 초, 중, 고등학생 및 네티즌은 온라인에서 과격한 성격으로 변화하거나 타인을 비난하는 경우가 더 많은 편이다. 또한 이들은 가상공간에서의 익명성을 스스로 더 즐기는 경향이 있다. 특히 중학교 1학년의 경우 가상공간의 익명성 때문에 신이 난다고 보고하는 비율이 높은 편이다. 온라인상에서 성적 각성이 유발되는지에 대해서는 초, 중, 고등학생의 경우 성차가 유의하지 않으나, 네티즌의 경우 남성이 여성보다 그렇다는 응답을 더 많이 하여 성별에 따른 차이가 드러났다.

가상공간과 현실공간의 연계와 관련해서 초, 중, 고등학생의 경우 온라인에서 처음 알게 된 사람을 실제로 만난 적이 있다고 응답한 비율은 15.9%, 사이버 캐릭터에 매력을 느끼는 경우는 15.0%이다. 학년이 높아짐에 따라 온라인-오프라인의 인적 연계 현상이 증가하였으며, 연령이 낮은 학생들에서 사이버 캐릭터에 대한 애착이 더 높았다. 네티즌의 경우 온라인에서 처음 알게 된 이성을 실제로 만난 적이 있다고 응답한 비율은 20.1%, 사이버 캐릭터에 성적 매력을 느끼는 경우 9.8%, 채팅으로 알게 되어 실공간에서 만난 이성과 성관계를 가진 경우는 10.7%이다. 20대와 30대의 경우 온라인-오프라인의 인적 연계를 더 많이 경험하며, 20-40대의 경우 다른 연령대에 비해 온라인에서의 만남이 실제 성관계로 연결되는 경우가 많다. 남성 네티즌이 여성 네티즌에 비해 가상공간과 현실공간의 연계를 더 많이 경험하는 것으로 나타났다.

인터넷을 하고 난 후 자아에 대한 느낌 및 평가에 있어서 초, 중, 고등학생의 경우 무력감은 14.8%, 혐오감은 6.8%, 안도감은 30.9%를 느끼는 것으로 조사되었다. 네티즌의 경우 무력감은 13.0%, 혐오감은 10.2%, 안도감은 12.0%를 느끼는 것으로 나타났다. 중학생은 초등학생 및 고등학생보다 자기 무력감을 더 많이 보고하며, 초등학생과 남학생이 인터넷 사용 후 실제 자신의 모습을 보고 안도감을 느끼는 경우가 더 많다. 네티즌의 경우 여자가 남자보다 무력감 및 자기혐오를 느끼는 경험이 더 적으며, 20-30대는 다른 연령대보다 자기혐오를 더 많이 느끼는 것으로 보고했다. 또한 남자 네티즌이 여자 네티즌보다 인터넷 사용 후 안도감을 더 많이 느끼는 것으로 보고했다.

이상에서 보듯 아동, 청소년의 가상자아와 네티즌의 가상자아의 위장은 인격 변신, 연령 변신, 성 변신과 직업 변신으로 나타나며, 이들은 온라인에서 성격이 달라지는 인성 변화를 경험하기도 한다. 이러한 경험 후 스스로 자기조절에 실패했다는 무력감과 좌절감은 자기혐오감을 유발하는데 이 현상에는 부분적으로 연령과 성별 차이가 유의함이 밝혀졌다.

7장

자아정체의 지위와 유형

자아유형은 실제자아와 가상자아가 있으며, 실제자아의 자아유형은 이상자아, 당위자아, 현실자아의 세 가지에 속한다. 이상자아는 스스로 기대하던 자신의 모습이며, 당위자아는 사회적 역할로 인해 기대되는 역할이며, 현실자아는 현재 자신의 모습이다. 즉, 이상자아는 꿈꾸던 자아를, 당위자아는 사회적으로 기대되는 자아를 인식하는 것이며, 현실자아는 현재 자신의 상태를 인식하는 것이다. 자아정체 지위는 마샤(Marcia)가 제시한 것으로, 여기에서는 정체 정립, 정체 혼란과 정체 상실로 나누어 살펴본다. 정체 유예는 소수 사례에 불과해 제시하지 않았다. 이 장에서는 개인의 자아정체와 관련하여 자아유형, 자아지위에 대해 실시한 조사 결과를 소개하고자 한다.

1. 자아정체의 지위와 유형

1) 자아정체의 지위

조사대상이 스스로 자신의 자아정체의 지위를 규명한 바에 따르면, 초, 중, 고등학생의 경우에 정체정립형은 62.3%, 정체혼란형 30.0%, 정체상실형 7.6%이다. 만약 무응답을 정체 유예로 간주한다면 정체유예형은 0.1%이다. 학년별로 자아정립 범주에 드는 응답자들을 살펴보면 초등학교 3학년 아동의 경우 80.9%에 달하나, 학년이 높을수록 자아정립자의 비율이 감소해서 고등학교 2학년 49.7%에 이르러 고등학교 시기에는 1/2 정도에 불과하다. 한편 정체 혼란에 놓인 응답자는 초등학교 3학년 아동의 경우 10.0%에 불과하나, 학년이 높을수록 자아혼란을 경험하는 응답자 비율이 증가해서 고등학교 시기에는 45%에 가깝다. 정체상실자는 초등학교 3학년 아동의 9.1%, 5학년 7.4%, 중학교 1학년 7.3%, 3학년 9.2%, 고등학교 2학년 5.6%에 이르러, 학년에 따라서 자아정체상실자의 비율이 일정하지 않지만 고등학교 2학년에 비교적 낮은 비율인 5% 남짓에 불과하다.

네티즌을 대상으로 스스로 자아정체의 지위를 밝히도록 한 바에 의하면 정체정립형이 56.6%, 정체혼란형이 35.2%, 정체상실형이 8.3%이다. 무응답을 정체를 유예한 것으로 간주한다면 정체 유예는 5%인 셈이다. 연령별로 정체 정립 범주에 드는 응답자들을 살펴보면 10대 39.0%, 20대 45.8%에 불과하나 연령이 높으면 그 응답자 비율도 높아져, 50세 이상은 거의 70%에 달하였다. 반면, 정체 혼란 범주에 놓인 응답자는 10대 51.2%, 20대 45.5%이나 연령이 낮으면 현저히 낮아져, 50세 이상의 네티즌의 경우 20.5%에 불과하다.

이 조사와 동일하게 인터넷 조사를 실시한 선행연구(이순형, 2002)에 의하면, 당시 조사에서 정체성 확립자는 53.8%이고, 정체성 혼란자는 38.3%이고, 정체성 상실자는 7.9%로 나타났다. 두 차례의 조사 결과를 비교해 보면 집단별

〈표 7-1〉 자아정체 지위별 응답 빈도 단위: 명(%)

조사 대상			정체 정립 나는 현재 어떤 사람인지, 무엇을 해야 하는지 잘 알고 있다	정체 혼란 나는 현재 어떤 사람인지, 무엇을 해야 하는지 알 수 없어 혼란스럽다	정체 상실 이렇게 살든 저렇게 살든 그것이 내게는 중요하지 않다	df	χ^2
초중고등학생		전체	392(62.3)	189(30.0)	48(7.6)		
	학년	초등 3	89(80.9)	11(10.0)	10(9.1)	8	60.873***
		초등 5	86(79.6)	14(13.0)	8(7.4)		
		중등 1	80(58.4)	47(34.3)	10(7.3)		
		중등 3	66(50.4)	53(40.5)	12(9.2)		
		고등 2	71(49.7)	64(44.8)	8(5.6)		
	성별	남	186(61.6)	90(29.8)	26(8.6)	2	0.790
		여	206(63.0)	99(30.3)	22(6.7)		
네티즌		전체	616(56.6)	383(35.2)	90(8.3)		
	연령	10대	16(39.0)	21(51.2)	4(9.8)	8	55.704***
		20대	169(45.8)	168(45.5)	32(8.7)		
		30대	246(60.3)	139(34.1)	23(5.6)		
		40대	132(68.4)	39(20.2)	22(11.4)		
		50세 이상	53(67.9)	16(20.5)	9(11.5)		
	성별	남	388(59.0)	222(33.7)	48(7.3)	2	4.554
		여	228(52.9)	161(37.4)	42(9.7)		

*** $p<.001$

구성 비율은 유사한 편이다. 연령별 비율을 비교해 보면, 연령이 증가하면서 혼란집단이 감소하는 현상은 두 조사결과에서 유사하지만 2002년 자료에서는 50대 정체혼란자 비율이 다소 증가하는 데 비해서 2007년 자료에서는 50대 정체혼란자 비율이 일관되게 감소하는 점이 다르다.

흥미로운 사실은 초, 중, 고등학생의 남학생과 여학생의 자아정체의 지위에 의미 있는 차이가 발견되지 않는다는 점이다. 남학생의 61.6%, 여학생의 63.0%가 정립자이고, 남학생의 8.6%, 여학생의 6.7%가 상실자다. 성장기에 있는 아동, 청소년의 자아정체의 형성과 위상에 성별 차이가 없다는 것은 성평등한 사회로 변화하고 있는 현재 우리 사회의 모습을 반영한 것이라 할 수 있다. 한편, 네티즌 대상 조사에서는 자아정체성에서 성별에 따라 통계적으로 유의한 차이가 없었으나, 남성의 경우 정체 정립의 비율이 여성보다 더 높았다. 선행연구(이순형, 2002)에서는 성별에 따라 유의한 차이가 나타나, 남성의 경우 여성에 비해 정체감 확립을 한 비율이 더 높았으며, 여성의 경우 남성에 비해 정체 혼란이나 정체 상실에 속한 비율이 더 높았다는 점을 감안한다면, 자아정체감에 관한 한 남성 응답자의 많은 수가 여성 응답자보다 확립되어 있다고 볼 수 있다.

2) 자아정체의 유형

조사대상이 자신의 자아정체의 유형을 선택한 바에 의하면 초, 중, 고등학생의 정체 유형은 이상자아 30.1%, 당위자아 15.0%, 현실자아 54.9%이다. 학년이 높을수록 이상자아에 속하는 비율이 감소하고 현실자아에 속하는 비율이 증가하는 경향이 있어, 이상자아의 경우 초등학교 3학년의 경우 45.4%가 이에 속하나, 고등학교 2학년의 경우 17.5%만이 속한다. 당위자아는 미약하게 증가하는 경향이다.

네티즌을 대상으로 자아정체를 규명하도록 한 바에 의하면 네티즌 응답자들은 이상자아 18.5%, 당위자아 17.6%, 현실자아 63.9%로 구분되었다. 연령대별로 살펴보면, 이상자아에 속하는 응답자는 10대 14.6%, 20대 17.6%, 30대 18.4%, 40대 17.1%, 50세 이상 23.1%로, 연령대가 높아지면 응답자 비율이 다소 높아진다. 당위자아에 속하는 응답자는 10대 19.5%, 20대 20.6%, 30대 16.2%, 40대 10.9%, 50세 이상 26.9%로, 연령대가 높아지면 그 비율이 다소 낮아지다가 50세 이상에는 증가하는 경향이 있다. 한편, 현실자아에 속하는 응답자는 10대 65.9%, 20대 61.8%, 30대 64.5%, 40대 72.0%, 50세 이상 50.0%로, 40대가 현실자아에 속한 비율이 가장 높고 50대 이후가 가장 낮다.

〈표 7-2〉 자아정체 유형별 응답 빈도

단위: 명(%)

조사 대상			이상자아 나는 내가 되고 싶어서 꿈꾸던 사람이다	당위자아 나는 현재 주위 사람들이 기대하는 그런 사람이다	현실자아 나는 현재 있는 그대로의 나 자신일 뿐이다	df	χ^2
초중고등학생		전체	189(30.1)	94(15.0)	344(54.9)		
	학년	초등 3	49(45.4)	13(12.0)	46(42.6)	8	32.000***
		초등 5	42(38.5)	12(11.1)	55(50.5)		
		중등 1	30(22.1)	22(16.2)	84(61.8)		
		중등 3	43(32.8)	19(14.5)	69(52.7)		
		고등 2	25(17.5)	28(19.6)	90(62.9)		
	성별	남	95(31.3)	53(17.4)	156(51.3)	2	3.942
		여	94(29.1)	41(12.7)	188(58.2)		
네티즌		전체	201(18.5)	192(17.6)	696(63.9)		
	연령	10대	6(14.6)	8(19.5)	27(65.9)	8	17.614*
		20대	65(17.6)	76(20.6)	228(61.8)		
		30대	79(18.4)	66(16.2)	263(64.5)		
		40대	33(17.1)	21(10.9)	139(72.0)		
		50세 이상	18(23.1)	21(26.9)	39(50.0)		
	성별	남	131(19.9)	126(19.1)	401(60.9)	2	6.365*
		여	70(16.2)	66(15.3)	295(68.4)		

* $p<.05$, *** $p<.001$

자아정체의 지위와 마찬가지로 자아정체의 유형에서 초, 중, 고등학생의 경우 성별 차이가 의미 있게 나타나지 않으나, 네티즌의 경우 성별에 따른 정체 유형의 차이가 의미 있게 나타났다. 즉, 이상자아와 당위자아에 속하는 네티즌 응답자 중에서는 남성의 비율이 더 높지만, 현실자아에 속하는 응답자 비율은 여성(68.4%)이 남성(60.9%)보다 더 높다. 일반적으로 우리 사회에서는 남성은 이상을 지니고 사회적 역할과 의무를 지킬 것이 강하게 요구되는 환경에서 성장하지만 상대적으로 여성에게는 사회적 압력이나 요구는 약하므로, 남성이 이상적, 당위적 자아를 지니도록 압박과 요구를 받는 대신에 여성은 상대적으로 덜 받는다. 이러한 성 사회화의 결과로 남성이 이상적・당위적으로 자아를 형성하고 사고하는 한편 여성은 보다 현실적으로 자아를 형성하고 사고하는 경향이 있음을 알 수 있다.

3) 자아정체의 지위와 유형 범주

자아유형과 자아지위를 동시에 고려하여, 조사 대상자를 9개 범주집단으로 구분하였다. 초, 중, 고등학생의 경우 소속 대상의 수가 많은 범주집단부터 살펴보면, 현실자아정립형(31%), 이상자아정립형(25%), 현실자아혼란형(18%), 당위자아혼란형(8%), 당위자아정립형(6%), 현실자아상실형(6%), 이상자아혼란형(4%), 이상자아상실형(1%), 당위자아상실형(1%)의 순이다. 네티즌의 경우에는 현실자아정립형(36%), 현실자아혼란형(23%), 이상자아정립형(14%), 당위자아혼란형(9%), 당위자아정립형(9%), 이상자아혼란형(5%), 현실자아상실형(7%), 당위자아상실형(1%), 이상자아상실형(0%)의 순이다.

내가 현재 어떤 사람이고 무엇을 해야 하는지 잘 알고 있는 정체 정립 지위와 나는 현재 그대로의 나 자신이라는 현실자아 유형에 속한 현실자아정립형이

〈표 7-3〉 자아정체 지위와 유형별 응답 빈도 단위: 명(%)

조사 대상	분석구분		자아 지위			
			정체 정립	정체 혼란	정체 상실	합계
초중 고등 학생	자아 유형	이상자아	154(25)	26(4)	3(1)	183(30)
		당위자아	36(6)	50(8)	6(1)	92(15)
		현실자아	189(31)	110(18)	34(6)	333(55)
		합 계	379(62)	187(31)	43(7)	608(100)
네티즌	자아 유형	이상자아	145(14)	53(5)	3(0)	201(19)
		당위자아	91(9)	96(9)	5(1)	192(19)
		현실자아	380(36)	234(23)	28(7)	642(62)
		합 계	616(60)	383(37)	36(3)	1,035(100)

초, 중, 고등학생과 네티즌 응답자의 가장 높은 30% 가량을 차지하였다. 그 뒤로는 순서상의 차이는 있으나 초, 중, 고등학생과 네티즌 모두 이상자아정립형과 현실자아혼란형이 많은 편이다.

2. 자아정체 지위집단의 일반적 특성

초, 중, 고등학생의 자아정체의 유형과 지위별 일반적 특성을 살펴보기 위해서 인구배경 변수별로 각 집단의 특성을 분석했다. 성별 변수에 따라서 살펴보면, 이상자아 정립집단과 현실자아 정립집단은 전체 분포와 유사한 성비를 나타냈다. 그러나 현실자아 혼란집단은 여성의 비율이 남성의 비율보다 높고, 현실자아 상실집단은 남성의 비율이 여성의 비율보다 높게 나타났다. 연령변수로서 학년에 따라서 각 자아정체 지위집단의 특성을 살펴보면, 이상자아 정립집단은 초등학생의 비율이 중, 고등학교 학생 비율보다 높게 나타난 반면, 현실자아 혼란집단은 중, 고등학생의 비율이 초등학교 학생 비율보다 높게 나타났다. 연령이 증가하면 스스로 이상자아에 근접한다고 평가하는 데 신중하고 자신이 가지고 있는 현실자아의 문제에 더 민감하고 심층적으로 사고하기 때문에, 청소년은 스스로를 현실자아 혼란으로 평가하는 경향이 있다.

부모의 학력을 포함한 수입과 직업지위를 포함해 사회계층을 결정짓지만 이 연구에서는 많은 변인 중에 응답자 자신이 평가한 주관적 사회계층을 조사했다. 이상자아 정립집단은 다른 집단에 비해 주관적으로 인식한 사회경제적 계층이 가장 높게 나타났다. 현실자아 혼란집단은 다른 집단에 비해 주관적 사회계층이 중류층인 비율이 더 높고, 현실자아 상실집단은 중하류층인 비율이 더 높게 나타났다.

네티즌의 자아정체 지위별 일반적 특성을 살펴보기 위해서 인구배경 변수별로 각 집단의 특성을 분석했다. 성별 변수에 따라서 살펴보면, 전체 조사대상자의 성비와 비교해 볼 때, 이상자아 정립집단은 남성의 비율이 높고 여성의 비율

<표 7-4> 자아정체 지위집단별 일반적 특성 단위: 명(%)

조사 대상	구분		이상자아 정립 (n=159)	현실자아 정립 (n=194)	현실자아 혼란 (n=111)	현실자아 상실 (n=37)
초중고등학생	성별	남	76(47.8)	91(46.9)	44(39.6)	19(51.4)
		여	83(52.2)	103(53.1)	67(60.4)	18(48.6)
	학년	초등 3	45(28.3)	33(17.0)	5(4.5)	7(18.9)
		초등 5	41(25.8)	37(19.1)	10(9.0)	7(18.9)
		중등 1	25(15.7)	47(24.2)	29(26.1)	8(21.6)
		중등 3	30(18.9)	32(16.5)	30(27.0)	7(18.9)
		고등 2	18(11.3)	45(23.2)	37(33.3)	8(21.6)
	주관적 사회계층	상류층	19(11.9)	8(4.1)	1(0.9)	1(2.7)
		중상층	46(28.9)	45(23.2)	15(13.5)	7(18.9)
		중류층	87(54.7)	124(63.9)	82(73.9)	23(62.2)
		중하층	5(3.1)	12(6.2)	11(9.9)	5(13.5)
		하류층	1(0.6)	0(0.0)	0(0.0)	0(0.0)
		무응답	1(0.6)	5(2.6)	2(1.8)	1(2.7)
조사 대상	구분		이상자아 정립 (n=145)	현실자아 정립 (n=380)	현실자아 혼란 (n=234)	현실자아 상실 (n=82)
네티즌	성별	남	103(71.0)	223(58.7)	136(58.1)	42(51.2)
		여	42(29.0)	157(41.3)	98(41.9)	40(48.8)
	결혼 여부	미혼	77(53.1)	182(47.9)	176(75.2)	40(48.8)
		기혼	68(46.9)	198(52.1)	58(24.8)	42(51.2)
	연령	10대	3(2.1)	8(2.1)	15(6.4)	4(4.9)
		20대	41(28.3)	98(25.8)	102(43.6)	28(34.1)
		30대	60(41.4)	157(41.3)	86(36.8)	20(24.4)
		40대	27(18.6)	91(23.9)	27(11.5)	21(25.6)
		50세 이상	14(9.7)	26(6.8)	4(1.7)	9(11.0)
	교육 수준	초등학교졸	2(1.4)	3(0.8)	1(0.4)	0(0.0)
		중졸	3(2.1)	1(0.3)	5(2.1)	4(4.9)
		고졸	44(30.3)	100(26.3)	82(35.0)	39(47.6)
		대졸	84(57.9)	254(66.8)	140(59.8)	38(46.3)
		대학원 이상	12(8.3)	22(5.8)	6(2.6)	1(1.2)
	주관적 사회계층	상류층	1(0.7)	0(0.0)	0(0.0)	0(0.0)
		중상층	22(15.2)	32(8.4)	7(3.0)	2(2.4)
		중류층	85(58.6)	227(59.7)	121(51.7)	41(50.0)
		중하층	33(22.8)	113(29.7)	89(38.0)	34(41.5)
		하류층	4(2.8)	8(2.1)	17(7.3)	5(6.1)

이 낮은 반면, 현실자아 상실집단은 남성의 비율이 높고 여성의 비율이 낮게 나타났다.

결혼 여부에 따라서 살펴볼 때, 이상자아 정립집단과 현실자아 혼란집단은 미혼자가 기혼자보다 더 많았으며, 현실자아 정립집단과 현실자아 상실집단은 기혼자가 미혼자보다 더 많았다. 연령에 따라 살펴보면, 현실자아 혼란집단은 다른 집단에 비해 20대와 30대의 비율이 높고, 40대와 50대의 비율이 낮게 나타났다. 한편 현실자아 정립집단은 다른 집단에 비해 30대와 40대의 비율이 높았고, 현실자아 상실집단은 다른 집단에 비해 40대와 50대의 비율이 높았다.

교육 수준에 따라 살펴보면, 이상자아 정립집단은 다른 집단에 비해 대학원 이상의 교육수준을 가진 비율이 높았다. 그리고 현실자아 정립집단은 다른 집단에 비해 대졸자의 비율이, 현실자아 혼란집단은 고졸자의 비율이, 현실자아 상실집단은 중졸과 고졸자의 비율이 더 높게 나타났다. 주관적 사회계층에 따라 살펴보면, 이상자아 정립집단은 다른 집단에 비해 주관적으로 인식한 사회경제적 계층이 더 높게 나타났다. 이와 반대로 현실자아 혼란집단과 현실자아 상실집단은 다른 집단에 비해 중상 및 중류층으로 인식한 비율이 더 낮고, 중하 및 하류층으로 인식한 비율이 더 높았다.

3. 자아지위별 자아정체와 이념정향

자아지위 상태에 따라, 즉 정체정립집단과 정체혼란집단과 정체상실집단 간에 자아정체와 이념정향에 차이가 있는지 알아보기 위해 일원변량분석을 실시했다. 자기개념을 보면, 초, 중, 고등학생 및 네티즌 조사에서 모두 정체 정립 집단의 자기개념이 가장 높으며, 그 다음으로 정체혼란집단, 정체상실집단의 순으로 높다. 초, 중, 고등학생의 자기신뢰감과 자기만족감은 정체정립집단, 정체상실집단, 정체혼란집단 순이다. 네티즌의 경우 자기신뢰감은 이와 동일한 양상을 보이나 자기만족감에는 자아지위에 따른 차이가 나타나지 않았다. 자기개념과 자기신뢰감이 가장 높은 집단은 정체정립집단이다.

자아지위별 정체의식의 양상은 초, 중, 고등학생과 네티즌 집단이 서로 다르다. 초, 중, 고등학생의 자기수용과 가족정체는 정체정립집단이 가장 높으며, 그 다음으로 정체상실집단, 정체혼란집단의 순으로 높다. 반면, 자아정체감과 민족정체, 국가정체에서는 정체상실집단이 가장 높고, 그 다음으로 정체정립집단, 정체혼란집단의 순으로 높았다. 흔히 자아정체감은 정체정립집단이 높을 것으로 예상하는데 의외로 정체상실집단이 더 높다. 초기 조사에서 자아정체정립집단과 정체 상실집단이 유사하다는 선행연구(Marcia, 1966)의 결과와 동일하다.

한편, 네티즌의 자아지위별로 정체의식을 보면, 자아정체, 성정체, 자기수용, 가족정체에서 정체정립집단이 가장 높고, 그 다음으로 정체혼란집단, 정체상실집단의 순으로 높다. 반면, 민족정체와 국가정체의 경우 정체혼란집단이 가장 높으며, 정체정립집단이 가장 낮다. 민족주의나 국가주의 정향이 개인의 정체혼란과 비례한다는 사실이 흥미롭다. 구체적으로 민족정체와 국가정체를 가장 강하게 형성한 집단은 정체정립집단이 아닌 초, 중, 고등학생에서는 정체 상실집단이며, 네티즌에서는 정체혼란집단이다. 이와 같이 자아정체 상실자 또는 혼란자는 스스로 정체 형성에 주체적 의식이 부족하기 때문에 집단에 강한 소속감을 가지고 스스로 집단정체성을 형성했을 가능성이 높다. 민족정체나 국가정체는 개인의 개별정체가 아니라 집단정체이므로 개인의 자유의지에 따른 의식과 행동의 가능성이 낮으므로 개인의 독자적인 정체 형성이 안 된 사람들이 쉽게 동의할 수 있을 것이다.

자아지위 상태와 이념적 정향 사이에 관련성이 있는지는 늘 의문이었다. 가족주의를 가장 잘 형성한 집단은 초, 중, 고등학생과 네티즌에서 모두 정체정립집단이다. 물질주의를 가장 낮게 형성한 집단 또한 정체정립집단이며, 초, 중, 고등학생에서는 정체혼란집단, 네티즌에서는 정체상실집단에서 물질주의 정향을 가장 강하게 형성한다. 물질에 의존하는 것은 정체 상실의 결과라는 사실을 알 수 있다.

한편 네티즌 집단에서는 자아지위 상태에 따라 집합주의 정향에 차이가 나

〈표 7-5〉 자아지위별 자아정체와 이념정향

조사 대상	구분		정체 정립 (n=309) 평균	표준편차	정체 혼란 (n=159) 평균	표준편차	정체 상실 (n=40) 평균	표준편차	F
초중고등학생	자기개념		51.52	9.10	45.70	8.08	45.30	8.26	22.39***
	자기신뢰감		15.21	3.06	13.10	3.13	13.48	3.41	21.05***
	자기만족감		7.60	2.08	5.92	2.10	7.06	2.44	26.63***
	정체의식	자아정체감	13.25	2.82	11.94	2.42	13.51	2.77	10.59***
		자기수용	7.64	1.71	6.70	1.65	7.06	1.94	13.40***
		가족정체	16.77	3.97	15.73	3.88	15.79	4.36	4.07**
		민족정체	15.83	4.67	14.38	3.44	16.56	5.08	7.56***
		국가정체	14.13	3.58	13.35	2.68	15.00	4.29	5.79**
	이념정향	가족주의	19.41	4.18	18.32	3.67	18.85	5.13	5.16**
		물질주의	18.78	5.40	21.13	5.30	18.91	5.87	8.44***

조사 대상	구분		정체 정립 (n=616) 평균	표준편차	정체 혼란 (n=383) 평균	표준편차	정체 상실 (n=90) 평균	표준편차	F
네티즌	자기개념		50.67	7.08	45.66	6.62	44.57	7.35	76.33***
	자기신뢰감		15.44	2.55	13.37	2.51	13.81	2.60	83.53***
	정체의식	자아정체감	13.54	2.57	12.37	2.20	12.18	2.31	33.36***
		성정체	11.86	2.07	10.92	2.05	10.44	2.07	35.44***
		자기수용	7.49	1.41	6.67	1.41	6.30	1.41	55.34***
		가족정체	24.25	3.96	23.32	4.14	22.34	4.03	12.32***
		민족정체	13.17	1.37	13.54	1.60	13.27	1.44	7.92***
		국가정체	12.74	1.87	13.84	2.22	13.06	1.90	35.90***
	이념정향	가족주의	19.28	3.63	18.48	3.40	18.14	2.93	8.62***
		물질주의	23.83	4.62	24.46	3.98	25.24	4.27	5.15**
		집합주의	16.49	2.41	15.90	2.31	15.90	2.18	8.50***

** $p<.01$, *** $p<.001$

타나, 정체 정립집단의 집합주의 정향이 가장 높다. 이상과 같이 자아지위의 상태에 따라 자기인식과 이념정향에 차이가 있다는 사실을 밝힌 것은 의미 있는 결과다.

4. 자아유형별 자아정체와 이념정향

자신에 대한 평가와 개념은 통합적 자아의 여러 측면뿐 아니라 이념적 정향까지도 달리한다. 자아의 유형 변수가 가지는 두 가지 장점이 있다. 하나는 자아유형이 인식의 차이를 설명해 준다는 것이며, 다른 하나는 인식의 수준을 설명해 준다는 것이다. 게다가 자아유형 변수는 각각의 인식 수준을 밝혀주기 때문에 자아유형의 인식에 대한 설명력을 높이 평가할 수 있다.

초, 중, 고등학생의 자아유형에 따른 자아정체와 이념정향은 유형에 따라 상당히 일관된 양상을 보인다. 즉, 자기개념, 자기신뢰감, 자기만족감, 자아정체, 자기수용, 가족정체, 가족주의, 정신주의 등 많은 변수에서 이상자아 유형을 선택한 학생의 점수가 가장 높으며, 그 다음으로 현실자아, 당위자아의 순으로 높다. 세 가지 자아유형별로 자기인식과 이념정향의 차이를 드러내면서 이상자아, 현실자아, 당위자아 순으로 그 수준을 자리매김한 것이다. 반면, 물질주의 정향의 경우 이상자아를 선택한 학생이 가장 낮게 나타나, 위와 대조되는 양상을 보인다.

네티즌의 자아유형별 자아정체와 이념정향은 초, 중, 고등학생의 양상과는 사뭇 다르다. 자기개념은 초, 중, 고등학생과 동일하게 이상자아를 선택한 네티즌이 가장 강하게 형성하나, 그 다음으로 당위자아, 현실자아 순으로 높다. 자기신뢰감과 자기만족감은 자아유형별로 차이가 없으며, 이는 아동, 청소년의 자기신뢰감과 만족감이 자아유형별로 차이가 있는 결과와 대조된다. 한편, 네티즌의 정체의식에서 성정체는 현실자아 유형을 선택한 네티즌이 가장 높고, 그 다음은 당위자아, 이상자아의 순이다. 자아유형은 네티즌의 자아정체감과

〈표 7-6〉 자아유형별 자아정체와 이념정향

조사대상	구분		이상자아 (n=149) 평균	이상자아 (n=149) 표준편차	당위자아 (n=75) 평균	당위자아 (n=75) 표준편차	현실자아 (n=283) 평균	현실자아 (n=283) 표준편차	F
초중고등학생	자기개념		53.87	8.82	44.57	9.50	48.00	8.25	30.44***
	자기신뢰감		15.88	2.86	13.17	3.57	13.97	3.09	21.54***
	자기만족감		7.89	2.03	5.68	2.08	6.93	2.21	23.26***
	정체의식	자아정체감	13.55	2.84	11.57	2.18	12.86	2.75	10.97***
		자기수용	7.99	1.56	6.49	1.86	7.15	1.71	19.04***
		가족정체	17.22	4.11	15.59	3.97	16.11	3.87	5.86**
		민족정체	16.21	4.93	15.49	4.80	14.96	3.85	6.97***
		국가정체	14.44	4.02	14.01	4.13	13.68	2.80	3.45*
	이념정향	가족주의	20.04	4.29	18.52	3.87	18.61	4.03	7.65***
		물질주의	18.46	5.65	20.63	5.93	19.80	5.19	3.91**
		정신주의	16.89	3.02	15.89	2.59	16.41	2.68	2.82*

조사대상	구분		이상자아 (n=201) 평균	이상자아 (n=201) 표준편차	당위자아 (n=192) 평균	당위자아 (n=192) 표준편차	현실자아 (n=696) 평균	현실자아 (n=696) 표준편차	F
네티즌	자기개념		50.05	7.19	48.31	6.19	47.96	7.72	6.31**
	정체의식	성정체	10.97	2.10	11.19	2.18	11.60	2.10	8.29***
		민족정체	13.69	1.70	13.72	1.73	13.08	1.26	23.51***
		국가정체	13.77	2.34	13.91	2.42	12.76	1.75	36.80***
	이념정향	가족주의	19.87	3.44	19.69	3.17	18.41	3.54	19.88***
		물질주의	23.40	4.01	23.81	4.37	24.51	4.47	5.89**
		정신주의	15.65	1.73	15.33	1.55	15.27	2.06	3.13*
		개인주의	17.05	2.76	16.84	2.89	17.73	2.86	9.71***

* $p<.05$, ** $p<.01$, *** $p<.001$

자기수용, 가족정체와도 무관하다. 이미 성장한 성인세대는 자아유형이 발달시기에 놓인 아동, 청소년만큼 중요한 의미를 지니지 않는 듯하다.

민족정체와 국가정체의 경우 초, 중, 고등학생은 이상자아 유형이, 네티즌은 당위자아 유형이 가장 높으나, 두 조사결과에서 모두 현실자아 유형이 가장 낮다는 점이 특기할 만하다. 민족정체는 정체의식의 한 하위범주이면서도 민족의 역사 · 언어 · 영토 · 관습 · 문화 등 전 시대적 산물이기도 하여, 현실자아를 선택한 학생과 네티즌은 과거로부터 시작해 현재까지 지속된 인지산물을 크게 중시하지 않는 듯하다. 민족정체와 마찬가지로 국가정체는 현실에 바탕을 둔 현실적 사고에서 시점상 다소 거리가 있는 인지적 개념물일 수 있다.

네티즌의 자아유형과 이념정향의 양상을 보면, 가족주의와 정신주의는 이상자아를 선택한 집단에서 가장 높으며, 그 다음으로는 당위자아, 현실자아의 순으로 높다. 물질주의와 개인주의 정향에서는 현실자아 유형이 가장 높으며, 물질주의는 이상자아 유형이 가장 낮고 개인주의는 당위자아 유형이 가장 낮다. 물질주의와 현실자아, 개인주의와 현실자아 간의 높은 관계와 물질주의와 이상자아, 개인주의와 당위자아 간의 높은 관계는 매우 흥미로운 현상을 밝혀준 것이다. 이념정향과 자아유형의 관계에서 현실자아, 가족주의와 정신주의 정향에서 이상자아 유형이 가장 높고, 반대로 물질주의 정향에서 이상자아 유형이 가장 낮다는 것은 초, 중, 고등학생 조사 결과와 동일한 바다. 두 집단에서 동일한 사실이 밝혀지면서 정신과 물질의 관계가 일관성 있게 밝혀진 것이라 할 수 있다.

5. 소결

자아정체의 지위와 유형 분포가 어떠하며 그에 따라서 아동, 청소년과 일반 네티즌의 자기개념, 사회이념정향이 차이가 있는지를 알아보기 위해서 이 장에서는 조사대상의 자아정체 지위와 유형 분포와 그 특성에 따른 차이를 알아보았다.

자아정체의 지위는 정체 정립, 정체 혼란, 정체 상실로 구분했다. 초, 중, 고등학생 조사대상자들은 정체정립형이 62.3%로 가장 많았다. 학년이 높을수록 자아혼란을 경험하는 응답자수가 많아졌다. 네티즌 조사대상자들 역시 정체정립형이 56.6%로 가장 많았다. 그리고 네티즌의 연령이 증가할수록 정체정립자의 비율이 높아지는 경향이 나타난 한편 정체혼란자의 비율은 낮아졌으며, 정체상실자는 낮아지다가 다시 높아지는 경향을 보였다. 남성은 자아 정립, 여성은 자아 상실 등 성차별적으로 예상되는 성차는 실제 조사결과에서는 나타나지 않았다.

자아정체의 유형은 이상자아, 당위자아, 현실자아로 구분했다. 초, 중, 고등학생 조사자들은 이상자아 30.1%, 당위자아 15.0%, 현실자아 54.9%이며, 전반적으로 학년이 높을수록 이상자아에 속하는 비율이 감소하고 현실자아에 속하는 비율이 증가하는 경향을 보였다. 네티즌의 조사자들은 이상자아 18.5%, 당위자아 17.6%, 현실자아 63.9%이며, 전반적으로 연령이 높을수록 이상자아의 비율이 다소 높아지고 당위자아의 비율이 다소 낮아지는 경향을 보였다. 현실자아의 비율은 40대가 가장 높고 50대 이후에 가장 낮게 나타났다. 또한 자아정체의 유형에 성차가 있어, 남성이 이상적, 당위적으로 자아를 형성하고 사고하는 반면 여성은 보다 현실적으로 자아를 형성하고 사고하는 경향이 있다.

자아정체 유형과 자아정체 지위를 동시에 고려하여 조사대상자를 9개 범주로 나누었을 때, 가장 높은 비율을 보인 세 유형은 초, 중, 고등학생의 경우 현실자아정립형, 이상자아정립형, 현실자아혼란형이었고, 네티즌의 경우 현실자아정립형, 현실자아혼란형, 이상자아정립형이었다.

자아정체 지위집단의 일반적 특성을 비교한 결과 초, 중, 고등학생은 성별, 연령, 주관적 사회계층에 따른 차이가 나타났으며, 네티즌 역시 성별, 연령, 결혼 여부, 교육수준, 주관적 사회계층에 따른 차이를 보였다. 초, 중, 고등학생의 경우 현실자아 혼란집단은 여학생의 비율이 높고, 현실자아 상실집단은 남학생의 비율이 더 높다. 이상자아 정립집단은 초등학생의 비율이 높고, 현실자아 혼란집단은 중, 고등학생의 비율이 더 높다. 이상자아 정립집단은 주관적 사회계층이 가장 높은 편이며, 현실자아 혼란집단은 중류층 비율이 높고, 현실자아 상실집단은 중하류층의 비율이 더 높다. 네티즌의 경우 이상자아 정립집단은 남성의 비율이 높은 반면, 현실자아 상실집단은 여성의 비율이 높다. 이상자아 정립집단과 현실자아 혼란집단은 미혼자가 더 많으며, 현실자아 정립집단과 현실자아 상실집단은 기혼자가 더 많다. 현실자아 혼란집단은 10대와 20대의 비율이 높고, 현실자아 정립집단은 30대와 40대의 비율이 높으며, 현실자아 상실집단은 40대와 50대의 비율이 높다. 이상자아 정립집단은 다른 집단에 비해 대학원 이상의 비율이 높으며, 현실자아 정립집단은 대졸자의 비율이, 현실자아 혼란집단은 고졸자의 비율이, 현실자아 상실집단은 중졸과 고졸자의 비율이 더 높다. 이상자아 정립집단은 다른 집단에 비해 주관적으로 인식한 사회경제적 계층이 더 높은 반면, 현실자아 혼란집단과 현실자아 상실집단은 다른 집단에 비해 중상층 및 중류층으로 인식한 비율이 더 낮다.

자아정체 지위별 자기 인식과 이념정향을 살펴본 결과 초, 중, 고등학생과 네티즌은 자아지위 상태에 따라 자기개념, 자기신뢰감, 자아정체감, 자기수용, 가족정체, 민족정체, 국가정체, 가족주의, 물질주의에서 유의한 차이를 보였다. 자기개념, 자기신뢰감, 자기수용, 가족정체, 가족주의가 가장 높은 집단은 정체정립집단이다. 초, 중, 고등학생은 정체상실집단의 자아정체감이 가장 높은 반면, 네티즌은 정체정립집단이 가장 높다. 민족정체와 국가정체의 경우 초, 중, 고등학생은 정체상실집단이 가장 높고, 네티즌은 정체혼란집단이 가장 높다. 물질주의는 정체정립집단이 가장 낮다. 이에 추가적으로 초, 중, 고등학생은 자기만족감에서, 네티즌은 성정체와 집합주의에서 유의한 차이를 보였다. 초, 중, 고등학생의 자기만족감 및 네티즌의 성정체와 집합주의에서 가장 높게 형성한 집단은 정체정립집단이다.

자아유형별 자기인식과 이념정향을 살펴본 결과 초, 중, 고등학생과 네티즌은 자아유형에 따라 자기개념, 민족정체, 국가정체, 가족주의, 물질주의, 정신주의에서 유의한 차이를 보였다. 자기개념과 가족주의, 정신주의의 경우 이상자아집단이 가장 높다. 민족정체와 국가정체는 현실자아집단이 가장 낮다. 물질주의의 경우 이상자아집단이 가장 낮다. 이에 추가적으로 초, 중, 고등학생은 자기신뢰감과 자기만족감, 자아정체감, 자기수용, 가족정체에서 유의한 차이가 나타났으며, 이상자아집단이 다른 집단에 비해 가장 높다. 네티즌은 추가적으로 성정체, 개인주의에서 유의한 차이가 있었으며, 현실자아집단이 다른 집단에 비해 가장 높다.

이념정향과 자아유형의 관계에서 현실자아, 가족주의와 정신주의 정향에서 이상자아 유형이 가장 높고, 반대로 물질주의 정향에서 이상자아 유형이 가장 낮다는 사실이 두 집단에서 동일하게 나타났다. 정신과 물질의 관계가 일관성 있게 밝혀진 것이라 할 수 있다. 한 마디로 자아정체의 유형과 지위에 따라서 아동, 청소년과 네티즌의 자기개념과 자아정체의 특성은 물론 이념적 정향까지 변화하는 경향이 있다.

8장

자아불일치와 부정적 정서, 삶의 만족감

실제 자아는 현실자아, 이상자아와 당위자아로 구성된다. 현실자아는 현재 자신의 상태를 인식하는 것이며, 이상자아는 꿈꾸던 자아를, 당위자아는 사회적으로 기대되는 자아를 인식하는 것이다. 사람은 누구나 때때로 현재의 나의 모습과 내가 꿈꾸는 나의 모습이 불일치하여 현실자아와 이상자아 사이에 괴리감을 느낄 수 있으며, 현재의 나의 모습과 다른 사람들이 기대하는 나의 모습이 불일치하여 현실자아와 당위자아 간의 괴리감을 느낄 수 있다. 한편, 인터넷 사용의 증가로 가상공간에 진입하는 경우가 늘어나면서 가상공간의 익명성으로 실제의 모습과는 다른 위장된 가상자아를 형성하는 경우도 늘어나고 있다. 이러한 가상자아의 실자아 사이의 불일치는 정보화 시대에 진입하면서 새롭게 등장한 사회 현상으로 실제로 연구된 바는 드물다. 이러한 자아불일치는 궁극적으로 삶의 적응에도 영향을 줄 수 있다는 점에서 우려된다.

이 연구에서는 이상자아와 현실자아의 불일치와 당위자아와 현실자아의 불일치, 실자아와 가상자아의 불일치를 경험하는 경우는 상당수 있을 것으로 예상해, 각 유형별 자아불일치를 조사하고, 특히 실자아와 가상자아 간에 불일치를 경험하는 집단의 특성이 일반집단과 어떻게 다른지 탐색해보았다.

일상적으로 사람들은 긍정적 정서와 부정적 정서를 경험한다. 기쁨, 즐거움, 행복함, 만족감과 같은 긍정적 정서를 경험하는 것은 삶을 풍요롭고 다채롭게 한다. 한편 슬픔, 불안, 불쾌, 불만감, 질투심과 같은 부정적 정서는 장기간 반복되는 경우에 그의 삶을 위축시키고 불만스럽고 불행하게 만든다. 부정적 정서는 우울증과 같은 부적응 증상을 가져오며, 장기적으로 사회적 부적응으로 이어진다. 이 연구에서는 자아불일치와 삶의 적응에 어떠한 관련성이 있는지 알아보기 위해, 부정적 정서와 삶의 만족감에 대한 조사를 실시하였다.

1. 실자아의 자아유형별 자아불일치

1) 이상자아와 현실자아의 불일치

초, 중, 고등학생들의 이상자아와 현실자아의 불일치 여부를 조사했을 때 43.1%가 자신이 되고 싶다고 기대했던 이상적 자아상과 실제 자아상이 다르다고 응답했다. 이상자아와 현실자아의 불일치는 학년과 성에 따라 의미 있는 차이가 나타났다. 학년이 증가하면서 이상자아와 현실자아 간의 괴리를 더 크게 느낀다는 사실을 알 수 있다. 또한 여학생의 경우 남학생보다 이상자아와 현실자아의 불일치를 더 많이 보고했다.

네티즌의 이상자아와 현실자아의 불일치 여부를 살펴보았다. 네티즌의 53.1%가 자신이 되고 싶다고 기대했던 이상적 자아상과 실제 자기상이 다르다고 응답하였다. 절반이 넘는 네티즌이 이상자아와 현실자아의 괴리를 경험하고 있다.

〈표 8-1〉 이상자아와 현실자아의 불일치 단위: 명(%)

구분			전혀 그렇지 않다	별로 그렇지 않다	그저 그렇다	조금 그렇다	매우 그렇다	χ^2
초중고등학생		전체	109(17.1)	97(15.3)	156(24.5)	182(28.6)	92(14.5)	
	학년	초등 3	43(37.1)	12(10.3)	17(14.7)	16(13.8)	28(24.1)	108.105***
		초등 5	30(28.0)	23(21.5)	26(24.3)	19(17.8)	9(8.4)	
		중등 1	25(18.1)	23(16.7)	32(23.2)	43(31.2)	15(10.9)	
		중등 3	5(3.8)	20(15.2)	40(30.3)	49(37.1)	18(13.6)	
		고등 2	6(4.2)	19(13.3)	41(28.7)	55(38.5)	22(15.4)	
	성별	남	51(16.7)	50(16.3)	93(30.4)	67(21.9)	45(14.7)	18.135**
		여	58(17.6)	47(14.2)	63(19.1)	115(34.8)	47(14.2)	
네티즌		전체	35(3.2)	120(11.0)	356(32.7)	414(38.0)	164(15.1)	
	연령	10대	1(2.4)	3(7.3)	12(29.3)	15(36.6)	10(24.4)	22.921
		20대	9(2.4)	42(11.4)	127(34.4)	137(37.1)	54(14.6)	
		30대	16(3.9)	38(9.3)	123(30.1)	162(39.7)	69(16.9)	
		40대	5(2.6)	20(10.4)	66(34.2)	77(39.9)	25(13.0)	
		50세 이상	4(5.1)	17(21.8)	28(35.9)	23(29.5)	6(7.7)	
	성별	남	25(3.8)	77(11.7)	219(33.3)	249(37.8)	88(13.4)	5.806
		여	10(2.3)	43(10.0)	137(31.8)	165(38.3)	76(17.6)	

** $p<.01$, *** $p<.001$

2) 당위자아와 현실자아의 불일치

사회규범상 기대되는 역할과 의무 등을 포함한 당위자아와 현실자아 사이의 관계는 어떠한가? 당위자아와 현실자아 사이에 불일치를 경험하는 사람은 얼마나 될 것인가? 초, 중, 고등학생의 당위자아와 현실자아의 불일치 여부를 조사했을 때 27.6%가 주위에서 기대하는 자아상과 실제 자기상이 다르다고 응답했다. 당위자아와 현실자아의 불일치는 학년에 따른 차이가 유의하게 나타났다. 학년이 증가하면서 이상자아와 현실자아 간의 괴리를 점차 더 크게 느끼는 데 반해서 학년이 증가하면서 당위자아와 현실자아 간의 괴리를 더 작게 느낀

〈표 8-2〉 당위자아와 현실자아의 불일치 단위: 명(%)

구분			전혀 그렇지 않다	별로 그렇지 않다	그저 그렇다	조금 그렇다	매우 그렇다	X^2
초중고등학생	전체		69(10.8)	165(25.9)	228(35.7)	108(16.9)	68(10.7)	
	학년	초등 3	20(17.1)	18(15.4)	29(24.8)	23(19.7)	27(23.1)	62.469***
		초등 5	10(9.3)	18(16.7)	43(39.8)	23(21.3)	14(13.0)	
		중등 1	11(8.0)	37(26.8)	57(41.3)	19(13.8)	14(10.1)	
		중등 3	17(12.9)	39(29.5)	42(31.8)	25(18.9)	9(6.8)	
		고등 2	11(7.7)	53(37.1)	57(39.9)	18(12.6)	4(2.8)	
	성별	남	42(13.6)	83(26.9)	105(34.0)	43(13.9)	36(11.7)	8.786
		여	27(8.2)	82(24.9)	123(37.4)	65(19.8)	32(9.7)	
네티즌	전체		90(8.3)	265(24.3)	475(43.6)	228(20.9)	31(2.8)	
	연령	10대	6(14.6)	12(29.3)	14(34.1)	8(19.5)	1(2.4)	17.994
		20대	27(7.3)	103(27.9)	159(43.1)	71(19.2)	9(2.4)	
		30대	39(9.6)	87(21.3)	186(45.6)	82(20.1)	14(3.4)	
		40대	14(7.3)	50(25.9)	80(41.5)	46(23.8)	3(1.6)	
		50세 이상	4(5.1)	13(16.7)	36(46.2)	21(26.9)	4(5.1)	
	성별	남	50(7.6)	154(23.4)	296(45.0)	135(20.5)	23(3.5)	4.793
		여	40(9.3)	111(25.8)	179(41.5)	93(21.6)	8(1.9)	

*** $p<.001$

다는 사실을 알 수 있다.

네티즌의 경우 당위자아와 현실자아 사이에 불일치를 묻는 문항에 대해 전체 응답자 중 23.7%가 불일치한다고 응답했으며, 32.6%가 불일치하지 않는다고 응답하였다.

2. 실자아와 가상자아의 불일치

1) 실자아-가상자아 불일치집단의 일반적 특성

실자아와 가상자아의 불일치 여부를 알아보기 위해 온라인에서의 자아 변신과 인성 변신에 대한 8개의 응답점수를 합산하여 가상자아 점수를 산출하였으며, 응답자 중 상위 10%에 해당하는 응답자를 실자아-가상자아 불일치집단으로 분류했다. 즉, 온라인에서 인격 변신, 성 변신, 연령 변신, 직업 변신 등의 자아 변신 및 성정의 변화를 극도로 많이 경험하는 집단이 실자아와 가상자아의 불일치를 많이 경험할 것으로 간주한 것이다.

초, 중, 고등학생의 경우 응답자 633명 중 가상자아 점수가 높은 상위 10%인 응답자 53명이 실자아-가상자아 불일치집단으로 분류되었다. 집단특성을 보면, 자아불일치집단이 일반집단에 비해 남성의 비율이 높다. 자아불일치집단이 일반집단보다 출생순위로는 첫째보다 둘째가 많으며, 부모의 학력이 다소 높다. 자아불일치집단이 주관적으로 인식한 사회경제적 계층은 상류층(5.7%), 중상류층(22.6%), 중류층(52.8%), 중하층(15.1%)으로, 일반집단보다 중류층 비율이 낮고 중하층 비율이 높다. 자아불일치집단이 사회경제적 계층을 일반집단보다 상대적으로 낮게 평가했다. 그리고 통계적으로 성별 변수만 유의한 차이를 드러냈다(χ^2= 14.57, df=1, p<.001). 즉, 남학생이 여학생보다 자아불일치집단에 더 많이 속해 있다.

네티즌의 경우 1,089명 응답자 중 가상자아 점수가 높은 상위 10%인 응답자 92명이 실자아-가상자아 불일치집단으로 간주되었다. 자아불일치집단은 일반집단에 비해 남자 네티즌의 구성 비율이 높고, 기혼자의 비율이 다소 높으며, 30대 비율이 높다. 자아불일치집단은 일반집단보다 대학원 이상의 학력을 가진 사람의 비율이 높고, 주관적으로 인식한 사회경제적 자위가 중류층, 중하층으로 전반적으로 미미한 수치로 낮게 나타났다. 참고로 자아정체성을 총체적 개념이자 다면적 인지 개념으로 분석한 선행조사(이순형, 2002)에서 마샤(Marcia,

〈표 8-3〉 실자아-가상자아 불일치집단과 일반집단 비교

조사 대상	구분		일반집단(n=580)		불일치집단(n=53)	
			인원수	비율(%)	인원수	비율(%)
초중고등학생	성별	남	268	46.2	39	73.6
		여	312	53.8	14	26.4
	출생순위	첫째	279	48.1	18	34.0
		둘째	252	43.4	26	49.1
		셋째 이상	36	6.2	5	9.4
		무응답	13	2.2	4	7.5
	부학력	초등학교졸	9	1.6	0	0.0
		중졸	22	3.8	1	1.9
		고졸	210	36.2	17	32.1
		대졸	221	38.1	19	35.8
		대학원 이상	37	6.4	7	13.2
		무응답	81	14.0	9	17.0
	모학력	초등학교졸	10	1.7	1	1.9
		중졸	36	6.2	4	7.5
		고졸	287	49.5	19	35.8
		대졸	149	25.7	16	30.2
		대학원 이상	21	3.6	4	7.5
		무응답	77	13.3	9	17.0
	계층	상류층	38	6.6	3	5.7
		중상층	124	21.4	12	22.6
		중류층	369	63.6	28	52.8
		중하층	37	6.4	8	15.1
		하류층	2	0.3	0	0.0
		무응답	10	1.7	2	3.8
네티즌	성별	남	594	59.6	64	69.6
		여	403	40.4	28	30.4
	결혼 여부	미혼	576	57.8	49	53.3
		기혼	421	42.2	43	46.7

〈표 8-3〉 계속

조사 대상	구분		일반집단(n=997)		불일치집단(n=92)	
			인원수	비율(%)	인원수	비율(%)
네티즌	연령	10대	40	4.0	1	1.1
		20대	342	34.3	27	29.3
		30대	362	36.3	46	50.0
		40대	179	18.0	14	15.2
		50세 이상	74	7.4	4	4.3
	교육수준	초등학교졸	6	0.6	1	1.1
		중졸	20	2.0	2	2.2
		고졸	299	30.0	23	25.0
		대졸	619	62.1	55	59.8
		대학원 이상	53	5.3	11	12.0
	계층	상류층	1	0.1	0	0.0
		중상층	81	8.1	8	8.7
		중류층	567	56.9	53	57.6
		중하층	310	31.1	29	31.5
		하류층	38	3.8	2	2.2

1966)의 유형별 자아정체성을 직업과 성으로 분류해서 차이를 보았을 때, 직장인이 학생보다 정체성이 다소 높으며, 남성 응답자가 여성 응답자보다 자아정체성을 확립한 수가 많았다.

2) 실자아-가상자아 불일치집단의 자아정체와 이념정향

초, 중, 고등학생의 실자아-가상자아 불일치집단과 일반집단의 자아정체와 이념정향에 차이가 있는지를 일원변량분석법으로 비교하였다. 그 결과 자아불일치집단과 일반집단의 자기신뢰감에서만 유의한 차이($F=3.95$, $df=2$, $p<.05$)가 나타났다. 자아불일치집단의 자기신뢰감 점수가 일반집단의 자기신뢰감 점수보다 낮았다. 이는 불일치집단의 경우 온라인상에서 가상자아와 실자아의 불일치에서

발생된 괴리감을 느끼기 때문에 자기신뢰감이 감소되는 것으로 볼 수 있다.

네티즌 실자아-가상자아 불일치집단은 일반집단에 비해 정체의식에서 성정체, 가족정체, 민족정체, 국가정체에서 유의한 차이가 나타났다. 성정체는 불일치집단의 점수가 일반집단의 것보다 낮았으나, 가족정체, 민족정체, 국가정체는 자아불일치집단의 점수가 일반집단의 것보다 높았다. 네티즌 자아불일치집단은 일반집단보다 자기만족감이 높다. 자아불일치집단이 일반집단보다 자기만족감이 높다는 사실은 무엇을 의미하는가? 자아불일치가 자기만족과 부적상관이 있으리라는 예측이 거부되었다. 이 자료만으로는 그 사유를 설명하기 어려우나 자기만족감은 주관적 현상이므로 자아불일치집단이 객관적 비교를 통해 현실지각을 하는 일치집단보다 스스로 만족감을 느끼기 때문에 나타난 것으로 볼 수 있을 것이다.

실자아-가상자아 불일치집단과 일반집단 사이에 이념정향이 차이가 있는가? <표 8-4>에서 보듯이 자아불일치집단과 일반집단 사이에 가족주의, 물질주의, 정신주의, 집합주의, 개인주의 이념정향에 유의한 차이가 있다. 자아불일치집단이 일반집단보다 가족주의, 물질주의, 정신주의, 집합주의, 개인주의 이념정향이 높게 나타났다. 실자아-가상자아 불일치와 가족, 민족, 국가정체와 정적상관이 있다는 점은 실자아-가상자아 불일치집단의 정체의식 수준이 높다는 사실을 의미한다고 볼 수 있다. 나아가 실자아-가상자아 불일치와 가족주의, 물질주의, 정신주의, 집합주의와 개인주의 이념정향과 정적 상관이 있다는 점에서, 정체의식이 이념정향을 구성하는 인식요소를 공유하는 것으로 보인다.

실자아-가상자아 불일치집단이 일반집단보다 가족정체, 민족정체와 국가정체가 높고, 자기만족감이 높고, 이념정향을 높게 형성한다는 점은 일단 긍정적 사실로 보이지만, 자아불일치집단의 부정적 정서가 높다는 점은 우려되는 바다. 자아불일치집단이 일반집단보다 부정적 정서유발 수준이 더 높다는 사실은 이들이 일상적 대인관계의 어려움을 경험할 것임을 예상할 수 있게 한다. 신경이 예민하고 긴장하여 일상생활의 부적응 정도가 더 높을 것으로 보인다. 자아불일치집단의 자기 문제를 인식하는 네티즌은 스스로 자기 위치를 바꾸어 보

〈표 8-4〉 실자아-가상자아 불일치집단의 자아정체와 이념정향

조사 대상	구분		일반집단(n=580)		불일치집단(n=53)		F
			평균	표준편차	평균	표준편차	
초중 고등학생	자기신뢰감		14.51	3.15	13.58	4.06	3.95*
조사 대상	**구분**		**일반집단(n=997)**		**불일치집단(n=92)**		**F**
			평균	**표준편차**	**평균**	**표준편차**	
네티즌	자기만족감		6.29	0.96	6.87	1.03	30.00***
	정체의식	성정체	11.45	2.13	10.96	2.04	4.60*
		가족정체	23.60	4.04	25.55	4.02	19.72***
		민족정체	13.21	1.39	14.30	1.90	48.29***
		국가정체	13.03	1.95	14.48	2.69	43.23***
	이념정향	가족주의	18.69	3.49	21.25	2.92	46.51***
		물질주의	24.00	4.43	26.17	3.37	21.01***
		정신주의	15.31	1.97	15.80	1.34	5.63*
		집합주의	16.08	2.32	17.89	2.26	51.41***
		개인주의	17.39	2.89	18.13	2.61	5.65*
	부정적 정서		18.09	5.11	22.62	4.70	67.00***

* $p<.05$, *** $p<.001$

려는 시도를 할 것이다.

실제로 이러한 가정을 뒷받침하는 선행연구결과로, 이순형(2002)의 연구에서는 자아불일치 응답자 중에서 대인방식 변화자가 많이 있는 것으로 밝혀졌다. 자아정체 불일치집단에서 온라인상에서 대인방식이 변한다고 응답하는 사람은 남성응답자의 14.4%, 여성응답자의 19.0%였으며, 온라인상에서는 자신의 성격이 변한다고 말한 응답자는 남성응답자의 7.8%, 여성응답자의 12.0%에 달하였다.

3) 가상공간과 실공간에서의 자기 언행일치

네티즌들은 가상공간과 실공간에서 언행이 일치하는가? 그에 대해서 선행연구 결과(이순형, 2002)를 살펴보겠다. 자아정체성에 따라서 언행 평가가 어떠한 관계가 있을 것인가를 분석한 결과, 자아정체에 따라서 응답자의 언행의 항상성 유지에 의미 있는 차이가 있다(χ^2=7.875, df=2, p<.05). 자아정체를 형성한 사람의 91.8%는 오프라인과 온라인에서 언행의 항상성을 유지하고 있다고 응답한 반면, 8.2%는 언행 변화를 보고했다. 자아정체의 혼란을 겪는 사람의 90.3%는 언행에 일치를 경험하나 9.7%는 언행이 일치하지 않는다. 자아정체가 상실된 응답자의 85.1%가 언행이 동일하다. 자아정체 형성자의 8.2%, 자아정체 혼란자의 9.7%, 자아정체 상실자의 14.9%가 실공간과 가상공간에서 언행이 불일치한다. 자아정체를 형성한 경우에 가상공간에서 언행의 일치도가 높다.

성정체와 자기 언행 평가와는 유의한 차이가 있다(χ^2=190.232, df=2, p<.001). 온라인과 오프라인의 성정체가 일치하는 사람들의 93.0%가 온라인에서 자신의 언행이 오프라인에서와 일치한다고 응답한 한편 7.0%가 불일치한다고 응답했다. 한편 성정체가 불일치하는 사람들의 90.1%가 언행이 일치하고 9.9%가 불일치한다고 응답했다. 그리고 이중성집단의 사람들은 54.1%만이 실공간에서의 자신의 언행과 가상공간에서의 언행이 일치한다고 응답했다. 성정체 형성자의 7.0%, 성정체 혼란자의 9.9%, 이중성정체 형성자의 45.9%가 가상공간에

〈표 8-5〉 자아정체에 따른 언행의 항상성 단위: 명(%)

구분	자아정체			계	χ^2
	형성집단	혼란집단	상실집단		
언행 유지	1,047(91.8)	733(90.3)	143(85.1)	1,923(90.7)	7.875*
언행 변화	94(8.2)	39.9(9.7)	25(14.9)	198(9.3)	
합계	1,141(100.0)	872(100.0)	168(100.0)	2,121(100.0)	

* p<.05 (출처: 이순형, 2002)

〈표 8-6〉 성정체에 따른 언행의 항상성 단위: 명(%)

구분	성정체			계	χ^2
	일치집단	불일치집단	이중성집단		
언행 유지	1,746(93.0)	163(90.1)	60(54.1)	1,969(90.8)	190.232***
언행 변화	131(7.0)	18(9.9)	51(45.9)	200(9.2)	
합계	1,877(100.0)	181(100.0)	111(100.0)	2,169(100.0)	

*** p<.001 (출처: 이순형, 2002)

서의 언행이 실공간에서의 언행과 불일치한다. 이중성을 가지고 위장하는 응답자들은 스스로의 언행 위장도 비교적 능숙하게 하는 경향이 있다. 가상공간과 실공간에서의 언행일치 정도와 자아정체성 상태가 상호 관련된다는 사실은 처음으로 밝혀진 것이다(이순형, 2002).

3. 자아와 부정적 정서와 삶의 만족감

1) 네티즌의 부정적 정서와 삶의 만족감의 전반적 경향

네티즌의 부정적 정서와 그로 인한 증상이 어떠한 것인지를 조사한 결과, 부정적 정서와 부적응 증상을 구성한 문항 7개의 평균값은 중앙값 3점에 못 미치는 값으로 부정적 증상이 별로 없는 편이다. 이들은 기분이 보통 울적하지 않고, 신경이 예민하고 마음이 불안하지 않으며, 어지럽거나 현기증이 나지 않고, 광장공포증이 없으며, 타인들이 자기를 혐오하거나 불친절하다고 느끼지 않고, 낯익은 물체에 대해 생소하다고 느끼지 않고, 불면증이 없다. 그렇지만, 마음이 편안하지는 않은 상태다.

삶의 만족감을 자기 자신, 친구나 동료, 이성친구나 배우자, 직장생활, 부모나 친척 등 가족관계, 전반적 삶에 대한 만족감으로 세분해서 그 정도를 측정했다. 그리고 전반적 인생 만족감을 한 문항으로 측정했다. 조사 자료를 분석한

〈표 8-7〉 네티즌의 부정적 정서 응답 빈도

문항	N	평균	표준편차	최솟값	최댓값
신경이 예민하고 마음의 안정이 안 된다.	1,089	2.97	.94	1	5
어지럽거나 현기증이 난다.	1,089	2.67	.97	1	5
기분이 울적하다.	1,089	2.99	.98	1	5
넓은 장소나 거리에 나가면 두렵다.	1,089	2.38	1.05	1	5
다른 사람들이 나를 싫어하거나 나에게 불친절하다고 느낀다.	1,089	2.48	1.00	1	5
낯익은 것들도 생소하거나 비현실적인 것으로 느낀다.	1,089	2.43	.98	1	5
잠이 오지 않는다.	1,089	2.54	1.07	1	5

〈표 8-8〉 네티즌의 삶의 만족감 응답 빈도

문항	N	평균	표준편차	최솟값	최댓값
나는 내 자신에게 만족한다.	1,089	3.03	.93	1	5
나는 내 친구관계나 동료관계에 만족한다.	1,089	3.21	.88	1	5
나는 이성친구(배우자)에 만족한다.	1,089	3.16	1.02	1	5
나는 직업생활에 만족한다.	1,089	2.96	.96	1	5
나는 부모나 친척 등 가족관계에 만족한다.	1,089	3.31	.97	1	5
전반적으로 내 인생에 만족한다.	1,089	3.09	.92	1	5

결과에 따르면 네티즌들은 직업생활을 제외한 나머지 문항에 모두 보통 수준으로 만족하는 것으로 나타났다. 즉 가족관계에 다소 만족하고, 친구나 동료관계에 다음으로 만족하고, 이성친구나 배우자에게 그 다음으로 만족하고, 자기 자신에게 만족한다고 했다. 그리고 네티즌들은 전반적으로 자기 인생에 대해서 보통 수준으로 만족한다고 보고했다.

네티즌의 부정적 정서를 연령과 성별에 따라서 변량분석한 바에 의하면 성별 변수의 주효과($F=7.43$, $df=1$, $p<.01$)가 유의하다. 여성이 남성보다 부정적 정서를 더 가지고 있다. 그러나 연령 변수의 주효과나 연령과 성별의 상호작용 효과는 유의하지 않다.

〈표 8-9〉 네티즌의 연령과 성별에 따른 부정적 정서 변량분석

범주	변동원	자승합	자유도	평균자승	F
부정적 정서	연령	170.999	4	42.750	1.58
	성별	200.565	1	200.565	7.43**
	연령×성별	166.207	4	41.552	1.54
	오차	29,115.916	1079	26.984	

** p<.01

〈표 8-10〉 네티즌의 연령과 성별에 따른 삶의 만족감 변량분석

범주	변동원	자승합	자유도	평균자승	F
삶의 만족감	연령	705.897	4	176.474	4.55**
	성별	25.930	1	25.930	.67
	연령×성별	154.884	4	38.721	1.00
	오차	41,885.708	1079	38.819	

** p<.01

삶의 만족감을 연령과 성별에 따라서 변량분석한 바에 의하면 연령변수의 주효과(F=4.55, df=4, p<.01)가 역시 유의하다. 연령에 따라 삶의 만족 정도를 살펴보면 10대에 삶의 만족도가 비교적 낮지만, 10대 이후 연령대가 높을수록 삶의 만족 정도가 높아진다. 그러나 성별 변수의 주효과나 연령과 성별의 상호작용 효과는 유의하지 않다.

부정적 정서를 묻는 문항으로 신경이 예민해지고 불안을 느낀다는 진술에 대해 응답자의 30.5%가 그렇다고 응답했으며, 28.9%는 그렇지 않다고 응답하여 약 1/3이 예민한 신경 상태와 마음의 불안을 보고하였다. 남성의 26.2%, 여성의 37.1%가 신경이 예민하고 마음이 불안정한 상태라고 응답하여, 여성이 남성보다 신경이 예민하고 안정이 안 되는 등 부정적 정서를 더 많이 느끼는 것으로 나타났다.

어지럽거나 현기증이 나는가를 묻는 질문에 대해서 응답자 중 21.0%가 어

지럽거나 현기증이 난다고 응답했고, 42.2%가 그렇지 않다고 응답했다. 남성의 15.5%, 여성의 29.4%가 어지러움이나 현기증을 보고하여, 여성 응답자가 남성 응답자보다 어지럼증이나 현기증을 더 많이 경험하고 있음을 알 수 있다.

울적한 기분을 기술한 문항에 대해 응답자의 32.2%가 그렇다고 인정했고, 28.5%가 그렇지 않다고 부인했다. 10대, 20대인 초년에는 이에 시인한 비율이 약 40%에 근접하여 상대적으로 울적한 기분이 높지만, 삶에 현실적으로 안주한 30대 이상에서는 30% 미만으로 울적한 기분이 감소했다. 또한 남성의 26.7%, 여성의 40.4%가 기분이 울적하다고 보고하여, 남자보다 여자가 울적한 기분을 더 높게 보고하였다.

광장 공포를 드러내는 문항으로 넓은 장소나 거리에 나다니는 것이 불안을 주는지를 조사한 결과, 네티즌 응답자 중 14.9%가 넓은 장소나 거리에 나가는 것이 두렵다고 시인했고, 54.0%가 부인했다. 네티즌의 약 15% 정도가 정도의 차이는 있더라도 광장공포 증상을 느끼고 있음을 알 수 있다. 남자 12.7%, 여자 18.3%가 광장공포증 상태를 시인하여, 여자가 남자보다 광장공포 증상을 약간 더 보고했다.

타인이 자기 자신을 싫어하거나 불친절하다는 문항에 대해서 네티즌 응답자의 14.4%가 다른 사람들이 자신에게 부정적인 태도를 가지고 있다고 응답했고, 50.5%는 그렇지 않다고 응답하였다. 10대 29.3%, 20대 16.8%, 30대 14.0%, 40대 9.9%, 50세 이상 9.0%가 타인이 자신에게 부정적으로 대한다고 응답하여, 연령대가 높으면 타인의 자기혐오증을 덜 느끼는 경향이 있음을 보고했다. 남자 12.6%, 여자 17.2%가 타인의 태도에 부정적인 느낌을 받았다고 응답하여 여자가 남자보다 부정적인 느낌을 더 많이 보고하였다.

비현실감과 불면증에 대한 문항에서는 연령과 성에 따른 차이가 나타나지 않았다. 신경불안, 우울감 등의 삶의 부정적 정서에 있어서는 대체로 여성이 남성보다 민감하게 느끼는 것으로 드러났다.

네티즌은 자신에 대해서 만족하는가? 자기 자신에 대한 만족도를 조사한 결과, 전체 응답자의 28.7%가 자신이 만족스럽다고 응답했고, 24.9%는 그렇지 않다고 응답했다. 자신에 만족하는 응답자의 비율은 남자의 28.4%, 여자의 29.2%로 비슷하나, 자신에 불만족하는 응답자는 남자 20.8%, 여자 31.1%로 여자가 다소 많은 편이다.

우리 사회의 네티즌은 친구나 동료관계에 대해서 얼마나 만족하는가? 전체 응답자 중 39.0%가 자신의 친구관계나 동료관계에 만족한다고 응답했고, 18.8%가 만족하지 않는다고 응답했다. 남자 40.3%, 여자 36.9%가 만족한다고 응답했고, 남자 15.8%, 여자 23.4%가 만족하지 않는다고 응답하여, 여자들이 남자들보다 불만을 느끼는 사람이 더 많다.

친구나 동료관계에 대한 인식과 이성친구나 배우자에 대한 인식이 다른지는 의문이다. 이성친구나 배우자에 대해서 만족하는지를 질문한 결과, 전체 응답자 중 35.7%가 만족한다고 응답했고, 21.7%는 그렇지 않다고 응답했다. 20대 30.9%, 30대 43.0%, 40대 43.0%, 50세 이상 55.1%가 이성친구나 배우자에 만족을 표현하여, 연령대가 높을수록 이성친구나 배우자에 대한 만족이 증가하는 경향이 있다. 이 현상은 무엇을 의미하는가? 20대 이후 여러 사람을 대상으로 이성친구나 배우자로 검증하는 시기를 거쳐서 스스로 만족스러운 대상을 선정했다는 증거일 수 있다. 한편으로는 연령이 증가하면서 상대에 대한 이해가 깊어지고 현실적 기대를 함으로써 어린 시기보다 상대적으로 그 만족감이 증

〈표 8-11〉 네티즌의 부정적 정서 단위: 명(%)

구분	조사대상		전혀 그렇지 않다	별로 그렇지 않다	그저 그렇다	조금 그렇다	매우 그렇다	X^2
심리 불안	전체		76(7.0)	239(21.9)	442(40.6)	303(27.8)	29(2.7)	
	연령	10대	1(2.4)	4(9.8)	18(43.9)	18(43.9)	0(0)	17.399
		20대	24(6.5)	80(21.7)	149(40.4)	107(29.0)	9(2.4)	
		30대	29(7.1)	82(20.1)	171(41.9)	113(27.7)	13(3.2)	
		40대	15(7.8)	52(26.9)	71(36.8)	50(25.9)	5(25.9)	
		50세 이상	7(9.0)	21(26.9)	33(42.3)	15(19.2)	2(2.6)	
	성별	남	51(7.8)	151(22.9)	284(43.2)	157(23.9)	15(2.3)	5.196**
		여	25(5.8)	88(20.4)	158(36.7)	146(33.9)	14(3.2)	

〈표 8-11〉 계속

구분	조사대상		전혀 그렇지 않다	별로 그렇지 않다	그저 그렇다	조금 그렇다	매우 그렇다	X^2
현기증		전체	140(12.9)	320(29.3)	400(36.7)	216(19.8)	13(1.2)	
	연령	10대	5(12.2)	9(22.0)	16(39.0)	10(24.4)	1(2.4)	17.679
		20대	42(11.4)	105(28.5)	134(36.3)	86(23.3)	2(0.5)	
		30대	53(13.0)	115(28.2)	162(39.7)	73(17.9)	5(1.2)	
		40대	30(15.5)	64(33.2)	63(32.6)	34(17.6)	2(1.0)	
		50세 이상	10(12.8)	27(34.6)	25(32.1)	13(16.7)	3(3.8)	
	성별	남	108(16.4)	210(31.9)	238(36.2)	96(14.6)	6(0.9)	44.298***
		여	32(7.4)	110(25.5)	162(37.6)	120(27.8)	7(1.6)	
우울		전체	91(8.4)	219(20.1)	429(39.4)	312(28.7)	38(3.5)	
	연령	10대	2(4.9)	8(19.5)	16(39.0)	15(36.6)	0(0)	32.170*
		20대	30(8.1)	59(16.0)	134(36.3)	128(34.7)	18(4.9)	
		30대	30(7.4)	82(20.1)	175(42.9)	110(27.0)	11(2.7)	
		40대	17(8.8)	50(25.9)	72(37.3)	47(24.4)	7(3.6)	
		50세 이상	12(15.4)	20(25.6)	32(41.0)	12(15.4)	2(2.6)	
	성별	남	65(9.9)	142(21.6)	275(41.8)	156(23.7)	20(3.0)	23.963***
		여	26(6.0)	77(17.9)	154(35.7)	156(36.2)	18(4.2)	
광장공포		전체	270(24.8)	318(29.2)	338(31.0)	143(13.1)	20(1.8)	
	연령	10대	7(17.1)	10(24.4)	18(43.9)	5(12.2)	1(2.4)	20.612
		20대	89(24.1)	98(26.6)	119(32.2)	51(13.8)	12(3.3)	
		30대	110(27.0)	111(27.2)	128(31.4)	55(13.5)	55(13.5)	
		40대	43(22.3)	72(37.3)	54(28.0)	22(11.4)	2(1.0)	
		50세 이상	21(26.9)	27(34.6)	19(24.4)	10(12.8)	1(1.3)	
	성별	남	164(24.9)	184(28.0)	226(34.3)	74(11.2)	10(1.5)	12.156*
		여	106(24.6)	134(31.1)	112(26.0)	69(16.0)	10(2.3)	
타인혐오		전체	196(18.0)	354(32.5)	382(35.1)	131(12.0)	26(2.4)	
	연령	10대	2(4.9)	10(24.4)	17(41.5)	9(22.0)	3(7.3)	28.255*
		20대	63(17.1)	120(32.5)	124(33.6)	52(14.1)	10(2.7)	
		30대	77(18.9)	122(29.9)	152(37.3)	49(12.0)	8(2.0)	
		40대	33(17.1)	76(39.4)	65(33.7)	16(8.3)	3(1.6)	
		50세 이상	21(26.9)	26(33.3)	24(30.8)	5(6.4)	2(2.6)	
	성별	남	135(20.5)	204(31.0)	236(35.9)	73(11.1)	10(1.5)	13.763**
		여	61(14.2)	150(34.8)	146(33.9)	58(13.5)	16(3.7)	

* p<.05, ** p<.01, *** p<.001

〈표 8-12〉 네티즌의 삶의 만족도

단위: 명(%)

구분	조사대상		전혀 그렇지 않다	별로 그렇지 않다	그저 그렇다	조금 그렇다	매우 그렇다	χ^2
자신		전체	63(5.8)	208(19.1)	505(46.4)	256(23.5)	57(5.2)	
	연령	10대	5(12.2)	8(19.5)	17(41.5)	10(24.4)	1(2.4)	23.773
		20대	23(6.2)	69(18.7)	171(46.3)	87(23.6)	19(5.1)	
		30대	21(5.1)	86(21.1)	197(48.3)	87(21.3)	17(4.2)	
		40대	14(7.3)	35(18.1)	88(45.6)	44(22.8)	12(6.2)	
		50세 이상	0(0)	10(12.8)	32(41.0)	28(35.9)	8(10.3)	
	성별	남	35(5.3)	102(15.5)	334(50.8)	146(22.2)	41(6.2)	23.184***
		여	28(6.5)	106(24.6)	171(39.7)	110(25.5)	16(3.7)	
동료		전체	37(3.4)	168(15.4)	460(42.2)	373(34.3)	51(4.7)	
	연령	10대	2(4.9)	6(14.6)	19(46.3)	13(31.7)	1(2.4)	20.517
		20대	19(5.1)	62(16.8)	154(41.7)	114(30.9)	20(5.4)	
		30대	8(2.0)	62(15.2)	182(44.6)	138(33.8)	18(4.4)	
		40대	8(4.1)	30(15.5)	76(39.4)	73(37.8)	6(3.1)	
		50세 이상	0(0)	8(10.3)	29(37.2)	35(44.9)	6(7.7)	
	성별	남	18(2.7)	86(13.1)	289(43.9)	234(35.6)	31(4.7)	10.080*
		여	19(4.4)	82(19.0)	171(39.7)	139(32.3)	20(4.6)	
이성 친구 (배우자)		전체	76(7.0)	160(14.7)	464(42.6)	288(26.4)	101(9.3)	
	연령	10대	8(19.5)	6(14.6)	25(61.0)	1(2.4)	1(2.4)	46.280***
		20대	29(7.9)	62(16.8)	164(44.4)	83(22.5)	31(8.4)	
		30대	24(5.9)	60(14.7)	177(43.4)	109(26.7)	38(9.3)	
		40대	12(6.2)	24(12.4)	74(38.3)	62(32.1)	21(10.9)	
		50세 이상	3(3.8)	8(10.3)	24(30.8)	33(42.3)	10(12.8)	
	성별	남	42(6.4)	79(12.0)	290(44.1)	179(27.2)	68(10.3)	12.223*
		여	34(7.9)	81(18.8)	174(40.4)	109(25.3)	33(7.7)	
직업		전체	77(7.1)	238(21.9)	482(44.3)	240(22.0)	52(4.8)	
	연령	10대	7(17.1)	3(7.3)	19(46.3)	11(26.8)	1(2.4)	38.305**
		20대	27(7.3)	85(23.0)	173(46.9)	69(18.7)	15(4.1)	
		30대	29(7.1)	100(24.5)	174(42.6)	92(22.5)	13(3.2)	
		40대	13(6.7)	40(20.7)	81(42.0)	46(23.8)	13(6.7)	
		50세 이상	1(1.3)	10(12.8)	35(44.9)	22(28.2)	10(12.8)	
	성별	남	41(6.2)	139(21.1)	293(44.5)	147(22.3)	38(5.8)	5.642
		여	36(8.4)	99(23.0)	189(43.9)	93(21.6)	14(3.2)	

* $p<.05$, ** $p<.01$, *** $p<.001$

가하는 듯하다. 한편, 이성친구나 배우자에 대한 만족감에는 성차가 있어 여자가 남자보다 연인이나 배우자에 대해서 불만스럽게 생각하는 비율이 높았다. 즉, 남자의 18.4%, 여자의 26.7%가 불만족을 표현하였다.

네티즌의 26.8%가 자신의 직업생활에 만족하였고, 29.0%가 불만족하다고 응답했다. 직업생활 만족도는 연령대에 따라서 차이가 있다. 10대 29.2%, 20대 22.8%, 30대 25.7%, 40대 30.5%, 50세 이상 41.0%가 직무 만족도를 표현하여, 사회초년생인 20-30대의 직업생활 만족도가 다소 낮은 편이다. 한편, 가족관계에 대한 만족도, 자신의 인생에 대한 만족도를 묻는 문항에서는 연령과 성에 따른 차이가 유의하지 않았다.

2) 자아 지위와 유형별 부정적 정서와 삶의 만족도

네티즌의 자아 지위 상태에 따라 부정적 정서를 살펴보면 정체혼란집단의 부정적 정서가 가장 높고, 그 다음은 정체상실집단, 정체정립집단의 순으로 높다. 개인의 부정적 정서는 자신이 가지고 있는 자아정체의 위상에 따라서 변화될 수 있는 듯하다. 네티즌의 삶의 만족감에서는 정체정립집단의 삶의 만족감이 가장 높고, 정체혼란집단과 정체상실집단은 그보다 낮다. 정체정립집단은 부정적 정서 수준이 가장 낮으며, 삶의 만족도도 가장 높은 편으로, 건강한 사회적응의 수준을 드러낸다.

한편, 네티즌의 자아유형별로 부정적 정서를 보면, 당위자아를 선택한 네티즌의 부정적 정서가 가장 높고, 그 다음에는 이상자아, 현실자아의 순으로 높다. 즉, 현실자아에 속하는 네티즌이 부정적 정서를 가장 덜 경험하며, 당위자아에 속하는 네티즌이 부정적 정서를 가장 많이 경험하였다. 삶의 만족감을 살펴보면 이상자아를 선택한 네티즌의 만족감이 가장 높고, 당위자아, 현실자아를 선택한 네티즌들의 만족감이 그 뒤를 이었다. 인생의 만족은 이상자아를 선택한 사람들에게서 높게 나타난다. 자신을 이상적 자아와 동일시하면서 스스로 자기에게 만족하고 인생에도 만족하는 것이다.

〈표 8-13〉 네티즌의 자아지위별 부정적 정서와 삶의 만족감

구분	정체 정립 (n=616)		정체 혼란 (n=383)		정체 상실 (n=90)		F
	평균	표준편차	평균	표준편차	평균	표준편차	
부정적 정서	16.50	4.96	21.30	4.36	19.92	4.35	127.29***
삶의 만족감	30.01	6.00	25.39	5.72	25.38	5.49	83.52***

*** $p<.001$

〈표 8-14〉 네티즌의 자아유형별 부정적 정서와 삶의 만족감

구분	이상자아 (n=201)		당위자아 (n=192)		현실자아 (n=696)		F
	평균	표준편차	평균	표준편차	평균	표준편차	
부정적 정서	19.13	5.35	19.61	5.18	17.97	5.15	9.54***
삶의 만족감	29.92	5.79	29.29	5.44	27.10	6.46	21.31***

*** $p<.001$

3) 자아정체, 이념정향과 부정적 정서의 관계와 설명력

네티즌의 자기개념, 자기신뢰감, 자아정체감, 성정체, 자기수용과 부정적 정서는 부정적 상관관계에 있다. 즉 자기개념을 낮게 형성하고, 자기신뢰감이 낮으며, 자아정체감을 낮게 형성하고, 성정체의 수준이 낮고, 자기수용 수준이 낮을수록 부정적 정서의 수준이 높다.

그러나 부정적 정서는 자기만족감과는 의미 있는 관계가 없다. 이는 우울감과 같은 부정적 정서가 낮은 자기신뢰감과 자존감에서 온다는 선행연구 결과(Harter, 1999)와 일치한다.

한편 민족정체, 국가정체와 부정적 정서는 정적 상관관계에 있다. 민족정체와 국가정체가 높은 사람들이 부정적 정서 수준이 높다는 사실은 집합주의 문화가 팽배해 있는 우리 사회에 많은 것을 시사한다. 이는 개인이 스스로 부정적 정서와 신경증적 증상에 놓여 있을 때 자기 삶에 대해 만족하지 못하고 자아정

〈표 8-15〉 네티즌의 자아정체, 이념정향과 부정적 정서의 관계

구분	자아정체와 이념정향 변수					
부정적 정서	자기개념	자기신뢰감	자기만족감			
	-.46***	-.34***	n.s			
	정체의식					
	자아정체감	성정체	자기수용	가족정체	민족정체	국가정체
	-.29***	-.33***	-.33***	-.10**	.18***	.28***
	이념정향					
	가족주의	물질주의	정신주의	집합주의	개인주의	
	n.s	.19***	n.s	-.10***	n.s	

** p<.01, *** p<.001

〈표 8-16〉 네티즌의 부정적 정서에 대한 단계적 회귀분석결과

모형	B	β	R	F	R^2
상수	25.283				
자기개념	-.250	-.354			
국가정체	.414	.163			
물질주의	.204	.171			
성정체	-.446	-.181	.551	118.034	.303

체나 가족정체를 잘 형성하지 못하면서 민족과 국가 정체에 의존해서 집단 정체를 더 형성함을 의미하기 때문이다. 한 마디로 개인 자신의 문제가 있을 때 민족이나 국가라는 집단정체에 더 의존한다는 사실은 그만큼 건강하지 않은 집합 정체의 특성을 반영하는 것이라 할 수 있다.

네티즌이 지니고 있는 부정적 정서를 조사하고 그에 영향을 미치는 변수들을 찾아보려고 단계적 회귀분석을 실시했다. 네티즌의 부정적 정서를 설명하는 변수들은 자기개념, 국가정체, 물질주의, 성정체로, 부정적 정서 분산의 30.3%를 설명한다. 이 중에 자기개념, 성정체는 부정적 정서와 부적 상관관계에 있고 나머지 국가정체, 물질주의는 부정적 정서와 정적 상관관계에 있다.

부정적 정서는 건강한 자기개념이나 개인의 성별에 대한 정체성과 부적 관계가 있다. 자아에 대한 정체성을 잘 형성한 사람은 부정적 정서 수준이 낮으며, 그가 형성한 긍정적 정서 상태는 개인이 처한 사회적 문제를 해결하는 데 도움이 될 것이며, 장기적으로 신체적, 정신적 건강에 도움이 될 것이다.

4) 자아정체, 이념정향과 삶의 만족감의 관계와 설명력

네티즌의 삶의 만족감은 자기개념, 자기신뢰감, 자아정체감, 성정체, 자기수용, 가족정체와 정적 상관관계에 있다. 즉 자기개념, 자기신뢰감, 자아정체감, 성정체, 자기수용, 가족정체를 높게 형성한 네티즌일수록 자신의 삶에 만족한다.

이념정향에서는 삶의 만족감은 가족주의, 집합주의와 정적 상관관계에 있으며 물질주의 정향과는 부적 상관관계에 있다. 가족주의, 집합주의 정향이 높고, 물질주의 정향이 낮은 네티즌일수록 자신의 삶에 대한 만족이 높다.

부정적 정서와 삶의 만족 사이에는 부적 상관이 있다. 즉 부정적 정서의 수준이 높을수록 삶의 만족이 낮다. 이와 같이 부정적 정서와 삶의 만족 사이에 높은 상관은 결국 삶의 만족은 밝고 긍정적으로 삶을 조망하는 것과 관련된다는 사실을 의미하는 것으로, 상당히 시사하는 바가 크다. 삶은 외부적 투입만이 중요한 것이 아니라 자신의 정서와 삶에 대한 긍정적 자세가 무엇보다 중요함을 의미하는 것이다.

삶의 만족감은 무엇에 의해서 결정되는지를 알아보기 위해 단계적 회귀분석을 실시한 바에 의하면, 자기개념, 자아정체성, 물질주의, 가족정체, 자기수용이 의미 있는 설명력을 지니고 있으며, 그 설명력은 48.9%에 이른다.

우리 사회의 네티즌들의 삶의 만족감의 절반은 자기개념과 자아정체감, 물질주의, 가족정체, 자기수용에 의해 결정된다고 볼 수 있다. 자기개념이 긍정적이고 자아정체감이 견고하며, 물질주의 정향이 낮고, 가족정체 정향이 높으며, 자기수용 의식이 높은 사람이 삶을 더 만족스럽게 평가한다. 일반적으로 예상되는 바와 달리 성별, 연령, 수입, 계층의식과 같은 인구배경 변수들의 설명력

〈표 8-17〉 네티즌의 자아정체, 이념정향과 삶의 만족감의 관계

구분	자아정체와 이념정향 변수					
삶의 만족감	자기개념	자기신뢰감	자기만족감			
	.57***	.43***	.13***			
	정체의식					
	자아정체감	성정체	자기수용	가족정체	민족정체	국가정체
	.49***	.28***	.53***	.28***	n.s	-.15***
	이념정향					부정적 정서
	가족주의	물질주의	정신주의	집합주의	개인주의	
	.30***	-.24***	.07*	.22***	n.s	-.46***

* $p<.05$, *** $p<.001$

〈표 8-18〉 네티즌의 삶의 만족감에 대한 단계적 회귀분석결과

모형	B	β	R	F	R^2
상수	2.916				
자기개념	.291	.343			
자아정체감	.580	.230			
물질주의	-.297	-.208			
가족정체	.232	.150			
자기수용	.718	.169	.699	207.483	.489

이 무의미하다는 사실은 많은 것을 의미한다. 삶의 만족이란 지극히 소박한 것이며, 견고한 자기의식에 상당 부분 달렸다는 것이다.

4. 소결

사람은 자신의 자아를 타인과 비견하면서 스스로 이상적 자아를 꿈꾼다. 그리고 자신의 모습을 돌아보면서 괴리감을 느낀다. 아동, 청소년이나 네티즌은 이상자아와 현실자아, 당위자아와 현실자아 사이의 차이를 느끼며, 가상자아와

실자아 사이의 차이를 느낀다. 이러한 자아불일치는 자아의 역기능과 관련될 것이다.

이 장에서는 초, 중, 고등학생과 네티즌의 실자아 유형별 불일치 및 실자아와 가상자아의 불일치를 살펴보고, 자아불일치집단의 특성을 분석하였다. 실자아의 유형별 불일치에서 이상자아와 현실자아의 불일치를 경험하는 초, 중, 고등학생은 43.1%, 네티즌은 53.1%이다. 당위자아와 현실자아의 불일치를 경험하는 초, 중, 고등학생은 27.6%, 네티즌은 23.7%이다. 초, 중, 고등학생은 학년이 증가하면서 이상자아와 현실자아 간의 괴리를 점차 느끼는 데 반해 학년이 증가하면서 당위자아와 현실자아 간의 괴리를 더 작게 느낀다. 또한 여자 초, 중, 고등학생의 경우 이상자아와 현실자아의 불일치를 더 많이 보고했다. 네티즌의 경우 이상자아-현실자아 불일치, 당위자아-현실자아의 불일치에 연령 및 성에 따른 차이가 없다.

이 연구는 실자아와 가상자아의 불일치 여부를 알아보기 위해 온라인에서의 가상자아 점수가 상위 10%에 해당하는 응답자를 실자아-가상자아 불일치집단으로 분류하고 일반집단과 비교하였다. 초, 중, 고등학생 실자아-가상자아 불일치집단에는 남학생이 여학생보다 더 많이 속해 있다. 네티즌 실자아-가상자아 불일치집단에는 남자, 기혼자, 30대의 비율이 비교적 높으며, 대학원 이상의 학력 비율이 높으며, 주관적으로 인식한 사회경제적 계층이 전반적으로 약간 높은 편이다.

다음으로 가상자아 불일치집단과 일반불일치집단의 자기개념과 정체의식을 비교해보았다. 자아불일치집단의 자기신뢰감 점수가 일반집단의 자기신뢰감점수보다 낮다. 네티즌의 경우 불일치집단은 일반집단에 비해 민족정체, 국가정체 점수가 높고 가족정체, 성정체 점수가 낮으며, 가족주의, 물질주의, 정신주의, 집합주의, 개인주의 이념정향이 높다. 특별히 자아불일치집단의 경우 자아정체와 가족정체가 낮고 부정적 정서가 높은 결과는 자아불일치집단이 일반비교집단보다 일상적 대인관계의 어려움을 더 많이 경험할 것임을 예상할 수 있다. 가상공간과 실공간에서의 언행일치를 알아본 이순형(2002)의 선행연구에서는 자아정체성에 따라서 응답자의 언행의 항상성 유지에 차이가 있었다. 자아정체를 형성한 사람의 91.8%는 오프라인과 온라인에서 언행의 항상성을 유지하고 있었으며, 온라인과 오프라인의 성정체가 일치하는 사람들은 온라인에서 자신의 언행이 오프라인에서와 일치한다고 더 보고했다. 이처럼 가상자아 불일치집단은 자아정체와 가족정체가 낮으며 부정적 정서를 경험하는 경향이 더 높기 때문에 사회적 부적응의 가능성이 높을 것으로 예상된다.

또한 이 장에서는 네티즌 연구대상자들의 부정적 정서와 그로 인한 증상 및 삶의 만족감을 밝혔다. 네티즌이 경험하는 부정적 정서는 전반적으로 보통 이하이며, 성차가 존재한다. 심리 불안, 현기증, 우울, 광장공포, 타인혐오에서 모두 성차가 나타나, 여성이 남성보다 부정적 정서를 더 많이 경험하는 것으로 나타났다. 우울 및 타인혐오에서는 추가적으로 연령차도 나타나, 10대, 20대인 생애 초년에는 우울을 경험하는 비율이 상대적으로 높으며, 연령대가 높아지면 타인의 자기혐오증을 덜 느끼는 경향이 있다.

네티즌의 삶의 만족감은 전반적으로 보통 수준으로 나타났으며, 연령차가 있어 연령이 높을수록 만족감이 높아진다. 자신에 대한 만족감 및 동료관계에 대한 만족감에 성차가 나타나, 여자가 남자보다 자신과 동료관계에 대해 더 불만을 느끼는 경향이 있다. 직업생활에 대해서는 연령차가 있어 사회초년생인 20-30대의 직업생활 만족도가 다소 낮은 편이다. 이성친구나 배우자에 대한 만족감은 연령이 증가할수록 증가하며, 여자가 남자보다 불만족을 더 많이 표현했다. 한편, 가족관계 및 자신의 인생에 대한 만족도에서는 연령과 성에 따른 차이가 유의하지 않았다.

자아 지위와 유형별로 부정적 정서와 삶의 만족도를 살펴보면, 부정적 정서가 가장 높은 집단은 정체혼란집단과 당위자아집단이다. 삶의 만족도가 가장 높은 집단은 자아정립집단과 이상자아집단이다.

부정적 정서와 삶의 만족감을 설명하는 변수의 영향력을 알아보기 위해 회귀분석을 실시한 결과, 부정적 정서의 경우 자기개념, 국가정체, 물질주의, 성정체의 설명력이 의미 있게 큰 것으로 나타났는데, 이 중 자기개념, 성정체는 부적 상관관계에 있고 나머지 국가정체, 가족주의는 정적 상관관계에 있다. 삶의 만족감의 경우 자기개념, 자아정체감, 물질주의, 가족정체, 자기수용의 영향력이 의미 있게 큰 것으로 나타났는데, 이 중 자기개념, 자아정체감, 가족정체, 자기수용은 정적 상관관계가 있고, 물질주의는 부적 상관관계가 있다. 즉 자기개념이 높을수록, 자아정체성이 높을수록 가족정체가 높을수록 자기수용이 높을수록 삶의 만족감이 높아지는 한편 물질주의 정향이 높을수록 삶의 만족감이 낮아진다. 평범한 진리가 경험적 자료 분석을 통해서 입증된 것이다.

9장

맺는 말

고대 그리스 철학자 소크라테스 이래 여러 영역의 전문가들이 자아에 대해서 연구했다. 자아를 연구한 이론적 관점은 역사적 관점, 사회문화적 관점, 발달적 관점의 세 가지다(Kroger, 2004). 자아는 사회역사적 상대성 속에서 형성되고 사회문화적 풍토 속에서 영향을 받는다. 정보화 사회의 가상공간의 특성에 의해서 자아는 영향을 받고 가상자아를 발달시켜 왔다. 발달적 관점에서 보면, 자아는 스스로 발달하는 개념체로서 연령이 증가하면서 자동적으로 발전하고 기능한다. 인생 구조의 진화과정이라고 할 발달시기(Levinson, 1978)에 자아는 유아기, 아동기, 청소년기, 성인기, 장・노년기를 막론하고 전 생애주기 동안 역동적으로 유연하게 기능하는 개념체로서 그 발달 양상이 주목받아 왔다. 생애 주기 중 청소년기에 중점을 두고 청소년기 자아정체의 취약성에 대한 연구가 주를 이루어 왔을 뿐, 생애 초기부터 성년기에 이르기까지 자기개념과 자아정체성의 양상을 밝히려 시도한 적이 없다. 발달시기로 연속된 시간이 길어서 한 조사연구에 그 장기간의 시간을 담을 방법이 없을 뿐 아니라, 발달적 특성이 다른 대상들에 동시에 하나의 조사척도를 사용하는 것이 타당하지 않았기 때문이다. 따라서 생애 주기를 가능한 한 맞추어 보려고 아동기, 청소년기, 성년기와 중년기까지 조사해서 그 결과를 가지고 이 책의 원고를 구성했다. 자아정체라는 인지적 개념체가 어떠한 요소로 구성되어 각각 어떻게 기능하고 있는지, 어떤 인구배경변수가 그에 영향을 미치는지를 밝히고 싶었기 때문이다.

자아정체의 역사적 관점은 특정 사회의 시대별 자아의 형성과 그 변화과정을 추적하는 것이다. 이 관점은 이 책의 연구문제와는 거리가 멀기 때문에 채택하지 않았다. 두 번째 자아정체의 사회문화적 환경의 관점은 유용한 실마리를 제공했다.

자아는 사회문화 환경의 영향을 받으면서 기능한다. 또래집단, 가족집단, 직장동료집단, 사회문화, 관습, 제도 등의 영향을 받으면서 변화하는 개념체이기도 하다. 개인을 둘러싼 환경은 전통사회에서부터 현대 산업사회로 이행되면서 자아에 영향을 주어왔다. 이제 정보화 사회로 진입하면서 가상공간의 특성으로 실자아와 가상자아가 존재하며, 실자아와 가상자아 정체가 있다. 가상자아는 실체가 없고 순간적인 자아정체 전환이 가능하며 시공을 초월하기 때문에 이중, 다중 정체가 가능하다.

한국사회에서는 최근 정보통신 기술의 확대 보급으로 국민 1/4 이상이 인터넷을 통해 가상공간이라는 신세계에 접속하고 있다. 기계를 앞에 두고 가상공간에서 초고속으로 정보를 주고받는 네티즌은 생활방식의 변화를 경험하고 있다. 온라인상에서 자신의 존재를 드러내지 않고 감추거나 왜곡하면서 타인과 대면하지 않고 상호작용을 하는 네티즌은 의사소통 방법이 달라지거나 정체성을 왜곡하거나 실제로 정체성 혼란 상태에 빠질 수 있다. 이러한 여러 가지 가능성을 예상하지만 실증 자료를 분석한 조사연구가 드문 상황에서 경험적 자료조사를 통해 그 현상을 파악하려고 시도했다.

이 연구는 생애 주기에 따른 자아정체를 규명하기 위한 두 개의 조사를 실시했다. 첫째, 초, 중, 고등학생에게 설문조사를 통해 수집한 자료를 통계 분석해 초, 중, 고등학생의 자아정체를 밝힌 연구, 그리고 둘째, 인터넷을 통해 수집한 자료를 통계 분석해 10대부터 50대 이상까지 네티즌의 자아정체를 규명한 조사연구다. 두 연구결과는 3장부터 4장까지 구성되었다. 그리고 이념정향의 양상과 자아정체에 대한 영향력이 5장에 구성되어 있다. 그리고 실자아의 하위 정체별 불일치의 양상과 그의 설명력이 7장에, 그리고 가상자아와 실자아 간 불일치와 삶의 만족과의 관계가 8장으로 구성되었다.

이 장에서는 주요 연구결과를 요약하면서 새롭게 해석되거나 여전히 논쟁의 소지가 있는 점들을 제시하겠다.

1. 요약과 결론

1) 생애 초기 자기개념의 일관성

생애 초기 자기개념에 일관성이 있는가는 이 연구에서 2회에 걸쳐 다른 연구대상을 조사한 결과가 일치한다는 점에서 해답을 찾을 수 있다. 초, 중, 고등학생과 10대부터 50대 이상의 네티즌을 대상으로 자기개념을 조사한 결과에 근거해 다음과 같은 사실을 도출할 수 있다. 자기개념은 학업(직무)자아, 신체자아, 관계자아와 자기신뢰감 및 자기만족감으로 구성될 수 있다. 또한 아동, 청소년뿐 아니라 네티즌도 보통 수준의 긍정적인 자기개념을 형성하고 있는 일관된 양상을 보인다. 자기개념이 보통 수준으로 다소 긍정적이고 일관된다는 사실은 우리 사회를 구성한 개인들의 자기개념이 일관성 있다는 사실을 의미한다.

2) 연령차와 성차의 의미 재해석

자기개념이나 자아정체에 나타나는 개인차는 연령이나 성별과 같은 인구배경의 차이인가? 아니면 개인의 특성에 따른 차이인가? 대부분 자기개념을 구성하는 신체자아, 학업(직무)자아와 관계자아는 동일한 것이 아니며 이에는 대부분 연령(학년)차 또는 성차가 있음이 밝혀졌다. 자기개념 중 신체자아는 초, 중, 고등학생의 경우에 학년차와 성차가 있으며, 네티즌의 신체자아도 연령차와 성차가 있다. 학업자아는 초, 중, 고등학생의 경우에 학년차가 있으며, 네티즌의 직무자아는 사회적응 평가에 연령차가 있고, 고난도 과업 거부감에 연령차와 성차가 있다. 관계자아를 보면 초, 중, 고등학생의 경우 전반적으로 성차가 있으며, 관계자아 중 인기평가, 또래 리더십 평가, 사회유능성, 인기도 평가, 공동놀이 평가에 학년차가 있다. 네티즌의 경우 관계자아에서 전반적으로 연령차가 있다. 그 외에도 한국인은 아동, 청소년기에 있든 성년기에 있든 대부분 자기 자신을 신뢰하는데 그 자기신뢰감에 연령차가 있다. 또한 자기만족감에 학년차와 학년과 성의 상호작용이 있다. 이처럼 자기개념을 구성하는 하위범주에 모두 연령과 성별 차이가 존재한다.

3) 자아정체의 하위 정체와 다면성 간의 관계

한국인의 자아정체는 동일한 개념이며, 각각은 상호 연관되어 있는가? 자아정체를 항상성, 고유성, 지속성과 수용성으로 구성된 개념체로 간주하고, 가족정체는 인정감, 애착감, 친밀감, 성취기대와 지원신뢰로, 민족정체는 소속감, 모국어애착, 역사인식, 혈연의식, 생활양식과 지속기대감으로, 국가정체는 국가소속감, 영토성, 인적관련성, 의무감, 봉사감과 자부심으로 구성된 개념체로 상정했다. 이 정체들은 모두 자아정체의 속성을 토대로 항상적이고 지속적이며 고유한 개념체로 기능하며 수용성을 포함하고 있다. 물론 가족 간의 애착, 유대, 의무 그리고 민족의 모국어, 역사인식, 혈연의식, 생활양식 등의 개념체, 국가정체는 영토성을 상정하더라도 기본으로는 소속감, 애착, 의무감, 봉사심과 자부심으로 구성되었다는 공통성이 있다. 즉 충성심으로 표현되는 특성이기도 하다. 이러한 공통 특성이 각 정체의 공통부분이며, 자아정체, 가족정체, 민족정체와 국가정체의 동질성을 이룬다고 할 수 있다.

한국사회 구성원들의 자아정체를 총체자아, 자아정체성, 성정체로 세분했을 때, 초, 중, 고등학생의 총자아정체는 학년에 따라 차이가 있고 학년과 성별 간 상호작용도 유효하다. 성정체도 초, 중, 고등학생의 경우 학년차가 있고 학년과 성별의 상호작용이 있으며, 네티즌의 경우에도 성정체에 연령차와 성차가 있다. 초, 중, 고등학생은 높은 가족정체를 보이는데, 이에 학년차가 있으며, 네티즌의 경우 역시 전반적으로 높은 가족정체를 보이며, 이에 연령차가 있다. 초, 중, 고등학생의 경우 전반적으로 낮은 민족정체를 보이며, 이에 학년차가 있었으며, 네티즌의 경우 연령차나 성차가 통계적으로 유의하지 않다. 국가정체에서는 초, 중, 고등학생의 경우 학년차가 있으며, 네티즌의 경우 성차가 있다.

4) 자아정체와 이념정향의 관계

자기개념, 정체의식과 이념정향 사이에 밀접한 관계도 밝혀졌다. 아동, 청소년과 네티즌의 자기개념, 정체의식과 이념정향, 즉, 가족주의, 물질주의, 정신주의, 집합주의, 개인주의 사이에는 밀접한 관계가 있다. 초, 중, 고등학생과 네티즌은 전반적으로 유사한 이념정향을 보였는데, 우선 두 집단의 이념정향을 관련 변수인 연령과 성별에 따라 살펴보고자 변량분석을 실시하였다. 그 결과 가족주의에서 초, 중, 고등학생은 학년에 따른 차이가 있었으며, 네티즌 역시 연령에 따른 차이가 있었다. 물질주의의 경우, 초, 중, 고등학생은 학년에 따른 차이가 있었으며, 네티즌은 연령에 따른 차이와 함께 연령과 성별에 따른 차이도 있었다. 정신주의의 경우, 초, 중, 고등학생은 학년에 따른 차이가 있었으나, 네티즌은 연령과 성별 두 변수에 따른 차이가 없었다. 집합주의의 경우 초, 중, 고등학생은 학년에 따른 차이가 있었으며, 네티즌은 연령에 따른 차이가 있었다. 개인주의의 경우 초, 중, 고등학생은 학년에 따른 차이와 성별에 따른 차이가 있었으며, 네티즌은 성별에 따른 차이가 있었다.

자기개념과 이념정향 간에는 밀접한 관계가 있다. 초, 중, 고등학생의 자기개념이 높을수록 가족주의, 정신주의, 집합주의는 높아지고, 물질주의는 낮아진다. 또한 자기신뢰감이 높을수록 가족주의와 정신주의가 높아지고, 물질주의는 낮아진다. 자기수용이 높을수록 가족주의와 정신주의가 높아지고, 물질주의는 낮아진다. 네티즌의 자기개념이 높을수록 가족주의, 정신주의, 집합주의, 개인주의가 높아지고, 물질주의는 낮아진다. 또한 자기신뢰감이 높을수록 가족주의, 집합주의, 개인주의가 높아진다. 마지막으로 자기수용이 높을수록 가족주의, 정신주의, 집합주의, 개인주의가 높아지고, 물질주의는 낮아진다.

정체의식과 이념정향과의 관계는 다음과 같다. 초, 중, 고등학생의 경우, 자아정체감이 높을수록 가족주의가 높아지고 물질주의가 낮아지며, 성정체가 높을수록 정신주의가 높아진다. 또한, 가족정체가 높을수록 가족주의, 정신주의, 집합주의가 높아진다. 마지막으로 국가정체가 높을수록 가족주의가 높아지고, 정신주의와 집합주의는 낮아진다. 네티즌의 경우 자아정체감이 높을수록 가족주의와 집합주의, 개인주의가 높아지고, 물질주의는 낮아진다. 또한 성정체가 높을수록 이념정향이 모두 높아지며, 가족정체가 높을수록 가족주의, 물질주의, 집합주의, 개인주의가 높아진다. 민족정체가 높을수록 모든 이념정향이 낮아졌으며, 국가정체가 높을수록 가족주의, 정신주의, 집합주의가 낮아진다.

인간의 자기개념과 정체의식 및 이념정향 사이에 의미 있는 차이를 가져오는 관계가 있는가? 결론적으로 말해서 한국인의 자기개념, 정체의식과 이념정향 사이에는 의미 있는 관계가 존재한다.

5) 자기개념과 정체의식 형성 변수

한국인의 자기개념과 정체의식을 형성해 주는 변수는 무엇인가? 단계적 회귀분석을 실시한 결과, 아동 청소년기 자기개념은 자기신뢰감, 자기만족감의 영향력이 크다. 자아정체감에는 자기신뢰감, 자기만족감, 자기수용 변수가 크게 작용한다. 이들의 가족정체는 가족주의, 연령의 영향력이 크다. 이들의 민족정체는 국가정체, 연령의 영향이 크다. 국가정체는 민족정체의 영향이 크다.

네티즌의 자기개념은 자기수용, 자기신뢰감의 영향력이 크다. 이들의 자아정체감은 자기수용, 자기신뢰감의 영향력이 크다. 이들의 가족정체는 가족주의, 개인주의의 영향이 크다. 또한 민족정체의 경우 국가정체의 영향력이, 국가정체의 경우 민족정체의 영향력이 크다.

6) 한국인의 정체 지위와 유형 분포

한국인의 정체지위와 유형 분포는 어떠하며 그러한 지위와 유형이 설명력을 지니는가? 먼저 한국의 아동, 청소년은 물론 성인들의 자아정체 지위와 유형이 어떻게 분포되었는지를 분석해 보았다. 한국의 아동, 청소년의 자아정체 지위를 정체 정립, 정체 혼란, 정체 상실로 구분했을 때 초, 중, 고등학생 조사대상자들은 정체정립형이 62.3%로 가장 많고, 학년이 높을수록 자아혼란을 경험하는 사람이 많아졌다. 성장하면서 자아혼란을 더 경험하지만 성인이 되면 상황이 달라진다. 네티즌 조사대상자들 역시 정체정립형이 56.6%로 가장 많았지만, 연령이 높을수록 정체정립자의 비율이 높아지는 경향이 나타난 한편 정체혼란자의 비율은 낮아졌으며, 정체상실자는 낮아지다가 다시 높아지는 경향을 보였다. 물론 가부장적 입장에서 흔히 가정되는 남성은 자아정립, 여성은 자아상실 등 성차별적으로 예상되는 성차는 실제로 나타나지 않았다.

자아지위가 이처럼 변화된다면, 자아정체의 유형은 변화하지 않는가? 자아정체 유형을 이상자아, 당위자아, 현실자아로 구분했을 때, 초, 중, 고등학생 조사자들은 이상자아 30.1%, 당위자아 15.0%, 현실자아 54.9%의 비율을 보였으며, 전반적으로 학년이 높을수록 이상자아에 속하는 비율이 감소하고 현실자아에 속하는 비율이 증가하는 경향을 보였다. 네티즌의 조사자들은 이상자아 18.5%, 당위자아 17.6%, 현실자아 63.9%의 비율을 보였으며, 전반적으로 연령이 높을수록 이상자아의 비율이 다소 높아지고 당위자아의 비율이 다소 낮아지는 경향을 보였다. 현실자아의 비율은 40대가 가장 높고 50대 이후에 가장 낮게 나타났다. 또한 남성이 이상적, 당위적으로 자아를 형성하고 사고하는 반면, 여성은 보다 현실적으로 자아를 형성하고 사고하는 것으로 보이는 성차가 나타났다. 자아정체 유형과 자아정체 지위를 동시에 고려하여 조사대상자를 9개 범주로 나누었을 때, 높은 비율을 보인 세 유형은 초, 중, 고등학생의 경우 현실자아정립형, 이상자아정립형, 현실자아혼란형이었고, 네티즌의 경우 현실자아정립형, 현실자아혼란형, 이상자아정립형이었다.

그 외에도 아동, 청소년이나 네티즌은 이상자아와 현실자아, 당위자아와 현실자아 사이의 차이를 느끼며, 가상자아와 현실자아 사이의 차이를 느낀다. 이러한 자아불일치는 자아의 역기능과 관련될 것이다. 초, 중, 고등학생과 네티즌의 자아일치집단과 자아불일치집단을 비교하여 자아불일치집단의 특성을 분석한 결과, 대부분의 연구대상자들은 이상자아와 현실자아, 당위자아와 현실자아의 불일치를 경험하지 않지만 일부 응답자들은 그러한 자아불일치를 경험한다.

7) 자아 지위와 유형별 자기인식과 이념정향의 관계

자아정체 지위별 자기 인식과 이념정향을 살펴본 결과 초, 중, 고등학생은 자아지위 상태에 따라 자기개념, 자기신뢰감, 자기만족감, 자아정체, 자기수용, 가족정체, 민족정체, 국가정체, 가족주의, 물질주의에서 유의한 차이를 보였다. 네티즌은 자아지위 상태에 따라 자기개념, 자기신뢰감, 자아정체, 성정체, 자기수용, 가족정체, 민족정체, 국가정체, 가족주의, 물질주의, 집합주의, 부정적 정서, 삶의 만족감에서 유의한 차이를 보였다.

자아 유형별 자기인식과 이념정향을 살펴보면, 초, 중, 고등학생은 자아 유형별로 자기개념, 자기신뢰감, 자기만족감, 자아정체, 자기수용, 가족정체, 민족정체, 국가정체, 가족주의, 물질주의, 정신주의에서 유의한 차이를 보였다. 네티즌은 자아 유형별로 자기개념, 성정체, 가족정체, 국가정체, 가족주의, 물질주의, 정신주의, 개인주의, 부정적 정서, 삶의 만족감에서 유의한 차이를 보였다. 한 마디로 자아정체의 유형과 지위에 따라서 아동, 청소년과 네티즌의 자기개념과 자아정체의 특성은 물론이고 이념적 특성이 변화하는 경향이 있다.

8) 가상자아와 실자아 간의 일치

가상자아와 실자아가 일치하는가? 그 불일치로 인해서 어떠한 양상이 발생하는가? 네티즌의 15.5%가 가상공간에서 인격 변화를 시인했고, 56.4%가 부인했다. 연령 변신, 성 변신과 직업 변신 등 사이버 자아가 변신하는 비율은 대략 15% 내외인데 이러한 사실은 선행조사결과와 일치한다. 자기 변신 여부는 연령차와 성차가 있으며, 세부적으로 연령 변신과 직업 변신에 성차가 있다. 인터넷에서의 성적 각성, 공격성 등 가상공간의 익명성으로 인해 심성 변화를 경험하는데 이러한 심리변화에 성차가 있다. 가상공간과 실공간의 인간관계 연계와 성관계 경험의 경우 연령차와 성차가 있다. 특히, 네티즌 6.8%가 실제 이성보다 사이버 이성 캐릭터에 성적 매력을 더 느끼는데, 이러한 사이버 캐릭터의 매력 경험에 성차가 있다. 또한 인터넷 사용 후 느끼는 자기혐오, 안도감의 경우에도 성차가 있다. 전반적으로 남자 네티즌이 여자 네티즌에 비해서 가상자아의 특성을 더 경험하는 경향이 있다. 한 마디로 아동, 청소년의 가상자아와 네티즌의 가상자아의 위장은 연령 변신, 성 변신과 직업 변신으로 나타나며, 이들은 성격이 달라지는 인격 변화를 경험한다.

다음으로 실자아와 가상자아 불일치집단의 특성을 비교해 보았다. 초, 중, 고등학생 중 남학생이 여학생보다 자아불일치집단에 속하는 비율이 더 높다. 그리고 자아불일치집단의 자기신뢰감 점수가 일반집단의 자기신뢰감 점수보다 낮다. 네티즌의 경우 불일치집단은 일반집단에 비해 민족정체, 국가정체 점수가 높고 가족정체, 성정체 점수가 낮으며, 가족주의, 물질주의, 정신주의, 집합주의, 개인주의 이념정향이 높다. 특별히 자아불일치집단의 경우 자아정체와 가족정체가 낮고 부정적 정서가 높은 결과는 자아불일치집단이 일반비교집단보다 일상적 대인관계의 어려움을 더 많이 경험할 것임을 예상할 수 있게 한다.

이상에서 자아정체 불일치집단이 자아정체와 가족정체가 낮으며 부정적 정서를 경험하는 경향이 더 높기 때문에 사회적 부적응의 가능성이 높을 것으로 예상된다.

9) 부정적 정서와 삶의 만족

한국인이 경험하는 부정적 정서와 삶의 만족감의 양상은 어떠한가? 네티즌이 경험하는 부정적 정서는 전반적으로 보통 이하이며, 성차가 있다. 구체적으로 신경 예민과 불안한 심정, 현기증, 광장공포에서 성차가 있으며, 울적한 기분과 타인 혐오증에 연령차, 성차가 있다. 성차가 있는 경우 모두 여성이 남성보다 더 부정적인 정서를 경험하는 것으로 나타났다. 네티즌의 삶의 만족감은 전반적으로 보통 수준으로 나타났으며, 연령차가 있어 연령이 높을수록 만족감이 높아진다. 구체적으로 자기만족감에서 문항에 따라 연령차 또는 성차가 있으며, 친구와 동료관계에 대한 만족감에서 성차가 있다. 또한 이성친구나 배우자에 대한 만족감에서 연령차와 성차가 있고, 직업생활에 대한 만족감에서 연령차가 있다.

한국 네티즌의 부정적 정서와 삶의 만족감은 무엇과 연관되는가? 자아정체를 포함한 하위정체와 관련되어 있지 않은가? 실제로 부정적 정서는 자기개념, 성정체, 자아정체와 부적 상관관계에 있고, 국가정체, 가족주의와 정신주의와 정적 상관관계에 있다. 또한 삶의 만족감은 자기개념, 자아정체감, 가족정체, 자기수용, 자기만족감과 정적 상관관계에 있고, 물질주의와는 부적 상관관계에 있다. 또한 네티즌의 부정적 정서는 자기개념, 국가정체, 물질주의, 성정체의 영향이 크며, 삶의 만족감은 자기개념, 자아정체성, 물질주의, 가족정체, 자기수용의 설명력이 크다. 즉, 자기개념과 자아정체성이 높고 가족정체가 높으며 자기를 있는 그대로 수용할수록 자기만족감과 인생에 대한 만족감이 증가하지만, 물질을 중요하게 생각할수록 삶의 만족감이 감소한다. 한마디로 건강한 자아가 삶의 만족을 이끌며 물질에 대한 집착이 인생의 불만을 불러온다.

2. 연구의 제한점

이 연구는 전 생애를 아동, 청소년기, 성년기, 중년기 이후로 세분하여 한국인의 자아 발달을 밝혀보려는 의도를 가지고 시도한 연구다. 그러나 연구의 현실적 제약으로 독립된 두 개의 조사를 실시하고 그 결과를 각각 분석하여 수합해 논의를 진행시키다 보니 몇 가지 문제점이 노출되었다. 하나는 전 생애 시기 구분에 대한 것이다. 초등학교 3학년, 5학년을 아동기, 중학교 1학년, 3학년과 고등학교 2학년을 청소년기로 임의로 정하고 네티즌을 10대, 20대, 30대, 40대, 50대 이후로 분석하였으나 실제로 10대는 아동, 청소년기와 중복되어 엄밀히 전 생애 조사라고 하기에는 다소 무리가 있다. 다른 하나는 발달시기와 관련된 조사방법의 차이다. 아동, 청소년기 자아조사는 대면 설문조사를 실시했으며, 네티즌의 자아조사는 인터넷을 통한 설문조사를 실시했다. 조사방법의 차이와 연령에 따른 발달상태에 따른 몇 개의 설문문항에 차이가 있다. 그 예로 아동, 청소년에게는 인터넷의 가상 캐릭터에 대한 애착을 질문했지만 성인에게는 한층 더 나아가 성적 애착을 질문했다. 가상공간과 실공간의 연계에 대해서 질문할 때에도 청소년기와 달리 성년기에는 성행위 경험을 질문했다. 조사내용의 차이가 있는 것은 발달시기별 발달 차이를 감안할 때 지극히 당연한 현상이지만, 문항별 통계분석에서는 동일한 문항의 차이를 비교하지 못하는 한계를 지닌다.

3. 연구의 의의

이 연구는 한국인의 자아정체가 무엇으로 형성되고, 어떻게 기능하며, 무엇에 영향을 받으며 변화하는가에 의문을 제기했다. 몇 편의 선행연구에서 단편적으로 다루어진 개념, 중복된 개념을 스스로 정의하고, 이론적 가설을 제시한 후에 수집된 경험자료를 분석한 첫 연구로서 독창적 시도가 평가될 수 있을 것이다. 구체적으로 이 연구는 몇 가지 점에서 의의를 지니며 그 의의는 다음과 같다.

첫째, 한국은 물론 미국을 비롯한 서구에서도 자아의 발달을 비교한 연구가 드문 상황에서 아동, 청소년과 성인의 자아의 구성과 발달을 연속적으로 밝혔다는 점이다. 에릭슨(Erikson, 1956)이 인간발달의 청소년단계에서 자아정체의 형성 문제를 제시한 이후 자아의 지위연구(Marcia, 1966, 1967)가 제시되었다. 그리고 청소년기(Marcia, 1980), 성년기(Marcia, 2002, Levinson, 1978)의 연구가 별도로 시도되었을 뿐 하나의 연구로 통합되지는 못했다. 이 연구는 아동기부터 중노년기에 이르는 대상을 포괄적으로 조사해 한국인의 자아정체의 전반적 모습을 밝혔다는 데 의의가 있다.

둘째, 자아연구가 대부분 실자아(서봉연, 1975; 박아청, 2004)에 국한된 반면 가상자아의 연구는 이제 시초단계로 가상자아에 대해서 소수의 연구(이순형, 2002)만이 시도된 상황이다. 따라서 가상자아와 실자아 간의 비교를 시도해 그 내용을 밝혔다는 것은 창의적 시도이며 중요한 의의라고 할 수 있다. 특히 가상공간에서의 자아가 반드시 자기분열을 의미하는 것이 아니라 자기분화의 촉진이라는 점[1]에서 실자아뿐 아니라 가상자아의 여러 측면을 밝혔다는 데 의의가 있다.

셋째, 자기개념과 자아정체가 혼용되어 연구자들 사이에 혼란을 거듭해 왔으나 이 연구에서는 자기개념을 자기를 구성하는 여러 측면에 대한 인식으로 정의하고, 그에 따른 하위 개념을 정의하여 신체, 직무(학업), 관계 등에 대한 자기인식을 조사해 밝혔다는 점에 의의가 있다. 그리고 자아정체를 성정체, 가족정체, 민족정체와 국가정체로 구분지어 각각을 구성하는 인지적 요소별 인식을 기술하고 밝혔다는 점에 의의가 있다. 그뿐 아니라 자기개념과 자아정체가 연령이나 성별 등 인구배경변수와 깊은 관련성이 있음을 밝힌 것도 중요한 의

1) 사이버공간에서 이루어지는 자아분열(self-split)은 자아의 와해 또는 붕괴와 같은 부정적 의미를 함의하지만, 자기분화(self-differentiation)는 경험의 확대와 인지구조의 발달로 인해 두 개 이상의 자아로 분리되는 변화를 의미한다.

미를 가진다.

넷째, 일반적으로 한국인의 이념정향은 집합주의와 가족주의가 강한 것으로 알려져 있을 뿐(이순형, 1996) 그 이념정향이 자기인식과 어떠한 관련성이 있다고는 가정되지 않았다. 이 연구에서는 이념정향이 개인의 자기인식과 밀접한 관련성이 있다고 가정하고 그 관계를 밝혔다. 즉 자기개념과 자아정체가 집합주의, 가족주의는 물론이고 개인주의, 물질주의와 정신주의 등 이념정향과 밀접한 관련성을 지녔다는 점을 밝혔다는 데에 큰 의의가 있다.

다섯째, 이론적으로는 자아간 불일치가 추론될 수 있으나 실제 경험 자료를 가지고 자아불일치를 다룬 연구는 부분적 비교(이순형, 2002) 외에는 없다. 이 연구는 이론적으로 가정된 자아의 불일치 현상을 경험자료를 통해 밝혔다는 점에 의의가 있다. 실제로 당위자아와 현실자아의 불일치와 가상자아와 실자아 간의 불일치를 조사해서 그 불일치집단의 인적 특성을 밝히는 것은 물론, 자아정체의 내용과 이념정향 간의 관계 등을 밝혔다는 점은 높이 평가될 만하다.

여섯째, 인간의 부정적 정서가 자아와 관련되고 자기만족감은 물론 삶의 만족과 관련될 것임을 밝힌 점도 의의가 크다. 선행연구에서 자아와 부적응 간의 관계(Marcia, 1967)가 일부 제시되었으나 부적응을 구체화시킨 부정적 정서와 삶의 불만족 사이의 관계를 밝혔다는 점에 의의가 있다.

무엇보다도 자기의식과 관련해 자기개념, 자아정체를 명확하게 밝혀보려는 시도와 가상자아와 실자아의 관계를 규명하여 일치 정도를 밝히고 각각의 특성을 밝히려는 시도가 새롭고 창의적인 것이었으며 그러한 시도에 큰 의의를 둘 수 있다.

참고문헌

김성국(1997). 「사이버 커뮤니티의 형성과 해방」. 『사회조사연구』, 12권 1호, 1-19.

김유정(1998). 『컴퓨터 매개 커뮤니케이션』. 서울: 커뮤니케이션북스.

길애진 · 이순형(1999). 「한국청소년과 재미교포청소년이 지각한 부모 자녀간 의사소통과 가족응집성 및 적응성간의 관계」. 『한국아동학회지』, 20권 1호, 239-248.

김혜온 · 서봉연 · 이순형(1999). 「통일 이후 구 동독지역 주민들의 심리적 적응: 청소년을 중심으로」. 『한국아동학회지』, 20권 2호, 279-297.

두산백과사전 EnCyber & EnCyber.com

박아청(2004). 「청년기 자아정체감의 발달단계의 특성분석」. 『교육심리연구』, 18권 1호, 301-312.

서봉연(1975). 「자아정체감의 형성에 대한 심리학적 일연구」. 경북대학교 박사학위논문.

_____(1979). 「한국과 서독 청소년의 identity 발달에 관한 비교 연구」. 『사회연구』, 2호, 한국사회과학연구소, 114-138.

_____(1988). 「자아정체감의 정립과정」. 이춘재 외. 『청년발달』. 서울: 중앙적성출판부.

신민섭(2002). 『그림을 통한 아동의 진단과 이해』. 서울: 학지사.

신행우(2004). 「남자대학생의 자아정체성 발달과 음주문제의 관계」. 『한국심리학회지: 발달』, 17권 2호, 141-156.

오지은(2007). 「유아의 신체활동프로그램이 신체자아개념과 자아존중감에 미치는 영향」. 서울대학교 석사학위논문.

유안진 · 이점숙 · 김정민(2005). 「신체상, 부모와 또래애착, 탄력성이 청소년의 생활만족에 미치는 영향」. 『한국가정관리학회지』, 23권 5호, 123-132.

이기춘 · 이기영 · 이은영 · 이순형 · 김대년 · 최연실 · 박영숙(2001). 『통일에 앞서 보는 북한의 가정생활문화』. 서울: 서울대학교출판부.

이순형(1991). 「청소년의 민족정체감의 개념화와 측정에 관한 고찰」. 『한국청소년연구』, 2권 4호, 139-152.

_____(1992). 「한국과 재외 교포 청소년의 민족정체감의 비교」. 『한국아동학회지』, 13권 1호, 55-69.

_____(1994). 「청소년의 민족정체감 비교: 한, 중, 일, 소련 거주 한인 청소년을 중심으로」.

『아동학회지』, 13권 1호, 55-69.

_____(1996).「가족주의와 집합주의, 성취지향성과 양육 가치관의 관계: 중류층 아버지를 대상으로」.『한국사회학회지』, 30권, 545-573.

_____(1999).「한국, 중국, 일본 청소년의 이념정향성(집합주의/개인주의)과 삶의 만족간의 관계」.『인간발달학회지』, 6권 1호, 69-82.

_____(2002).「가상공간과 실공간에서의 자아정체의 불일치」,『대한가정학회지』, 40권, 59-72.

_____(2005).『붉은 악마와 월드컵』. 서울: 서울대학교출판부.

이순형 · 이경화(2000).「네티즌의 사이버 성폭력에 대한 의식과 실제」,『가족과 문화』, 12권, 127-147.

이순형 · 이영미(1997).「청소년의 가치지향과 생활만족의 관계: 집합주의, 개인주의, 가족주의와 물질주의 가치를 중심으로」.『청소년학연구』, 4권 1호, 1-24.

이영미 · 이순형(1992).「사회계층에 따른 아동과 청소년의 자아불일치 지각」.『생활과학연구』, 17권, 27-36.

이춘재(1994).「재미 한국계 청소년의 민족정체감 발달」.『성심여대사회과학연구』, 10권 1호, 29-42.

황혜신 · 이순형(1990).「아동의 성항상성과 성별 특정화 행동」.『한국아동학회지』, 11권 2호, 82-97.

Alfred, C. F. (1991). *The self in social theory: A psychoanalytic accounts of its construction in Plato, Hobbes, Locke, Rawls, and Rousseau.* New Heaven: Yale University Press.

Cooper, D. Holman, & S. Braithwaite, A. (1983). "Self-esteem and family cohesion and adjustment; The child's perspective." *Journal of Marriage and the Family,* vol. 45, 153-159.

Cooley, C. H. (1992). *Human nature and the social order*. New York: Charles Scribner's Son.

Cote J. E. & Levine, C. (1983). "Marcia and Erickson: The relationship among ego identity status, neuroticism, dogmatism, and purpose of life." *Journal of Youth and Adolescence*, 12, 43-53.

Demo, D. H., Small, S. A., & Savin-Williams, R. C. (1987). "Family relations and the self esteem of adolescents and their parents." *Journal of Marriage and the Family*, vol. 49, 705-715.

Dignan, S. M. H. (1965). "Ego identity and maternal identification." *Journal of Personality and Social Psychology*, 3, 476-483.

Erikson, E. H. (1956). "The problem of ego identity." *Journal of the American Psychoanalytic Association*, 4, 56-121.

____(1959). Identity and the life cycle. Psychological issues, monograph, 1, 1-171, New

York: International Universities Press.
____(1968). *Identity, youth and crisis*. Norton, New York.
____(1974). *Dimensions of a New Identity*. W.W. Norton and Company, Inc.
Fong (1968). Identity conflicts of Chinese adolescents in San Francisco; Minority groups adolescence in the United States. Baltimore: Williams and Wilkins Company.
Graafsma, T. L. G., Bosma, H. A., Grotevant, H. D., & Delevita, D. J. (eds.) (1994), *Identity and development*. Thousand Oaks: SAGE Publications.
Harter, S. (1999). *The construction of the self: A developmental perspective*. N.Y.: The Guilford Press.
Kroger, J. (2004). *Identity in adolescence: The balance between self and other*. New York: Psychology Press.
Levinson, D. J. & Darrow, C. N. (1978). (1978). *The seasons of a man's life*, Ballantine Books.
Machover, K. (1949). *Personality projection in the drawing of the human figure*. Springfield, IL: Charles C Thomas.
Marcia, J. E. (1966). "Development and validation of ego identity status." *Journal of Personality and Social Psychology*, 3, 551-558.
____(1967). "Ego identity status: Relationship to change in self-esteem, general maladjustment, and authoritarianism," *Journal of Personality*, 35: 118-133.
____(1980). "Identity in adolescence." In J. Adelson (ed.), *Handbook of adolescent psychology*. New York: Wiley.
____(1994a). "Ego identity and object relations." In J. Masling and R. F. Bornstein (eds.), *Empirical perspectives on object relations theory*. Washington, DC: American Psychological Association.
____(1994b). "The empirical study of ego identity." In J. H. A. Bosna, T.G. Graafsma, H. D. Grotevant, & D. J. de Levita (eds.), *Identity and development: An interdisciplinary approach*. London: SAGE.
____(2002). "Identity and psychosocial development in adulthood." *Identity: An International Journal of Theory and Research*, 2: 7-27.
Marcia, J. E., Waterman, A. S., Matterson, D. R., Archer, S. L., & Orlofsky, J. L. (1993). *Ego identity: A handbook for psychosocial research*. New York: Springer-Verlag.
Marsh, H. W. & Richard, G. E. (1994). "Physical self-description questionnaire: Psychometric properties and a multitrait-multimethod analysis of relations to existing instruments." *Journal of Sport & Exercise Psychology*, 16, 270-305.
Piaget, J. (1969). *The psychology of the child*. New York: Harper Torchbooks.
Phinney, J. S. (1988). "The development if ethnic identity in adolescents." Paper presented at the Utah State University workshop on identity formation: Theoretical and

empirical issues(Logan, UT).

Phinney, J. S. & Nakayama, S. (1991). "Parental influence on ethnic identity formation in adolescents." Paper presented at the Biennial Meeting of the Society for Research in Child Development(Seattle, WA, 18-20).

Rodriguez, E. R. & Bernstein, B. L. (1995). "Psychological seperation, ethnic identity and adjustment in Chicano/Latinos." Paper presented at the Annual Meeting of the American Psychological Association(New York, NY).

Roland, A. (1988). *In search of self in India and Japan: Toward a cross-cultural psychology.* Princeton, N. J.: Princeton University Press.

Sprinthal, N. A. & Collins, W. A. (1995). *Adolescent psychology: A developmental view* (3rd.). New York: McGraw-Hill, Inc.

Stephen, J., Fraiser, E., & Marcia, J. E. (1992). "Moratorium-achievement (Mama) cycles in lifespan identity development: Value orientations and reasoning system correlates." *Journal of Adolescence*, 15, 283-300.

Sunaina, M. (1996). "Ethnic identity development of second generation Indian American adolescents." Paper presented at the Annual Meeting of the American Educational Research Association(New York, NY).

Triandis, H. C. (1995). *Individualism and collectivism.* San Francisco: West View Press.

Triandis, H. C., McCusker, C., & Hui, C. H. (1990). "Multimethod probes of individualism and collectivism." *Journal of Personality and Social Psychology*, 59, 1006-1020.

찾아보기

ㅎ

Formation and Change of Self-identity in Korea

Soon-Hyung Yi

The question about the 'ego' acting as the consciousness of current existence has continued since the time of Socrates. After the concept of self-identity came attention thanks to Erickson in the 1960s, there have been numerous studies on self-identity whose concept now includes not only cognitive factors but also affective commitment such as a sense of belonging, self-acceptance, intimacy, stability, and attachment. In addition the self-identity of children and adolescents represents peculiarity, homeostasis, and the durability of individual characteristics.

This study built a multifaceted model based on gender, age, career, race, family, nationality, and ethnicity in regards to individual features of self-identity. Such a multifaceted composition indicates a peculiarity in itself while each facet signifies cognitive, social, and cultural factors. The formation and change of self-identity are influenced by cultural experiences whether self-identity gender identity, family identity, and ethnic or national identity could entail peculiarity, homeostasis, and durability, along with individually unique concepts. Ethnic identity consisted of hypothetical notions such as sense of belonging, attachment to native language, historical understanding, lineal consanguinity, lifestyle, and continuity expectation. Surveys were conducted on the validity and reliability of a national identity formed by a sense of belonging, a territorial concept, personal relevance, a sense of service, pride, traditional customs, and a sense of duty. Self-identity influenced by the ideological orientation of the society where the individual belongs, therefore this study defined familism, materialism, individualism, collectivism, nationalism, and spiritualism as the gauge of studies into self-identity.

Informationalization and globalization influenced the formation and change of self-identity. This study examined if any child or adolescent under the influence of globalization would develop a self-identity as a global citizen as well as part of an ethnicity or a nation. There remained the possibility of self-discrepancy because the type of ego was classified into the ideal ego, normative ego, and real ego; this study questioned how such self-discrepancy would result in developmental problems such as negative affectivity or dissatisfaction with life. Therefore, this study examined the development and functional differentiation of self-identity among child or adolescent. In addition, the study examined the changes in the self-identity of netizens in an information-oriented society.

A collective survey conducted on 640 primary, middle school, and high school students residing a middle-class areas of Gwanak-gu Seoul while simultaneously doing a statistical analysis of online questionnaire results collected from 1,089 Korean netizens. As a result, we could obtain the following information from these surveys.

When it comes to primary, middle school, and high school students, their self-identity was heavily influenced by variables such as self-trust, self-satisfaction, self-acceptance, collectivism, and age while self-trust accounted for 40.5% of self-identity. In addition, those five variables like familism, age, individualism, gender identity, and self-concept had the strongest influence over family identity while familism accounted for 20.9% of family identity. Meanwhile, ethnic identity was strongly influenced by national identity, age, and self-acceptance while national identity was largely influenced by ethnic identity, collectivism, and materialism.

When it comes to netizens, they showed a negative correlation with self-concept, self-trust, self-identity, gender identity, self-acceptance, family identity, and life satisfaction. In addition, negative affectivity had a positive correlation with ethnic identity and national identity.

Self-acceptance, self-trust, individualism, collectivism, materialism, familism, and self-satisfaction acted as the most meaningful variable for the explanation of self-concept. Self-acceptance accounted for 32.5% of self-concept dispersion, and self-acceptance and self-trust served as the most crucial variable for the decision of netizens over self-concept.

Self-acceptance, self-trust, self-satisfaction, materialism, family identity, age, and gender identity acted as the most meaningful variable for the explanation of self-identity. Self-acceptance accounted for 20.1% of self-identity dispersion. Self-acceptance, self-trust, and self-satisfaction exerted the biggest impact on the creation of self-identity.

Familism, individualism, gender identity, self-identity, materialism, and self-trust functioned as the most important variable for the explanation of family identity. National identity, age, and self-acceptance acted as the most meaningful basis for the explanation of ethnic identity while ethnic identity, gender identity, materialism, age, and spiritualism were the most crucial basis for the explanation of national identity.

In the case of negative affectivity, the most significant explanations were provided by variables like self-concept, national identity, materialism, gender identity, familism, self-identity, self-trust, and spiritualism. It showed a negative correlation with self-concept, gender identity, and self-identity but a positive correlation with national identity, familism, and spiritualism.

Self-concept, self-identity, materialism, family identity, self-acceptance, familism, and self-satisfaction provided the most meaningful basis for the explanation of life satisfaction. Life satisfaction showed a positive correlation with self-concept, self-identity, family identity, self-acceptance, and self-satisfaction but a negative correlation with materialism.

The formation of individual identity can vary according to the changes in society, generations, or the environment. The current information-oriented society has the potential cause further self-identity disorientation among children and adolescent, and either self-distortion or self-disguise has in the online virtual space. Here, self-distortion is to intentionally hide or falsify gender, age, career, marital status, and family relationship for the purposeonally hidisguisedisuch self-disguise by children and adolescents can represent a cyber r seonality through which they can communicate with others in a virtual intlity without the consideration of counterparts. It is necessary to discloseothe gender identity, age identity, and career identity in termsonally hide or fa in both real and virtual spaces. Self-distortion can cause serious problems such as self-guise, multiple personalities; consequently some discrepancy between the cyber personality and the real personality trigger problems related to psychological adjustment.

This book reveals the relationship between an online disguise of identity individual life satisfaction, and psychological adjustment, to reveal the multifaceted aspects and functions of the contemporary Korean self-identity along with individual satisfaction and adjustment. This book gives a comprehensive overview (both online and offline) of the formation and change of the Korean self-identity. For the first time its hows both the multifaceted aspects and the complex functions surrounding Korean self-identity. This book is a start that enables of who we are.

저자 약력

이순형 李順炯 Yi Soon-Hyung

서울대학교 학사, 석사, 박사
한국아동학회 회장
한국인간발달학회 회장
현 서울대학교 아동가족학과 교수

연구저서
『정치사회화: 사회인지와 현실참여』. 서울대학교출판부, 1996
『한국의 명문 종가』. 서울대학교출판부, 2000
『통일에 앞서 보는 북한의 가정생활문화』. 서울대학교출판부, 2002(공저)
『한국아동학의 발전과 그 전망』. 서울: 학지사, 2004(공저)
『사할린 귀환자』. 서울대학교출판부, 2004
『붉은악마와 월드컵』. 서울대학교출판부, 2005
『탈북가족의 적응과 심리적 통합』. 서울대학교출판부, 2007(공저)
『탈북인의 사회관계망과 사회자본』. 서울: 학지사, 2009(공저)
『한국아동의 일상생활문화』. 서울대학교출판부, 2009
『탈북민의 가족해체와 재구성』. 서울대학교출판부, 2009(공저)

역서
『아동의 언어와 사고』. 서울: 중앙적성출판부, 1985(공역)
『부모교육의 이론과 실제』. 서울: 국민서관, 1989(공역)

일반저서
『아름다움의 잣대』. 서울: 서울대학교출판부, 1994(공저)
『나의 자녀, 나의 마음, 나의 열정: 자녀와 함께 하는 부모의 삶』. 서울: 프뢰벨, 2003(공저)
『조선의 어머니, 탈무드가 묻다』. 서울: 루덴스, 2008

전공교육저서
『발달심리학: 아동발달』. 서울: 중앙적성연구소, 1983(공저)
『가족발달론』. 서울: 교문사, 1990(공저)
특수아동의 발달과 지도. 서울: 중앙적성출판부, 1990
몬테소리 유아교육의 이론과 실제. 서울: 창지사, 1991(공저)

유아의 보육활동과 놀이. 서울: 창지사, 1991(공저)
새천년 한국을 위한 공간인프라로서의 공유공간. 서울: 연세대학교출판부, 2000(공저)
발달수준별 주제탐구표현활동프로그램의 운영. 서울: 창지사, 2001(공저)
유아의 보육 프로그램. 서울: 창지사, 2001(공저)
21세기 유아교육. 서울: 창지사, 2002(공저)
육아론. 서울: 방송통신대출판부, 2002(공저)
21세기 방과후 아동보육. 서울: 교문사, 2002(공저)
생활과학의 이해. 서울: 서울대학교출판부, 2003(공저)
아동복지이론과 실천. 서울: 학지사, 2003(공저)
정보통신사회와 아동, 청소년 보호. 정보통신윤리위원회, 2004(공저)
유아수학교육. 서울: 방송통신대출판부, 2004(공저)
유아의 사회적 유능감 키우기. 서울: 학지사, 2004(공저)
보육학개론. 서울: 학지사, 2005(공저)
정보통신윤리학. 정보통신윤리위원회, 2005(공저)
영유아보육론. 서울: 학지사, 2005(공저)
정보통신윤리학. 정보통신윤리위원회, 2005(공저)
보육과정. 서울: 학지사, 2006(공저)
영유아교수방법. 서울: 학지사, 2007(공저)
영유아보육/교육프로그램의 이해. 서울: 학지사, 2007(공저)
아동관찰 및 행동연구. 서울: 학지사, 2008(공저)
영유아 언어지도. 서울: 교문사, 2010(공저)
부모교육. 서울: 학지사, 2010(공저)
영유아 수·과학지도. 서울: 교문사, 2010(공저)